O ENSINO DA MATEMÁTICA NA EDUCAÇÃO INFANTIL

Aviso ao leitor

A capa original deste livro foi substituída por esta nova versão. Alertamos para o fato de que o conteúdo é o mesmo e que esta nova versão da capa decorre da alteração da razão social desta editora e da atualização da linha de *design* da nossa já consagrada qualidade editorial.

Conhecimento que transforma.

C41e   Cerquetti-Aberkane, Françoise
         O ensino da matemática na educação infantil /
      Françoise Cerquetti-Aberkane e Catherine Berdonneau ;
      Tradução Eunice Gruman. — Porto Alegre : Artmed, 1997.

         ISBN 978-85-7307-294-5

         1. Matemática — Educação infantil. I. Berdonneau, Catherine.
      II. Título

                                                          CDU 372.47

Catalogação na publicação: Mônica Ballejo Canto — CRB 10/1023

O ENSINO DA MATEMÁTICA NA EDUCAÇÃO INFANTIL

Françoise Cerquetti-Aberkane
Docteur en didactique des mathématiques.
Professeur de mathématiques à l'I.U.F.M. de Créteil.
Membre de la Commission internationale pour l'etude et
l'amélioration de l'enseignement des Mathématiques (CIEAEM).

Catherine Berdonneau
Professeur certifié de mathématiques.
Titulaire d'um doctorat de troisième cycle en
didactique des mathématiques.
Formateur à l'I.U.F.M. de l'Académie de Rouen

Tradução:
Eunice Gruman

Consultoria, supervisão e revisão técnica desta edição:
Maria da Graça Souza Horn
Pedagoga. Mestre em Educação.

Heloísa Schaan Solassi
Licenciada em Letras: Francês e Português.

Reimpressão 2011

1997

Obra originalmente publicada sob o título:
Enseigner les mathématiques à la maternelle
© Hachete Livre, 1994

Capa: *Mário Röhnelt*

Preparação do original: *Ester Mambrini*

Supervisão editorial: *Letícia Bispo de Lima*

Editoração eletrônica: *VS Digital*

Reservados todos os direitos de publicação, em língua portuguesa, à
ARTMED® EDITORA S.A.
Av. Jerônimo de Ornelas, 670 - Santana
90040-340 Porto Alegre RS
Fone (51) 3027-7000 Fax (51) 3027-7070

É proibida a duplicação ou reprodução deste volume, no todo ou em parte, sob quaisquer formas ou por quaisquer meios (eletrônico, mecânico, gravação, fotocópia, distribuição na Web e outros), sem permissão expressa da Editora.

SÃO PAULO
Av. Embaixador Macedo Soares, 10.735 - Pavilhão 5 - Cond. Espace Center
Vila Anastácio 05095-035 São Paulo SP
Fone (11) 3665-1100 Fax (11) 3667-1333

SAC 0800 703-3444

IMPRESSO NO BRASIL
PRINTED IN BRAZIL
Impresso sob demanda na Meta Brasil a pedido de Grupo A Educação.

Agradecimentos

Este livro não teria sido possível sem a contribuição de Monique Henry, René Claire, Nicole Carmonamagnaldi, Odile Drici, Danièle Quilan, Daniel Lecesne, Sylvie Cassagnaberre e Didier Lavallade. Ele também deve muito a todas as observações dos participantes dos estágios de "Matemática na Pré-Escola" de Seine-et-Marne e de Seine-Maritime.

O símbolo ![símbolo] pede a atenção do professor para o perigo de "recifes" (capazes de prejudicar ou mesmo fazer a atividade "naufragar").

Sumário

1 Apresentando as atividades....... 3
   Organização material da sala de aula 4
   Resolução de problemas 22
   Jogos e materiais 40

2 Formação do espírito lógico 61
   Como se desenvolve o espírito lógico? 62
   Classificação e seriação 65
   Codificação e decodificação 90
   Sequências e algoritmos 103

3 Situando-se no espaço 115
   Conhecimento geral do espaço 116
   Geometria 130

4 Atividades numéricas 178
   Escrita e leitura dos números 179
   História e aplicações práticas dos números 181

5 Abordagem às medidas 205
   Grandezas e medidas 206
   Situando-se no tempo 219

Índice das Atividades 243

1
Apresentando as Atividades

Esta primeira parte expõe alguns elementos referentes à organização da classe de Pré-Escola do ponto de vista físico. Trata ainda dos problemas relativos à confecção e exposição de cartazes e à expressão escrita das crianças. Também são abordadas as diversas formas de avaliação das atividades das crianças. São propostas diferentes sugestões para trabalhar a resolução de problemas desde a Pré-Escola. Criações das crianças ilustram estes dois últimos itens.

Uma segunda parte tem como objeto a utilização dos materiais e dos jogos, definindo suas características, destacando seu interesse e seus inconvenientes respectivos ao explicitar sua finalidade. Este capítulo também analisa seu funcionamento prático e geral dentro de sala de aula.

A última parte trata das competências transversais necessárias à Matemática, entre outras, e fornece detalhes das atividades a partir do jogo de Kim.

SUMÁRIO

Organização material da sala de aula	4
Resolução de problemas	22
Jogos e materiais	40

Organização material da sala de aula

Ação em três etapas 4
A organização prática da classe 6
Atividades da vida prática 7
Cartazes 11
Álbuns 13
Preparando para a administração mental 14

Lidar com Matemática é, antes de tudo, oferecer à criança a oportunidade de agir, e, posteriormente, levá-la a refletir acerca de suas ações: reviver em pensamento os acontecimentos que acabaram de se desenvolver, antecipar o que poderia vir a acontecer, procurar prever... Desta forma, ela não somente poderá ser confrontada com uma quantidade razoável de fatos com os quais progressivamente se familiarizará (principalmente através de repetidos contatos), como também, e mais do que isso, irá elaborar *imagens* (1) *mentais* relativas a eles, e, ao vinculá-los e dar-lhes sentido, estruturar pouco a pouco seus conhecimentos.

Ação em três etapas

Começamos com **uma atividade motora global**, da qual participa todo o corpo da criança. Habitualmente, ela tem lugar na sala de jogos ou de motricidade, e, às vezes, na própria sala de aula. Convém distingui-la claramente das atividades motoras, e progressivamente levar as crianças a diferenciar quando suas ações neste local são orientadas essencialmente para o desenvolvimento físico, ou para a conscientização e construção de um modelo da realidade que as cerca.

A seguir, temos **uma atividade motora circunscrita**, que solicita essencialmente os dedos, as mãos e os membros superiores. Ela se apoia em materiais e jogos específicos.

Por fim, temos **uma ação interiorizada**, que não pode ter lugar sem referência a imagens mentais, e que constitui uma representação.

A importância relativa destas três etapas varia no decorrer dos três anos de Pré-Escola.[*] A primeira desenvolve-se de forma equivalente à segunda no Maternal, sendo ambas passíveis de avaliação, enquanto a terceira per-

---

[*] N. de T. Petite, Moyenne et Grande Section, os três anos dedicados à Pré-Escola encontram correlação no Brasil com o Maternal, o Jardim A e o Jardim B, ou, conforme o estabelecimento, em Maternal, Nível A e Nível B, ou, ainda, Maternal, Jardim I e Jardim II.

manece embrionária e não pode ser avaliada, por ser insuficiente o domínio da expressão verbal pelas crianças desta idade. No Jardim A, o espaço dedicado à primeira etapa diminui, a segunda permanece sendo amplamente preponderante e a terceira etapa começa a se desenvolver. No Jardim B, a segunda etapa conserva sua importância, e a primeira cede ainda mais terreno para a terceira etapa, que, nesta idade, pode ser explorada de maneiras variadas.

ATIVIDADE 1

As três etapas de uma atividade

Exemplo de uma atividade envolvendo um labirinto

• **Etapa 1:** na sala de atividades motoras, ou mesmo em outra classe, o professor prepara um labirinto utilizando bancos, biombos, mesas, caixotes de papelão, ou qualquer outro material. As crianças devem encontrar uma maneira de atravessar este labirinto, desde a entrada até a saída, sem pular suas *paredes* (daí a necessidade de que estas sejam mais concretas do que um simples traçado no chão).

• **Etapa 2:** em sala de aula, vai-se então utilizar o jogo *Pistas Mágicas*, da Nathan, ou qualquer outro dispositivo análogo. Um tabuleiro tridimensional de plástico representa um labirinto em relevo: as paredes que delimitam os corredores têm espessura. Um bonequinho de base metálica, colocado à entrada do corredor, deve ser guiado por meio de um ímã, que é deslocado sob o tabuleiro. Qualquer tentativa de atravessar ou pular uma mureta acarreta a queda do bonequinho.

• **Etapa 3:** na sala de atividades motoras, é montado um labirinto como anteriormente, mas, antes de entrar na sala, o professor venda os olhos de um voluntário, que ele conduz pela mão enquanto as demais crianças entram na sala. As que não estão vendadas devem dirigir verbalmente quem conduz a que está impedida de ver. É claro que, para os que veem, a ação é obrigatoriamente interiorizada, uma vez que eles próprios não estão se deslocando. Esta ação se expressa pelas instruções formuladas (o que é passível de ser avaliado, especialmente pelas próprias crianças, que têm um retorno de informação imediato e geralmente bastante fiel acerca da eficácia de sua orientação). Também na criança que está se deslocando ocorre ação interiorizada, pois ela não pode transformar diretamente suas percepções visuais em deslocamento, precisando, ao invés disso, interpretar a informação verbal recebida, transformar em ação esta percepção auditiva.

Outro dispositivo vinculado à etapa 3: em sala de aula, instala-se um dispositivo análogo ao das *Pistas Mágicas*, mas maior, com dimensões tais que permitam o deslocamento de uma marionete imantada, conduzida pelo professor, a qual executa movimentos em função das orientações verbais das crianças.

Mais um dispositivo vinculado à etapa 3: em sala de aula, oferecem-se labirintos desenhados ou fotocopiados em folhas de papel, sendo o deslocamento materializado pelo traço deixado pelo lápis. Contrariamente às aparências, esta atividade apresenta uma real dificuldade para a maior parte das crianças do Jardim B, que devem constantemente antecipar a localização de seu traçado, enquanto deslocam o lápis, para evitar *atravessar as paredes*.

A organização prática da classe

Na Pré-Escola, como aliás durante toda a escolaridade, o trabalho constantemente realizado de forma coletiva não assegura a melhor eficiência no ensino da Matemática: não é possível deixar de dedicar tempo para a apropriação pessoal da aprendizagem, a qual não é favorecida pelo grande grupo.

Esta é a razão pela qual é necessário variar as formas de trabalho.

Formando grupos: momentos de intercâmbio

A reunião de toda a classe pode ser utilizada para suscitar a curiosidade, apresentar um novo material ou um novo jogo, lançar uma pesquisa ou comunicar os resultados de uma atividade, ou, ainda, as etapas já vencidas. Sua eficiência é limitada, e ela serve principalmente de atrativo, mais ou menos como um filme publicitário na televisão convida a ir observar de mais perto o produto anunciado.

Ela se constitui em momentos de trocas para as crianças – certamente com uma contribuição mais importante por parte dos líderes – e permite ver os resultados e comunicar informações relativas ao projeto que orientava a ação ("*eu gostaria de ter feito assim...*"), a forma pela qual esta ação foi conduzida, as dificuldades – e até mesmo os insucessos – encontrados. A reunião em grande grupo é a oportunidade para suscitar trocas a respeito das técnicas empregadas, sugestões de outras formas de agir...

Sozinho, ao lado dos outros

A maior parte do trabalho da criança Pré-Escolar se dá individualmente ou em interação com um pequeno grupo de colegas. A atividade na qual diversas crianças contribuem juntas para uma produção comum constitui um *atelier*. Seu bom funcionamento supõe que a tarefa proposta seja efetivamente passível de ser aprendida simultaneamente por diversas crianças, e que as trocas verbais favoreçam – em vez de tolher ou de perturbar – esta atividade.

No caso dos trabalhos individuais, pode ser mais cômodo para o professor agrupar *geograficamente* no espaço da classe diversas crianças que estão se dedicando a tarefas próximas, idênticas, ou, ao contrário, bem diversas: é o que designamos pelo termo *cantinho*. Neste caso, as interações (observação mútua, trocas verbais, colaboração...) são possíveis, mas secundárias. A criança que se sente incomodada por elas – porque é impedida de concentrar-se, de permanecer atenta ao que faz – pode subtrair-se à atividade, ainda que o faça respondendo com um mutismo obstinado às solicitações verbais, sem perturbar o trabalho das outras.

O *cantinho* é especialmente conveniente para as crianças pequenas, na idade em que mais se trabalha *ao lado* do que *com* outra criança.

Fazer e refazer...

A criança aprende fazendo, refazendo e observando. Já insistimos na importância da ação na aprendizagem e retornaremos a isso, mostrando como ela constitui o suporte sem o qual a aplicação de imagens mentais se torna bastante aleatória. Parece-nos que o primado da ação é há muito tempo admitido para as classes de Pré-Escola, mesmo quando posteriormente seu interesse passa a ser subestimado. Em contrapartida, não se deve temer permitir que as crianças refaçam as mesmas atividades: enquanto elas as solicitarem, significa que ainda encontram interesse nelas. Encher e esvaziar de areia ou de água um recipiente, sem se cansar, remontar inúmeras vezes o mesmo quebra-cabeça, somente parece fastidioso para um adulto. Não devemos hesitar em apostar no bom senso das crianças: na Pré-Escola, elas têm curiosidade por tudo, e ainda não aprenderam a refugiar-se em passatempos. Qualquer atividade na qual elas se engajem espontaneamente permite-lhes ampliar seus conhecimentos ou aperfeiçoá-los.

Atividades da vida prática

É possível explorar muitas situações vividas em aula, utilizando-as como base para o aprendizado da Matemática; contudo, não devemos ignorar a dificuldade de "matematizar" uma situação *concreta,* e as inúmeras armadilhas das quais precisamos nos resguardar.

"Matematizar" uma situação

Trata-se de
– partir de um contexto material,
– extrair deste contexto, através de simplificação, de abstração e de diversos outros processos intelectuais, um *modelo matemático,* que é uma estrutura abstrata, sem qualquer vínculo com a realidade que lhe deu origem,
– passar a raciocinar dentro do modelo matemático, isto é, dentro desta estrutura abstrata, extraindo consequências das propriedades fornecidas no princípio (ou, em outras palavras, demonstrando teoremas),
– por fim, de retornar ao contexto material do princípio, para nele aplicar os resultados obtidos no modelo formado.

Este procedimento foi aplicado a partir da Pré-Escola durante a década de 1970, e, em menor medida, nos anos 1980. Ele necessita de professores extremamente bem treinados em Matemática (com licenciatura ou mestrado na matéria, ou até mais), ou que mantenham estreito contato com grupos de pesquisa em Didática da Matemática. Mesmo dentro destas circunstâncias favoráveis, o que ocorre, em muitos casos, é um trabalho sem dúvida interessante, mas demasiadamente pesado para as possibilidades da maior parte das classes; podem também ter lugar resultados ilusórios, por exemplo, com o professor vendo conceitos matemáticos onde os alunos somente estão fazendo e vendo recortes, jogos de montar ou colagens... Já nas classes com menos recursos humanos, é ainda mais delicado pôr em ação este método.

Explorar situações da vida prática

Trata-se de um procedimento bem diferente, que se vale das atividades cotidianas ou ocasionais que aparentemente não têm qualquer relação com a Matemática, para levar as crianças a aplicar os conhecimentos matemáticos que estão sendo adquiridos, ou a lhes conferir sentido por sua utilização em circunstâncias nas quais contribuem para uma economia ou uma melhor performance evidentes.

A seguir, apresentaremos alguns exemplos bem específicos. Outros figuram nos diversos capítulos, em função das áreas mais abordadas no decorrer das atividades.

ATIVIDADE 2

A organização do lanche

A partir do Maternal

As crianças já devem estar suficientemente socializadas para tomar um lanche coletivo (portanto, aceitando algo diferente da "merenda que mamãe preparou"), e devem ser capazes de levar à mesa ao menos uma porção a mais, além da sua própria.

Intenções pedagógicas
– saber pôr em ação estratégias para a resolução de problemas;
– saber utilizar um procedimento numérico ou não numérico a fim de formar um conjunto com o mesmo número de objetos que outro conjunto dado.

Material
Elementos habituais para o lanche cotidiano. Nosso exemplo utiliza biscoitos e copos de leite, que são usuais nestas classes, mas a atividade pode ser facilmente adaptada a hábitos alimentares diferentes. Contudo, é desejável – tanto para a Matemática quanto para o bem-estar das crianças! – oferecer em conjunto um alimento sólido e uma bebida, ainda que seja somente um copo d'água.

• **Etapa 1:** *lanche para dois*
Neste primeiro momento, o lanche é organizado em mesas para dois alunos (o que permite que as crianças tenham sucesso na descoberta do número dois, que é *"um para cada mão"*. Na hora do lanche, as crianças que desejam tomar leite colocam um copo sobre a mesa maior. Todas vão lavar as mãos. Enquanto isso, um adulto, professor ou atendente, enche os copos de leite. No princípio, somente se servem os copos até a metade, para evitar desperdício e para que o leite não seja derramado durante o transporte (ocasião em que se pode ensinar as crianças a utilizar panos, sabão e esponjas para limpar o chão ou os móveis atingidos); progressivamente, pode-se

enchê-los mais. Uma criança de cada mesa é encarregada de ir buscar para si e para o colega o leite ou os biscoitos. Deve-se permitir que elas adotem a estratégia que lhes parecer melhor para realizar esta tarefa. No caso da bebida, a tarefa divide-se em duas partes: transportar dois copos (em uma única viagem ou em duas), e trazer a bebida escolhida para cada um; esta tarefa é mais complexa do que o transporte dos biscoitos, uma vez que o adulto sistematicamente entrega duas porções para cada criança encarregada deste transporte.

 *Da primeira vez, organizar a atividade em diversos grupos: um se prepara para o lanche, enquanto os outros permanecem realizando atividades suficientemente motivadoras para prender sua atenção (garagem, jogo de construção...). Assim que o primeiro grupo encontrar-se pronto para comer, um segundo grupo se prepara, etc.*

Assim que esta atividade começar a se desenvolver bem, e que cada criança já tiver sido encarregada tanto do leite quanto dos biscoitos, é interessante comentar o assunto por ocasião de uma conversa coletiva, com a classe como um todo ou em pequenos grupos, para que as ações sejam verbalizadas, evocando-as (ver na pág. 14 coordenação mental). Uma vez realizada esta verbalização – o que fornece uma avaliação das representações que os alunos conservam da atividade –, pode-se pensar em tornar mais complexa a situação.

- **Etapa 2: de "um para cada um" a "dois para cada um"**
Em uma conversa no princípio do dia, o professor mostra um novo tipo de biscoito, menor que o anterior: cada uma das crianças vai pois receber dois biscoitos (para facilitar a diferenciação dos dois biscoitos, oferecer por exemplo um recheado de framboesa e o outro de pasta de avelã).

A tarefa da criança encarregada dos biscoitos é então nitidamente mais complexa do que na primeira fase: levar dois biscoitos para cada criança, e entregar dois ao parceiro.

- **Etapa 3: servindo mesas com maior número de crianças**
Organização por mesas de quatro ou de seis lugares. Cada criança de uma mesma mesa tem determinada tarefa a realizar para preparar o lanche: por exemplo, em uma mesa para quatro, uma é encarregada de passar um pano na mesa antes e depois do lanche, outra distribui quatro guardanapos de papel (aí também é possível complicar progressivamente esta tarefa, fornecendo a princípio o número exato de guardanapos a cada criança que é encarregada delas, ou permitindo que ela retire o que é necessário para seu grupo de um pacote que contém o número exato de guardanapos para toda a classe) e quatro biscoitos (apanhados de uma lata na qual o professor teve o cuidado de colocar somente o número de biscoitos necessários para a classe), e as outras duas crianças são encarregadas de transportar cada uma dois copos.

A divisão das tarefas dentro de cada grupo pode ser uma oportunidade para a realização de um quadro de dupla entrada (ver o capítulo sobre lógica na página 61).

- **Etapa 4: pondo a mesa no refeitório**
Esta atividade pode constituir um momento importante para a responsabilização das crianças, e um treino interessante para a coordenação mental (projeto, evocações...).

Ela necessita de um bom entendimento com o pessoal de serviço da escola, para garantir a coordenação. Exemplo de desenvolvimento (com uma sessão por semana):

– pôr a mesa para o grupo e para cada mesa, sendo que tudo o que é necessário foi antecipadamente colocado sobre cada mesa pelos serventes;

– cada criança põe tudo o que é necessário para um aluno em uma mesa;

– pôr a mesa por grupo e para cada mesa, sendo que todo o necessário foi anteriormente disposto em pilhas com a quantidade necessária sobre carrinhos de chá ou mesinhas auxiliares;

– pôr a mesa por grupo e para cada mesa, apanhando de grandes pilhas a quantidade necessária de elementos para a mesa que se está servindo.

ATIVIDADE 3

Preenchendo palavras cruzadas

Jardim B

Intenções pedagógicas
– saber formar pares de objetos de acordo com um critério dado (neste caso, a mesma letra ou a mesma palavra);
– saber comparar conjuntos mediante a utilização de procedimentos numéricos ou não numéricos;
– saber dizer se um conjunto tem mais, menos ou o mesmo número de elementos que outro conjunto;
– saber utilizar as propriedades de ordem para destacar um (ou vários) objeto(s) dentro de uma sequência.

Material
Grade de palavras cruzadas retirada de uma publicação familiar às crianças (revistinhas, jogos publicitários como os de pacotes de alimentos infantis).

- **Etapa 1:** *observação da grade e leitura das definições*
O impresso é observado pelas crianças.
A professora lê as definições e as transcreve para tiras de cartolina (número e texto); as crianças emitem hipóteses, que desenham na tira devida.

Este peludo gosta de vovós

Não se deve intervir nas proposições das crianças, e sim aceitar todas as sugestões.

- **Etapa 2:** *escrevendo palavras*
Trabalho em duplas sobre uma palavra no decorrer de um atelier do quotidiano, com a ajuda de todos os documentos escritos habituais na aula (álbuns de contos para crianças, livros de consulta, dicionários infantis...).
Certas palavras são montadas de maneira relativamente fácil. Às vezes um espaço permanece vazio: é o caso dos termos no plural, que as crianças podem completar mediante observações como *"são três porquinhos, e quando há vários, se põe um s"* (observação de uma criança).
As competências postas em ação – em especial para decidir entre duas soluções possíveis – referem-se:
– à identificação da primeira, ou das primeiras letras de uma palavra;
– à contagem das letras de cada palavra proposta, assim como dos espaços na grade ("há dez quadradinhos, então é preciso uma palavra de dez letras");
– à identificação de uma letra da coluna *n* dentro de uma palavra (por exemplo, eliminar dentre as palavras que começam com C aquelas que não servem, uma vez que existe um O na penúltima casa, proveniente de outra palavra já escrita);
– à pesquisa de títulos, dos quais certas palavras já são conhecidas (o que permite, por exemplo, selecionar, após haver destacado a palavra *Pequeno*, dois títulos dentre os livros de contos sem ilustração: O *Pequeno Polegar* e O *Chapeuzinho Vermelho*. O 1° título é eliminado – não contém a palavra *vermelho*, e o termo *chapeuzinho* é descoberto por meio da eliminação das palavras conhecidas no segundo título); (Pequeno Polegar Chapeuzinho Vermelho).

– à posição aproximada de uma letra dentro da ordem alfabética, para poder utilizar facilmente um dicionário (naturalmente, é necessário que um alfabeto esteja afixado à parede para servir de referência);
– à procura de uma palavra a partir de ilustrações de um dicionário para crianças, quando se conhece a letra pela qual começa esta palavra;
– à avaliação da extensão de uma palavra a partir de sua pronúncia (optar entre *fada* e *feiticeira* para satisfazer à indicação "ela lida com magia").

- **Etapa 3**
Criar uma grade de palavras cruzadas para o jornalzinho da aula, ou para remeter a correspondentes.

Trabalho realizado no Jardim B de Madame Quilan, (I.M.F. em Offranville, 76).

Cartazes

Na Pré-Escola, os cartazes da área da Matemática encontram-se revestidos de um interesse todo especial. Eles permitem às crianças valerem-se de referências capazes de enriquecer suas imagens mentais e de ajudá-las a memorizar. Contudo, é necessário evitar que sejam afixados em excesso, e que cada um deles contenha demasiada informação.

Alguns conselhos

O cartaz deve ser visível na ordem direta de leitura para todas as crianças da classe: assegurar-se disto antes de fixá-lo. Evitar, por exemplo, móbiles compostos por algarismos recortados, ou então colá-los contra um fundo, de maneira que as crianças possam discernir bem suas formas.

Também é preciso que o cartaz seja claro e compreensível para todos. Isto significa que ele deve ser escrito com letras suficientemente graúdas, e não deve conter muitas informações. Além disso, não se deve sobrecarregá-lo com elementos inúteis, ou acrescentados exclusivamente por razões estéticas.

Ele deve estar isento de erros de ortografia. Nos casos em que as próprias crianças redijam o cartaz, verificar se está correto antes de afixá-lo.

O cartaz deve poder ser facilmente escondido ou retirado.

Deve ser móvel: é bom modificar a posição dos cartazes na sala de aula no decorrer do ano, em função dos centros de interesse do momento. Muitas vezes é também desejável renová-los, especialmente retirando trabalhos das crianças produzidos por ocasião da resolução de determinados problemas. O *cantinho* de reuniões é um local privilegiado, portanto, é conveniente reservá-lo para cartazes específicos.

É necessário ensinar as crianças a fazer uso dos cartazes, referindo-se a eles a cada vez que se apresentar uma oportunidade, em especial por ocasião de jogos ou de pesquisas.

Cartazes permanentes

Estes devem situar-se de preferência no *cantinho* de reuniões ou bem próximos. Exemplos:
- Uma tira horizontal e outra vertical com números, indo ao menos até 31 (para todos os níveis). Escrever todos os números na mesma cor, sem destacar com cor diferente o algarismo das dezenas, para que as crianças atentem unicamente para a posição relativa dos algarismos. Estas duas tiras podem servir quando da apresentação do calendário (ver capítulo acerca da passagem do tempo na página 219), assim como para a contagem das crianças.
- Cartaz com todos os tipos de triângulos (ver capítulo sobre geometria e atividades a partir de triângulos na página 130) em diferentes posições. Eles podem ser de diversas cores diferentes, desenhados com régua e canetas hidrográficas, ou recortados em papel de cores variadas e colados sobre o cartaz.
- No Jardim B, cartazes específicos sobre simetria, a partir do momento em que se inicia o trabalho acerca desta noção.

Cartazes temporários

Devem ser planejados para quando se faz um trabalho específico sobre um determinado assunto.

Todos os trabalhos das crianças referentes à solução de problemas matemáticos são temporariamente afixados e depois colocados em uma pasta ou em um classificador, para servir como arquivo da classe. As crianças devem ser estimuladas a reportar-se a este arquivo sempre que necessário.

ATIVIDADE 4

Exemplos de cartazes transitórios

Tabela numérica de 0 a 99 ou de 1 a 100

0	1	2	3	4	5	6	7	8	9
10	11	12	13	14	15	16	17	18	19
20	21	22	23	24	25	26	27	28	29
30	31	32	33	34	35	36	37	38	39
40	41	42	43	44	45	46	47	48	49
50	51	52	53	54	55	56	57	58	59
60	61	62	63	64	65	66	67	68	69
70	71	72	73	74	75	76	77	78	79
80	81	82	83	84	85	86	87	88	89
90	91	92	93	94	95	96	97	98	99

Espiral numérica

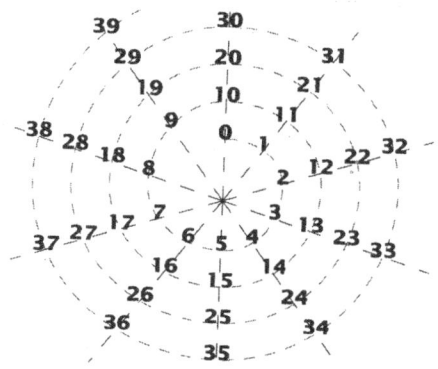

• Cartaz com conjuntos de pontos (constelações) como dominós (ou dados), utilizando a divisão por 7, 8 ou 9. A divisão que utiliza o 5 não necessita ser destacada, uma vez que resultará evidente nas figuras que representam os dedos: utilizar de preferência os duplos (números que representam o dobro de outro) ou quase duplos (2) para os números até 9, acompanhados da escrita dos algarismos e da representação através dos dedos (escolher um desenho no qual os dedos baixados estejam bem visíveis, para que a informação seja mais rica. Por exemplo, 3 representado por três dedos erguidos e dois baixados indica que 3 = 5 − 2, ou que 3 + 2 = 5). No Jardim B é possível, se o desejarmos, acrescentar aí a escrita literal dos números (em tipos script ou de imprensa e/ ou cursivos).

• Painel com os algarismos texturados.

• Cartaz contendo todo tipo de figura geométrica, de contornos retilíneos ou curvos. Assim como no caso do painel dos triângulos, elas podem ser de diversas cores diferentes, desenhadas com caneta hidrográfica, ou recortadas em papel de cores variadas e coladas sobre o cartaz.

Álbuns

Da mesma maneira que os cartazes, os livros para crianças podem contribuir com um complemento para a educação matemática nas classes de Pré-Escola. Eles podem ser utilizados como qualquer outro álbum, em descobertas coletivas ou semicoletivas a partir das ilustrações, e depois ser colocados à disposição de todos no "cantinho" de leitura, ou no de Matemática, se existir um local específico dentro da sala de aula. Podem-se também montar *slides* fotografando as ilustrações, e explorar esta montagem para a descoberta da obra.

Como no caso dos cartazes, convém prestar atenção na exatidão do conteúdo. Assim se evitam livros nos quais *algarismo* e *número* se confundem, assim como os que oferecem imagens muito pobres das formas geométricas (quadrado sempre na mesma posição, isto é, nunca equilibrado sobre um dos vértices, triângulos que se reduzem somente ao equilátero ou aos que encerram algumas *particularidades* – retângulos, isósceles...).

Sugestões para um princípio de biblioteca de Matemática

• M. Anno, *Jogos Matemáticos,1990*, Père Castor Flammarion (três volumes escritos e ilustrados por um veterano professor japonês, abordando uma quantidade de temas da Matemática, tanto de lógica e enumeração quanto de geometria e mensuração. Muito simples, mas passível de ser explorado com proveito bem além da Pré-Escola).

• D. Picon, *Pongo no Circo*, 1991, Épigones (história de um personagem, Pongo, realizada através das sete peças do quebra-cabeças geométrico conhecido pelo nome de tangram; todos os elementos do ambiente de Pongo são também montados com estas sete peças. Há diversos outros temas: *Pongo na Praia, Pongo na Fazenda, Pongo no Trabalho, Pongo na Festa, Pongo na Montanha*).

• Livros que estimulam a contagem, como, por exemplo, *Natal de 1 a 10*, coleção "Contando e Brincando", da Gründ (história na qual Papai Noel introduz sucessivamente um, dois, três, dez personagens, animais ou objetos).

Especialmente para o Jardim B, e que pode ser aproveitado ao longo do Ensino Fundamental:

• A. Rosenberg, *Eu Conto de 1 a 100 Brincando*, 1991, Les Deux Coqs d'Or (cada imagem permite, através de seus detalhes, decompor o número dado. Assim, quatro gatos dormindo podem ser vistos como três gatos sem chapéu e um gato com chapéu, ou dois gatos pretos e dois gatos amarelos).

• Livros para contar de trás para a frente (Gründ, Nathan): análogos aos livros para contar, mas apresentando os números na ordem decrescente, de dez a um.

Preparando para a administração mental

A administração mental é o estudo das atividades do espírito, independentes das diversas disciplinas, ou comuns a elas. Seus temas são especialmente os mecanismos da atenção, da memorização, da compreensão, da reflexão, da imaginação criadora, da motivação... Sua utilização em sala de aula permite conduzir os alunos a recorrer a estas atividades mentais (as quais são utilizadas espontaneamente por alguns deles).

A *evocação*...

A primeira e a mais importante das atitudes mentais que podemos trabalhar desde a Pré-Escola é a evocação, que consiste em lembrar mentalmente no presente uma percepção anterior: durante o contato sensorial com um objeto, nossos sentidos transmitem ao cérebro determinadas percepções; quando o contato sensorial é rompido, podemos fazer com que retornem à mente as informações sensoriais anteriormente vivenciadas: é nisto que consiste a atitude mental de evocação. Estas percepções sensoriais podem ter origem em diferentes sentidos, mais frequentemente na visão ou na audição (mas não esqueçamos a célebre Madeleine, de Proust, que não é mais do que uma evocação olfativa). Também é proveitoso explorar as possibilidades de evocações cinestésicas, habitualmente menos privilegiadas na escola, mas que podem constituir um trampolim para o desenvolvimento da administração mental.

Esta atividade de evocação é duplamente fundamental, de um lado, por ser indispensável a qualquer outra ação mental, e, de outro, por permitir a constituição de toda imagem mental. Ora, como recorda Alain Taurisson, *toda a nossa atividade intelectual se faz a partir de imagens mentais e não de objetos externos*. O termo "imagem mental" não significa necessariamente uma imagem visual: *No momento da evocação, há a criação de imagens mentais carregadas de sensações, de natureza visual, auditiva, verbal ou cinestésica* (1). A natureza da imagem mental, como a natureza da evocação, varia conforme os indivíduos, os objetos evocados e, às vezes, também conforme as condições de evocação. Não é necessário que o professor pesquise para cada criança seu modo privilegiado de evocação; no entanto, ele deve prever, para além da atividade de manipulação, alguns momentos nos quais a criança possa distanciar-se de suas percepções, traduzindo-as em evocações.

... e as outras atividades mentais

Passamos a descrever de forma sucinta as principais ações mentais.

A *atenção* consiste em transformar em evocação as percepções à medida que as recebemos. A *memorização*, enquanto atividade mental, é o projeto de utilizar posteriormente as evocações efetuadas no momento da percepção. Ela comporta quatro condições mentais:
– perceber, com o projeto de evocar;
– evocar, colocando aquilo que é evocado dentro de um futuro que imaginamos;
– treinar para expor as evocações como se estivéssemos na situação futura projetada;
– assegurar-se de que o essencial pode ser bem evocável e evocado, sem que haja necessidade de retornar ao objeto de *percepção*.

Ela se apresenta sob duas formas:
– o que se sabe de cor, e que pode ser introjetado sem compreensão, e
– o que se sabe por interpretação, e que exige compreensão.

A *compreensão* é uma atividade mental complexa: *para compreender, o sujeito começa por prestar atenção: olha e escuta com o projeto de evocar. Depois, ele confronta a evocação que acaba de construir com o objeto da percepção. As compara-*

ções e os julgamentos que ele emite por ocasião desta confrontação servem de trampolim para a intuição do sentido (4). É, pois, uma atividade reflexiva acerca da evocação, que visa confrontar o que fora evocado com o objeto da percepção que é novamente solicitado, com o objetivo de produzir julgamentos de comparação entre as evocações e o objeto de percepção.

ATIVIDADE 5

O desenvolvimento da atenção ou a formação de um projeto

Maternal – Jardim A – Jardim B

Todos os acontecimentos (no sentido mais simples deste termo) do dia podem ser uma oportunidade para a formação do projeto, uma atividade de antecipação a ser utilizada tão sistematicamente quanto possível.

Exemplos: volta-se do pátio de recreio e se forma o projeto para
– passar nos banheiros;
– retornar à sala de aula.

Para o professor, isto consiste em empenhar-se em explicitar (por meio de uma verbalização feita a princípio pela professora e posteriormente pelas crianças, assim que estas tiverem condições de se expressar) tudo aquilo que se refere a uma instrução dada: regras do cotidiano da classe a serem respeitadas, a indicação tão necessária dos deslocamentos a fazer, a sucessão de ações e atividades a cumprir, e os critérios de êxito em uma tarefa, quando for este o caso.

No início, o planejamento deve referir-se a um futuro imediato, e, depois, a um futuro mais distante: por exemplo, no princípio da aula, planejar com as crianças o relato de suas atividades do dia em casa, o que requer cooperação da parte dos pais.

Quando as crianças estão muito envolvidas no projeto e quando esta atitude mental se tornou para elas quase um hábito, podemos fazer com que tomem consciência deste fato. Para estimular as crianças a uma tomada de consciência da atividade mental de planejar (o que concerne principalmente ao Jardim B, e possivelmente ao Jardim A), podemos recorrer a uma comparação, a uma imagem, a um tempo simples e eloquente: quando se brinca com uma bola, lançando-a e apanhando-a, se a criança não prevê que vamos atirar-lhe a bola e que ela a apanhará com as mãos, há muito pouca chance de que consiga agarrá-la. A atividade mental consiste em projetar-se no futuro (de uma forma ainda muito fluida neste nível, sem procurar precisar onde, como, etc.), em ter a intenção de...

Tudo isso, e os exercícios que propomos nas fichas que se seguem, nada têm de gratuito e vincula-se à Matemática: trata-se de aperfeiçoar os sentidos – pois sabemos que o desenvolvimento de um deles acarreta conjuntamente um progresso nos demais –, e sobretudo de habituar as crianças a estarem atentas a todos os detalhes, por meio de uma observação acurada. Estas competências ditas transversais são particularmente importantes para, por exemplo, compreender o papel do lugar dos algarismos na escrita de um número (distinguir 13 de 31), ou para distinguir diversas figuras geométricas no interior de uma figura complexa (1)...

ATIVIDADE 6

O jogo de *Kim* visual

Maternal - Jardim A - Jardim B

Kim é o título de um romance de R. Kipling (1901), cujo protagonista é um pequemo órfão, filho de um oficial irlandês do exército das Índias, um garoto aventureiro e com muito sangue-frio, que, após seguir um lama em sua peregrinação através da Índia, serve de mensageiro e depois de agente secreto para o serviço secreto britânico. O treino de *Kim* na observação dos menores detalhes de seu ambiente e na capacidade de restituí-los deram seu nome ao jogo.

Intenções pedagógicas
– exercitar o sentido da visão (estereognóstica*, cromática), aperfeiçoando-a;
– suscitar uma tomada de consciência das percepções visuais;
– desenvolver a atenção;
– exercitar a evocação (visual, verbal ou cinestésica) a partir de percepções visuais.

Material
– um tabuleiro sem decoração (uma simples placa de compensado também pode servir) para depositar os objetos que são utilizados no jogo;
– uma tampa (caixa grande de papelão em cuja lateral se fez uma abertura para introduzir a mão) para esconder o tabuleiro de forma a evitar que as crianças captem indícios das manipulações que ali estão ocorrendo;
– diversos objetos usuais (tais como tampinha de garrafa, de caneta, lápis, borracha, botão, bichinho de madeira ou de plástico, etc.). Com exceção dos casos em que os jogadores estão muito habituados a esta atividade, os objetos utilizados devem ser familiares – salvo um, no máximo – a todos os jogadores, que devem estar em condições de nomeá-los sem dificuldades. O objetivo do jogo de *Kim* é treinar a observação e a memória de um número de objetos cada vez maior.

Aplicação
Atividade cotidiana que pode ser realizada duas ou várias vezes por dia, com duração entre 5 e 10 minutos, que pode ser praticada com toda a classe, ou, melhor ainda, em pequenos grupos.

• **Etapa 1:** *Kim de observação*
Diante das crianças, colocar alguns objetos (por exemplo, três, para começar, ou eventualmente mais, de acordo com a idade das crianças e sua prática de observação) sobre a placa. Assegurar-se de que todos os jogadores conhecem os nomes destes objetos. Indicar a regra do jogo: *Eu vou colocar uma tampa sobre a placa, e vocês devem procurar lembrar o maior número possível de objetos que estão escondidos.* Permitir que os jogadores observem os objetos (visualmente) por algum tempo, antes de cobrir a placa. Interrogar um voluntário: se ele reconstituir a totalidade da lista de

---

* N. de T. *Stéréognosique* – estereognóstico – referente ao sentido da percepção da forma e da consistência dos corpos *(cf. Le Petit Robert)*.

objetos, venceu a partida; se não, outro tenta, e quem recordar o maior número de objetos vence. Pode-se recomeçar quantas vezes se desejar.

- **Etapa 2:** *Kim de subtração*
  Mesmo dispositivo; adaptar as instruções: *Eu vou colocar uma tampa sobre a placa, e retirar um dos objetos; vocês devem dizer qual foi este objeto.* Dar aos participantes algum tempo para observar os objetos (visualmente), depois cobrir a placa e *retirar um objeto sem deslocar os demais de suas posições.* Erguer a tampa. O primeiro jogador que for capaz de indicar qual objeto foi retirado ganha a partida. Pode-se recomeçar quantas vezes se desejar este jogo.
  Se algumas das crianças não conseguirem descobrir qual objeto foi retirado, pergunta-se às que o fizeram se podem explicar como ganharam o jogo (procedimento raramente possível antes do Jardim B). Diversas "dicas" podem ser dadas às crianças que têm dificuldades com este jogo. Por exemplo, propor que:
  – digam em voz alta o nome de cada objeto colocado sobre a placa, durante o tempo reservado à observação (isto permite êxito às crianças cujo modo espontâneo de evocação é o verbal);
  – apanhem um a um os objetos nas mãos, recolocando-os exatamente no mesmo local (o que favorece as evocações cinestésicas);
  – apanhem os objetos, um de cada vez, dispondo-os em fila (o que facilita a formação de uma lista, visual, auditiva ou cinestésica).
  Repetir diversas vezes o jogo de *Kim* com as mesmas crianças e o mesmo número de objetos (sendo que a natureza destes deve variar de uma sessão para a outra). Assim que elas estiverem bem familiarizadas com o jogo, pode-se, de vez em quando, *não retirar nenhum objeto,* e, portanto, não alterar o conjunto, e então observar as reações a esta armadilha! Depois, quando todos os jogadores forem capazes de encontrar o objeto faltante, começar a aumentar progressivamente seu número. Neste caso, dar início ao jogo com todos os objetos que serão utilizados já posicionados sobre o tabuleiro (em vez de colocá-los diante das crianças). Não há limite máximo para o número de objetos propostos, enquanto as crianças estiverem obtendo resultados satisfatórios.

- **Etapa 3:** *Kim de adição*
  Procede-se como anteriormente. Dar tempo aos participantes para que observem os objetos (visualmente), depois cobrir o tabuleiro e *acrescentar um intruso, sem deslocar os demais.* Erguer a tampa. O primeiro que conseguir dizer qual objeto foi acrescentado vence a rodada. Pode-se repetir quantas vezes se desejar. A progressão e os auxílios oferecidos são análogos aos do *Kim de subtração.*

- **Etapa 4:** *Kim com deslocamento*
  A mesma apresentação. Permitir que os jogadores observem os objetos (visualmente), depois cobrir o tabuleiro e *deslocar um objeto sem tocar nos demais* (a mudança de posição deve ser bem nítida). Retirar a tampa. O primeiro que puder dizer qual objeto foi deslocado vence a partida. Pode ser repetido quantas vezes se desejar. Mesma progressão e mesmos auxílios empregados para o jogo de *Kim de subtração.*

- **Etapa 5:** *Kim* **com permuta** *(Jardim B)*
  Mesma apresentação. Dar tempo aos participantes para que observem os objetos (visualmente), após isso cobrir o tabuleiro e *permutar dois objetos, sem deslocar os outros.* Erguer a tampa. O primeiro que puder dizer quais objetos foram permutados vence a partida. Pode-se recomeçar quantas vezes se desejar. Mesma progressão e mesmas "dicas" que as anteriores.

ATIVIDADE 7

Kim sonoro

Jardim A — Jardim B

Intenções pedagógicas
– exercitar o sentido da audição, aperfeiçoando-o;
– suscitar uma tomada de consciência das percepções sonoras;
– desenvolver a atenção;
– encorajar o domínio da expressão sonora.

Material
Prevendo o trabalho de todo o ano escolar, preparar três conjuntos de dez objetos sonoros nitidamente diferentes. *Exemplos:* caixa que ao ser virada de cabeça para baixo produz som (de vaca, de gato, de passarinho), triângulos (um para cada trimestre, se os sons forem bem diferenciáveis), címbalos (idem), sinos e sinetas (idem), lâminas sonoras (idem), matraca, tamborim, pandeiro, bongô, mangueira sonora, bichinho de borracha que guincha quando apertado, maracas, moinho de ruídos, apitos que imitam canto de passarinhos e funcionam por pressão ou fricção, etc. Procurar explorar também ruídos familiares, diretamente ou através de gravação: zíper (crianças bem familiarizadas com estes ruídos podem diferenciar um zíper metálico de outro em nylon), papel sendo amassado, giz riscando o quadro-negro, porta sendo aberta ou fechada (ou gaveta), fricção de um objeto ou do dedo nos dentes de um pente, ruído de uma escova nos cabelos, tic-tac de um despertador, etc.

É preciso que as crianças possam utilizar estes objetos sonoros, o que faz com que se escolham *instrumentos* resistentes, de preferência aqueles que vibram por percussão ou fricção, isto é, que não é necessário levar à boca, por evidentes razões de higiene.

Aplicação
Em sala de aula, na sala de jogos ou na de música: de 5 a 15 minutos, uma vez por semana, durante um trimestre (9 semanas).

Na primeira semana, trabalho com dois objetos sonoros.

Fazer soar um objeto, sem que as crianças o vejam. Mostrá-lo então a elas, fazê-lo tocar novamente, e passar de mão em mão para que cada criança possa fazê-lo soar (se necessário, guiar o gesto).Dar o nome do objeto. Repetir toda a operação com o outro objeto.

Fazer então soar um dos dois objetos, fora das vistas das crianças: elas devem dizer qual foi utilizado. Em caso de erro, a criança que se enganou vem fazer soar o objeto cujo nome declarou; então, compara-se seu som com o do objeto que deveria ser adivinhado. Na semana seguinte, acrescentar um novo objeto.

Em uma classe com bastante prática, pode-se produzir sequências sonoras, e fazer com que as crianças identifiquem os objetos na ordem.

> *O Kim sonoro, assim como o Kim vocal (apresentado abaixo) não deve ser trabalhado senão com crianças já habituadas ao Kim visual, e com bastante prática em discriminações sonoras: trabalhar primeiramente as combinações de sons em duplas, propostas no capítulo que trata da lógica (p.61).*

ATIVIDADE 8

Kim vocal

Jardim A – Jardim B

Intenções pedagógicas
- exercitar o sentido da audição e aperfeiçoá-lo;
- conscientizar acerca dos diferentes timbres de voz;
- desenvolver a atenção;
- encorajar o domínio da expressão sonora.

Aplicação
Na sala de aula ou de jogos: de 5 a 15 minutos, uma vez por semana. Não é necessária nenhuma preparação.

Na primeira semana, trabalho com duas crianças que não tenham o mesmo prenome; as demais sentam-se no chão, no centro da classe. Indicar a regra do jogo: *Prestem atenção: daqui a pouco eles vão se esconder, e nós teremos que descobrir quem estará falando*. As duas crianças escolhidas colocam-se em frente aos colegas e dizem, cada uma por sua vez: *No almoço nós comemos...* (ou qualquer outra frase simples, mas relativamente longa); então, ambas se escondem atrás de um móvel ou de um biombo. Um dos dois pronuncia a mesma frase.

Pergunta: *Quem falou?*

Na semana seguinte, trabalhar com três crianças (ir até 5).

Então, recomeçar, mas com uma frase mais curta: *Gosto de doces*, e, num terceiro momento, com uma palavra polissilábica, depois monossilábica).

ATIVIDADE 9

Kim táctil

Jardim A – Jardim B

Intenções pedagógicas
- exercitar o sentido do tato e aperfeiçoá-lo;
- conscientizar acerca das percepções tácteis;
- desenvolver a atenção;
- treinar a evocação (visual, verbal ou cinestésica) a partir de percepções tácteis.

Material
- caixa de papelão com tampa, na qual se fez duas aberturas em uma das laterais, a fim de que as crianças possam introduzir as mãos;
- objetos usuais diversos, facilmente identificáveis ao toque.

Assim como para o jogo *de Kim visual*, os objetos utilizados no jogo devem ser familiares – com exceção de no máximo um – para todos os participantes, os quais devem ser capazes de nomeá-los com facilidade.

Aplicação: atividade a ser realizada em um dos *cantinhos*.

Antes de instalar as crianças no *cantinho* escolhido, colocar alguns objetos (de três a cinco, para começar, de acordo com a idade das crianças e sua prática de observação) dentro da caixa e tornar a fechá-la. Indicar a regra do jogo: *Daqui há pouco, vou retirar um dos objetos que estão dentro desta caixa; vocês terão que indicar qual deles. Os objetos são os seguintes:*. Fazer com que cada criança toque os objetos. Retirar então um deles, sem modificar o local dos demais. Deixar cada criança tocar novamente os objetos.

O primeiro jogador que conseguir dizer qual objeto foi retirado vence a partida. Pode-se voltar a jogar quantas vezes se desejar.

Mesmo desenvolvimento (para o *Kim de subtração*, e por todas as outras variantes do jogo) e mesmos auxílios que para o *Kim visual*.

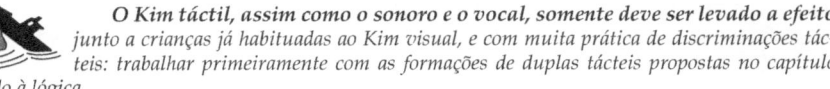 *O Kim táctil, assim como o sonoro e o vocal, somente deve ser levado a efeito junto a crianças já habituadas ao Kim visual, e com muita prática de discriminações tácteis: trabalhar primeiramente com as formações de duplas tácteis propostas no capítulo dedicado à lógica.*

Resolução de problemas

> Partindo da vivência 22
> Papel e importância do registro escrito na Escola Infantil   25
> Avaliação 28

Uma das maiores dificuldades encontradas pelas crianças no decorrer de toda a sua escolaridade é a resolução de problemas. Quando o enunciado é apresentado sob a forma de um texto escrito, as crianças não estabelecem vínculo entre a situação real e sua descrição no texto. Enquanto que frequentemente são capazes de resolver problemas reais, por outro lado, não conseguem encontrar uma solução coerente para um problema escrito. Esta é uma das razões que nos estimula a começar um trabalho específico a este respeito desde a Escola Infantil.

Partindo da vivência

É importante que, desde o Maternal, se proponham às crianças problemas que façam parte de suas vivências. A partir do Jardim A, é útil que as crianças comecem a codificar os problemas que estão resolvendo, assim como suas soluções.

O professor, após fazer com que as crianças destaquem os elementos essenciais que constituem o problema, pode traduzir todas estas informações para uma representação simbólica. Por outro lado, as crianças produzirão sozinhas a codificação da solução por elas encontrada.

ATIVIDADE 10

De quantas bolas precisamos?

Para brincar no pátio de recreio, temos que dar uma bola para cada dupla de crianças. De quantas bolas precisaremos?

- **Etapa 1:** O problema é resolvido pelas crianças no campo da realidade concreta.

- **Etapa 2:** De volta à sala de aula, o professor pede que se explique o que foi feito no pátio, e sugere que o problema seja esquematizado.

- **Etapa 3:** O professor propõe um problema do mesmo gênero, desta vez para ser resolvido sem manipulação real. Pode-se propor às crianças que têm dificuldades para resolver este problema sem manipulação que utilizem fichas, por exemplo, para representar as bolas.

Podemos proceder da mesma maneira cada vez que um problema prático é proposto, ainda que ele não pertença ao campo da Matemática. Muitas das situações da vida prática propostas nesta obra se prestam a uma utilização assim, o que permite ver o elo existente entre um texto escrito e um problema real.

Além disso, estes registros podem servir para demonstrar aos pais as atividades que estão sendo conduzidas junto às crianças, e podem ser afixados temporariamente na sala de aula.

Se há um trabalho de correspondência com outra classe, temos então um destinatário especial para as codificações de problemas e suas resoluções. Estas trocas são em geral riquíssimas, pois fornecem às crianças a oportunidade de refletir acerca de enunciados de problemas que não foram necessariamente vivenciados por elas mesmas, e as colocam, assim, em uma situação muito próxima daquelas com as quais elas se confrontarão posteriormente.

ATIVIDADE 11

Fichas e cartas

É preciso dividir equitativamente e da forma mais abrangente possível fichas ou cartas.
• **Etapa 1:** as crianças procedem efetivamente à divisão, e verifica-se se ela foi feita de forma conveniente.
• **Etapa 2:** quando voltam a reunir-se, as crianças expõem quais foram os procedimentos utilizados (distribuição um a um, por "pacotes" desiguais, depois reajustes, ou por montes iguais, etc.) e se codificam os diferentes métodos propostos.
Exemplo de codificação:

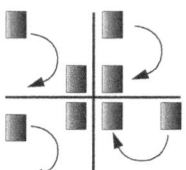 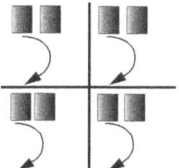 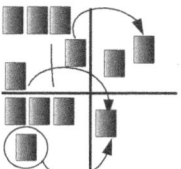

Etapa 3: fornecem-se às crianças etiquetas autocolantes (no princípio, de mesmo tamanho e cor) e uma folha de papel dividida em 4 ou em 6 partes, e pede-se que se repartam as etiquetas da forma mais igualitária possível entre os diversos campos da folha.
Exemplo com etiquetas variadas. A estratégia empregada pela criança foi colocar 6 em cada uma das áreas, complementando depois uma a uma.

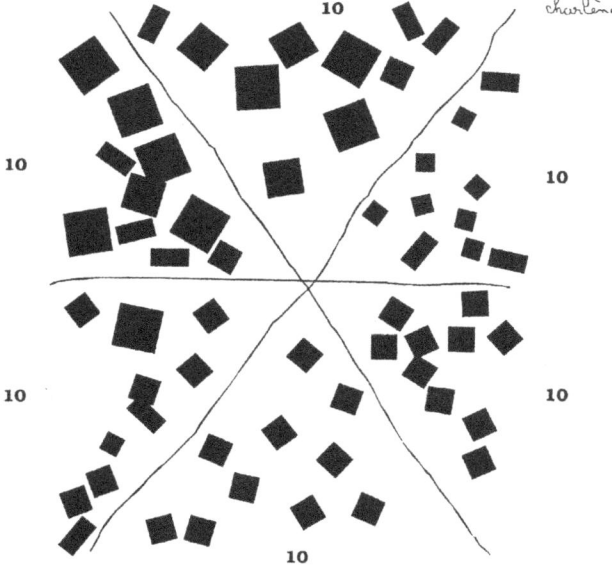

Trabalho realizado na sala de aula de M. Claire (Le Mée-sur-Seine, 77).

Papel e importância do registro escrito na Escola Infantil

As atividades que usam o papel como suporte e o lápis são muitas vezes propostas na Escola Infantil, sem que seja justificado o interesse por esta escolha.

Para quem e para que é feito um desenho?

Quem, no final das contas, é o destinatário da informação assim estocada? Os pais ou alguma outra pessoa vinculada a um dossiê das produções das crianças?

Neste caso, uma solução eficaz e pertinente consistiria em fazer as crianças trabalharem regularmente com material magnético (ou colando os materiais não magnéticos sobre um suporte rígido), e fotocopiar suas realizações, seja porque às vezes se é obrigado a interromper a atividade antes de seu final – e isto garantiria poder retomar o trabalho no ponto em que havia sido deixado –, seja porque a tarefa foi bem resolvida e é interessante poder atestar este êxito.

O professor, para realizar uma avaliação?

A própria criança, por meio de seu desenho?

Memória viva

Em uma instituição educacional, o registro escrito tem o principal papel de fornecer ao aluno uma *recordação a longo prazo:* mas em que condições uma criança de Escola Infantil pode reportar-se a um documento escrito como um auxiliar de sua memória? Isto não é impossível, mas supõe algumas condições especiais para ocorrer.

Para a criança, o desenho não tem sentido e, portanto, não tem interesse, a não ser que ela possa reutilizá-lo. Um exemplo seria talvez a formação de um *álbum de recordações,* coletivo ou individual, que guardasse as lembranças dos acontecimentos importantes da vida da classe, e que a criança pudesse folhear ocasional e propositalmente, a fim de rever esta ou aquela recordação que lhe é especial. Outro exemplo, bem mais eficaz, é o recurso habitual a painéis (permanentes ou evolutivos, que se conservam o tempo necessário para a realização de uma pesquisa) ou a fichários técnicos, nos quais cada criança sabe que pode encontrar a informação necessária para recomeçar uma construção ou para reproduzir uma montagem interessante.

O registro como um falso negativo ou um falso positivo

Raramente uma atividade sobre suporte papel é pertinente antes do período final de um aprendizado. Na Escola Infantil, quase sempre ela se constitui (assim como também no Ensino Fundamental) em uma atividade de transferência. Encontrar dificuldades em uma situação deste tipo não significa necessariamente que a noção-alvo deixou de ser compreendida: encontramo-nos diante de um *falso negativo,* um fracasso aparente, enquanto que a noção-alvo foi compreendida, e que a criança é capaz de aplicá-la em contextos variados, sem a intervenção de lápis e de papel: por exemplo, uma noção que é utilizável em diversas manipulações, mas não é bem traduzida para a simbolização das representações escritas (como no caso dos problemas ligados à motricidade que utilizam um instrumento para escrever, como lápis ou caneta).

Por outro lado, um trabalho que corresponda ao que é esperado não traduz necessariamente a compreensão da noção-alvo: podemos estar diante do que se chama um *falso positivo* (isto é, um exercício realizado aparentemente com sucesso, enquanto que a noção-alvo não foi compreendida): a atividade real das crianças pode ser uma simples reprodução de um comportamento modelo, por exemplo, aquilo que foi realizado pelo vizinho, ou, ainda, a reconstituição de uma sucessão de ações memorizada que levam a criança a um aparente sucesso em um contexto próximo, mas cuja reprodução em um contexto diferente conduz a um fracasso. É o mesmo que dizer que as sessões de trabalho coletivo que utilizam um modelo (no quadro-negro ou com um material de demonstração) manipulado sucessivamente por diversas crianças (ou pior, somente pelo adulto) diante do restante da classe, atenta ou distraída... ou mesmo brigando, seguidas de uma "avaliação" sob forma de uma folha mimeografada a ser completada, constitui aprendizagem.

Cuidado com os mal-entendidos criados pela confusão entre um objeto e a representação deste objeto. Por exemplo: *desenhe os pelos do gato*. (Espera-se que eles sejam desenhados no interior do contorno que representa um gato, mas na pele do animal verdadeiro, os pelos encontram-se no exterior...).

Cuidado com as representações (que são privilegiadas em relação a outras possíveis e que também fariam sentido) ensinadas como se fossem objeto de aprendizagem, e que se transformam em rituais sem interesse: linhas curvas fechadas como as que cercam conjuntos, flechinhas ou traços que não fazem sentido para a situação na qual são produzidas.

ATIVIDADE 12

Conservando registro escrito de um mosaico

Jardim A – Jardim B

Esta atividade tem lugar no decorrer de um trabalho acerca da estruturação do espaço, assim como no aprendizado do campo numérico. Pode ser transposta para qualquer outra área na qual um traçado escrito se mostre interessante: esforçar-nos-emos para encontrar uma progressão análoga às três etapas aqui propostas (descrição verbal, colagem de elementos preparados com antecedência, desenho propriamente dito).

Intenções pedagógicas
– saber obter referências para a estruturação do espaço;

– saber explicá-las verbalmente;
– saber formular uma instrução e verificar se sua execução está de acordo com o esperado;
– saber executar uma instrução formulada por um colega ou pedir informações complementares;
– saber utilizar um procedimento numérico ou não numérico para formar uma coleção com o mesmo número de objetos que uma outra;
– saber utilizar uma cançãozinha referente à numeração para resolver problemas ligados ao aumento e à diminuição das quantidades;
– saber conservar o desenho referente a um trabalho, refazendo-o com a ajuda de um material próximo daquele que foi manipulado.

Material
– peças quadradas ou cubos de cores variadas, às vezes com desenhos simples, com ou sem a grade de suporte, dos mosaicos Piky, cubos ASCO, cubos D Nathan, jogos do Clube das Franciscanas do I.R.E.M Paris-Sul, etc.);
– modelos de trabalhos fornecidos juntamente com o material ou preparados pelo professor, em tamanho real;
– grades vazias para a transcrição escrita;
– etiquetas, de preferência autocolantes, idênticas (no tamanho, na cor e, se for o caso, também nos grafismos) às peças.

Aplicação

- **Etapa 1:** *ditado* (atelier em duplas)
Em um primeiro momento, propõe-se às crianças uma progressão de mosaicos a formar com os quadradinhos ou os cubos de que se dispõe. Isto constitui um diagnóstico acerca da competência dos alunos nesta área.
Propõe-se então um jogo de ditado em duplas. Uma das crianças recebe uma grade modelo (isto é, já preenchida e com um grau de dificuldade adaptado ao nível de competência das duas crianças do grupo), e uma reserva de peças quadradas ou de cubos. A segunda criança recebe uma grade em branco, e não pode ver a grade-modelo de que dispõe o colega. A primeira criança dá à outra (um a um ou em grupos) os quadradinhos ou cubos necessários para repetir o desenho, indicando como distribuí-los. Ela deve ir conferindo se o mosaico está sendo montado de forma correta, modificando as indicações, se necessário. No final do trabalho, as duas crianças comparam o modelo com seu resultado.
Quando o jogo evolui bem, modifica-se ligeiramente a regra: a reserva de peças deixa de estar à disposição da criança que dita, passando a ser da que monta o mosaico. O ditado deve então levar em consideração a descrição das peças, além de seu posicionamento.
Estes dois jogos são propostos no decorrer de diversas sessões, com uma série de grades de dificuldade progressiva.

- **Etapa 2:** *das peças às etiquetas*
Quando todas as crianças estão habituadas a descrever os elementos necessários para a execução de um mosaico e suas posições respectivas, propomos a elas que conservem um desenho de suas produções.
Uma nova série de modelos é então posta a sua disposição, assim como grades em branco e etiquetas idênticas às peças ou às faces dos cubos utilizados.
Diversas estratégias podem ser utilizadas pelas crianças:
– algumas perdem rapidamente de vista a ordem de reproduzir no papel, por meio das etiquetas, o mosaico anteriormente realizado; no entanto, parecem ter mais êxito quando o mosaico a ser reproduzido lhes é fornecido já pronto (por exemplo, o de um dos colegas);

– certas crianças procedem preenchendo as casas a partir das bordas, em camadas sucessivas;

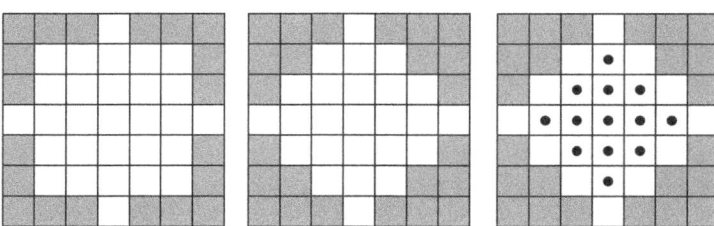

– outras trabalham com uma cor de cada vez, dispondo, a princípio, tanto quanto possível, uma determinada cor e depois outra.

Algumas sessões de conversas, dedicadas a relembrar e a descrever a maneira utilizada para formar um esquema com as etiquetas no papel a partir dos mosaicos realizados com as pecinhas, permitem que as crianças verbalizem acerca das estratégias e favorecem uma troca de informações entre as crianças acerca dos diversos procedimentos por elas utilizados. Os métodos mais eficazes são geralmente associados a múltiplas contagens: a criança conta quantas etiquetas verdes ela deve colocar na primeira carreira, quantas deve colocar "embaixo", quantas casas esta fileira tem a mais do que a precedente, etc.

Estas sessões constituem também para o professor um instrumento de avaliação. São discussões que podem evidenciar experiências bem-sucedidas, cujo sucesso era aparentemente devido ao acaso, e demonstram, por vezes, se as crianças percebem e/ou utilizam as eventuais simetrias.

- **Etapa 3:** *colorindo*

Quando as crianças estão habituadas a colorir detalhadamente desenhos, e já são capazes de uma certa perseverança, podemos então propor a elas dispensar as etiquetas e preencher as grades nas quais elas conservarão o registro de seus trabalhos, unicamente utilizando lápis de cor ou canetas hidrográficas.

Também aí a observação dos comportamentos é muito interessante e pode oferecer a oportunidade de observar notáveis progressos no que se refere à eficiência nos procedimentos. Este é, por exemplo, o caso de crianças que procedem à marcação das casas com um ponto ou um círculo ao redor, permitindo dissociar a ação de contar daquela de preencher as casas.

Avaliação

A avaliação não consiste apenas em informar as notas no boletim: é uma atividade permanente do professor, mas que não requer necessariamente o emprego de um dispositivo formal para a obtenção das informações: na maior parte das vezes, a observação contínua, com o apoio de algumas anotações, é suficiente para fornecer informações bastante precisas acerca das competências da maior parte dos alunos de uma classe. Avaliar, sobretudo no domínio da educação, é levantar informações com vistas a permitir uma escolha dentre as decisões de ações possíveis.

Seis dúvidas surgem quando se fala em avaliação:

- quem? (quem avalia, isto é, quem procede à coleta de informações?)
- para quem? (quem é o destinatário destas informações?)
- o quê? (qual é a natureza das informações que se procura recolher?)
- por quê? (quais são as ações pretendidas?)
- como? (qual é o procedimento conveniente para o recolhimento das informações desejadas?)
- quando?

A tabela abaixo permite que tratemos sucintamente as quatro primeiras questões, que são indissociáveis. Ela não poderia deixar de ser simplificadora: uma mesma atividade de avaliação pode por vezes ter diversos destinatários. Indicaremos após elementos de respostas às duas últimas questões, que são, em geral, as que mais preocupam os professores em seu trabalho cotidiano.

QUADRO-RESUMO

Referências para avaliação

Quem?	Para quem?	O quê?	Por quê?
Professor	Professor	Nível de aquisição Dificuldades ou progressos Procedimentos empregados	Administração das atividades[1] Diferenciação[2] Aperfeiçoamento das estratégias[3]
	Criança	O que ela sabe	Tomar consciência de seu aprendizado
	Pais da criança	Aquisições, progressos e dificuldades da criança Posição em relação às outras crianças da classe	Informar, tranquilizar e obter ajuda familiar[4]
	Colegas da classe seguinte ou da Rede de Auxílio	Aquisições	Permitir que as aquisições sejam levadas em consideração
		Dificuldaddes	Favorecer a ajuda
	Instituição (I.E.N., prefeitura, equipe de pesquisa)	Indicações muitas vezes fornecidas pelo destinatário, que é também quem as solicita	Frequentemente, aspectos financeiros...

Criança	Criança (o professor é às vezes um destinatário secundário da informação)	O que ela sabe	Conscientizar-se de seu aprendizado e de seus progressos
Pais[5]	Pais	Aquisições, progressos e dificuldades da criança Sua posição em relação às outras crianças da classe "Valor" do professor(!)	Obter informações e confirmações empreender auxílio à criança
Uma instituição	Instituição	Indicações muitas vezes fornecidas por quem as solicitou	Nem sempre se sabe, infelizmente!
	Professor	Perfil da classe	Aperfeiçoar a eficácia do ensino

[1] Antes de começar um aprendizado específico, pode ser interessante proceder a um diagnóstico que permita saber o nível dos conhecimentos anteriores das crianças acerca do assunto. A avaliação permite aperfeiçoar a progressão a ser proposta nos conceitos que se encontram em processo de aquisição por parte das crianças (por meio de atividades conexas e/ou desdobramentos de determinados pontos).
[2] A diferenciação pode incluir a organização em grupos de "necessidades" para ajudar os mais lentos ou oferecer novas explorações para os mais rápidos.
[3] Para tornar as estratégias mais ricas, podemos tentar fazer as crianças verbalizarem, coletiva ou semicoletivamente, as estratégias utilizadas por aquelas que se revelaram mais rápidas ou mais eficientes, para suscitar tentativas de apropriação de procedimentos descritos pelos colegas.
[4] É importante que a avaliação seja feita somente se
 – acredita-se que a família será cooperativa, ajudando a criança a executá-la;
 – temos informações *precisas* acerca de atividades *facilmente executáveis pela família*.
[5] A avaliação à qual procedem os pais (interrogando o filho, outros pais, ou mediante a observação dos trabalhos entregues) é completamente informal, e, em geral, ocorre independentemente do professor.

Como proceder à avaliação?

Seria falso pensar ou permitir que os pais acreditassem que somente a avaliação realizada por escrito é rigorosa e tem valor. Na verdade, na Escola Infantil, este tipo de atividade é muitas vezes difícil de realizar e, como já vimos em relação ao papel e à importância do registro escrito, as informações assim obtidas não são confiáveis. É preciso, portanto, imaginar outras formas de avaliar. No final deste capítulo, encontraremos exemplos de dispositivos de avaliação que não se valem deste tipo de suporte.

Observar

Podem-se avaliar as crianças observando os métodos que elas utilizam durante um jogo como o de dados ou de dominós, uma atividade como a de mostrar o conjunto de pontos correspondente ao número apresentado pelo professor, ou durante a busca de solução para um problema, como um quebra-cabeças geométrico ou de outro tipo. Neste caso, não é possível avaliar todas as crianças da sala ao mesmo tempo.

É necessário montar uma grade de avaliação: pode-se trabalhar com uma grade coletiva, com, de um lado, os nomes das crianças e, do outro, os critérios escolhidos e os elementos que se pretende observar; pode-se também utilizar uma ficha de avaliação por criança, retomando os mesmos critérios e elementos de observação, e anotando, em cada data de mudança para um estágio superior, os resultados obtidos. Será necessário, neste caso, fixar-se em um pequeno grupo de crianças, quatro ou cinco por dia, por exemplo, para observar.

Escutar

Podemos avaliar as crianças quando elas estão respondendo oralmente, por exemplo, em grupo, quando elas estão recitando versinhos ou canções sobre os números, ou qualquer outra coisa.

Também neste caso é necessário contar com uma grade pré-estabelecida, e deter-se em poucas crianças por vez para proceder a uma avaliação.

Conferir

É importante assegurar-se de que as ordens dadas ou de que o exercício proposto não sejam ambíguos ou contenham desvios que possam constituir-se em fonte de erro.

Por ocasião da análise dos resultados obtidos pelas crianças (o que é mais fácil de fazer com uma grade coletiva), procurar uma eventual relação entre os erros encontrados e aquilo que foi dito ou proposto pelo professor.

É preciso estar certo de que o sucesso obtido em um determinado exercício corresponde à aquisição da noção que se pretendia transmitir; e, o que é ainda mais importante, que o fracasso no exercício proposto signifique de fato que a noção não foi adquirida.

Muitas vezes não é o que ocorre, porque o exercício escolhido nem sempre está adaptado ao que se busca avaliar.

O que foi adquirido e o que foi compreendido

Enfim, é fundamental não se contentar com anotar somente o que não foi adquirido, mas também tudo o que foi compreendido e passou a ser conhecido. Isto é extremamente importante, sobretudo quando se trata de crianças que estão encontrando dificuldades.

Mais tarde forneceremos um exemplo específico disto (*cf.* atividade 17).

Quando é preciso avaliar?

Seria absurdo passar todo o tempo fazendo avaliações. As crianças necessitam de tempo para assimilar as noções. Duas avaliações estruturadas por trimestre, ou uma no final de cada um dos cinco períodos escolares parecem ser amplamente suficientes.

É totalmente inútil fazer com que as crianças executem atividades escritas de maneira sistemática. Na verdade, não será preenchendo fichas que as crianças irão aprender. Estarão somente mostrando o que sabem ou o que não sabem. É muito mais importante oferecer-lhes oportunidades para resolver efetivamente problemas reais, e para refletir sobre as atividades por elas empreendidas, a fim de que elas deem continuidade a suas ações por meio da manipulação de imagens mentais. É neste espírito que este livro foi concebido.

ATIVIDADE 13

Avaliando competências numéricas por meio de jogos de encaixe

Jardim A – Jardim B

Intenções pedagógicas
– avaliar a capacidade de montar um conjunto cujo número de elementos foi dado (etapa 1);
– avaliar a capacidade de escrever o número de elementos de um conjunto (etapa 2);
– avaliar a capacidade de completar uma coleção para que contenha um determinado número de elementos (etapa 3).

Material
– uma série de caixas ou uma base com hastes fixas;
– argolas ou piões correspondentes;
– diversas séries de cartões com números escritos (no caso de utilizar a base com hastes, seus tamanhos devem ser compatíveis com a distância em que as hastes estão fixadas à base; se usarmos caixas, o melhor é fixá-las a uma base um pouco maior, na qual se possa facilmente colocar os cartões numerados; os valores propostos variarão conforme a capacidade das crianças);
– fita adesiva.

Observação: Encontra-se no comércio material de triagem por cores, com base e cartões numerados magnéticos.

Aplicação

• **Etapa 1**
Trabalho individual. Por exemplo, diversas crianças instalam-se no "cantinho" de Matemática. Indicar em cada caixa ou diante de cada haste, com os cartões numerados, a quantidade de argolas que a criança deve depositar ou enfiar. Como a base tem diversas hastes, é fácil avaliar com o olhar, assim como no caso da série de caixas, o conhecimento de leitura das diversas for-

mas de escrita de números, e a capacidade de formar uma coleção que comporte este número de elementos.

Fornecer para cada criança uma série de caixas ou uma base munida de cartões numerados (quando colocamos para trabalhar juntas diversas crianças, devemos ter o cuidado de variar os valores ou pelo menos sua disposição, para evitar tentativas de cópia), assim como uma abundante reserva de peças. Instrução: *Você deve colocar dentro de cada caixa, ou em cada haste, o número de argolas indicado na frente.*

Quando a criança termina, anotar o resultado, e recolher o material assim completado para a realização da segunda ou terceira etapa com outra criança.

- **Etapa 2**

Mesmo quadro anterior, porém, desta vez, a série de caixas ou a base já estão munidas de argolas, sem indicação numérica na frente.

Fornecer à criança o material com as argolas, e uma série de cartões numerados com fita adesiva no verso. Instrução: *Você deve colar na frente de cada caixa (ou de cada haste) o cartão com o número que indica quantas argolas há naquela caixa (ou haste).* Quando a criança terminar, anotar o resultado: ao retirar as argolas, o material pode então servir para uma avaliação da etapa 1.

- **Etapa 3**

Mesmo quadro precedente, porém agora a série de caixas ou as hastes contam com cartões numerados e argolas em número inferior ao indicado.

Fornecer à criança o material assim preparado, e uma reserva de argolas com mais elementos do que o necessário. Para facilitar a leitura rápida dos resultados, podemos optar por utilizar argolas de uma única cor, fornecendo uma reserva de argolas de outra cor. Orientação: *Você deve colocar dentro de cada caixa (ou em cada haste) o número de argolas igual ao indicado no cartão.* Quando a criança terminar, anotar o resultado; após retirar as argolas, o material poderá então servir para uma avaliação da etapa 1.

ATIVIDADE 14

Avaliação formativa: a contagem oral

Utilizar uma tira individual com os números escritos, a fim de realizar uma avaliação formativa acerca do conhecimento da contagem

Intenções pedagógicas
– avaliar o conhecimento da sequência dos nomes dos números;
– fornecer à criança um meio para acompanhar seus próprios progressos neste campo.

Material
– uma tira numerada e com o nome da criança (ver atividade 94);
– carimbo de datas.

Observação: é suficiente uma tira em papel para a contagem; as dimensões da tira (em torno de 4 cm de largura com casas de 2 cm) devem permitir que se indique no verso a data, utilizando o carimbo. O comprimento vai depender das competências da criança; é fácil colar um prolongamento, quando a criança ultrapassar o último número inscrito na tira inicial.

Aplicação
O professor pede à criança que conte, indicando com o dedo a casa correspondente à medida em que vai falando.

Anotar na ficha de avaliação a última casa enunciada corretamente, indicando a data no verso da tira, na altura da última casa atingida, com o carimbo de datas. Note-se que, por meio deste dispositivo, se avalia um pouco mais do que com a simples contagem oral, uma vez que se pede que a criança ao mesmo tempo aponte com o dedo, uma casa após a outra, os números inscritos na tira. No entanto, os escores obtidos refletem de perto a performance referente à contagem oral; não se trata de utilizar este material para avaliar a capacidade de leitura dos números (ver a seguir um instrumento mais adequado para este tipo de avaliação).

Dispositivo utilizado no Jardim B da Sra. Lecesne (I.M.F., na Escola Anexa de Rouen).

ATIVIDADE 15

Faixas ou grades para a avaliação da enumeração

Jardim A – Jardim B

Intenções pedagógicas
– avaliar a capacidade da criança para formar uma coleção com o mesmo número de elementos que outra coleção (etapa 1);
– avaliar a capacidade da criança para indicar o número de elementos de uma coleção (etapa 2).

Material
– peças quadradas de papelão;
– faixas de comprimentos diversos, correspondendo na largura a uma fileira de casas do tamanho das peças;
– placas de dimensões variadas, quadriculadas e cujas casas correspondam ao tamanho das peças.

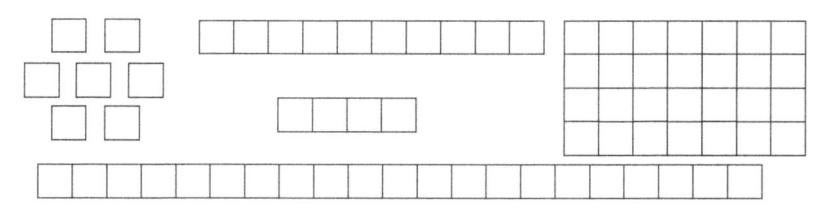

Para facilitar sua observação, o professor pode anotar, no verso das faixas com mais de seis casas, o número de casas em números romanos (que são desconhecidos dos alunos desta idade).

Aplicação

• **Etapa 1**
O professor coloca sobre sua mesa uma caixa contendo as peças. Entrega a uma das crianças (pode-se trabalhar com várias crianças, cada uma das quais com sua própria grade a preencher) uma faixa ou uma placa. *Você coloca a faixa e a placa sobre a mesa, e vai procurar na caixa que está sobre minha mesa somente as peças necessárias para colocar uma em cada casa da faixa ou da placa.*

Observação: as crianças que não conseguem compor uma carreira de 17 casas podem, entretanto, preencher corretamente a placa de 28 casas, transportando de uma única vez as peças que apanharam na caixa, formando quatro montinhos de sete elementos.

Anotar o resultado na grade de avaliação.

- **Etapa 2**
Após diversas tentativas com êxito, perguntar à criança quantas peças ela transportou. Em geral, ela necessita recontar. Mas, se a pergunta lhe é feita diversas vezes, ela "decora" o número que lhe possibilita apanhar as peças, antecipando-se à pergunta do professor.

Esta atividade é uma variante do "jogo do trem", experimentado especialmente pelo I.N.R.P.

ATIVIDADE 16
Avaliando com cartões numerados

Maternal – Jardim A – Jardim B

Intenções pedagógicas
 – avaliar a capacidade da criança para ler um número escrito com algarismos (etapa 1);
 – avaliar a capacidade da criança para identificar um número escrito, dentre diversos outros (etapa 2).

Material
Cartões contendo cada um um número escrito em algarismos (a quantidade de cartões depende do conhecimento dos nomes dos números).
Em caso de insucesso, retomar o mesmo procedimento, porém com cartões com conjuntos de pontos (constelações) ou ilustração de mãos mostrando dedos.
Tiras numéricas ou qualquer outro tipo de apoio (tabela de números, calendário, espiral numérica, etc.) não devem estar acessíveis durante esta avaliação.

Aplicação

- **Etapa 1**
Apresentar à criança um cartão com número, perguntando-lhe:
"O que está escrito aqui?"
Assim que a criança responder, posicionar o cartão de forma que não seja mais visível para ela. Anotar as respostas na folha de avaliação.
Ordem proposta:
4 – 1 – 3 – 0 – 2 (*Maternal*)
4 – 1 – 6 – 0 – 7 – 3 – 5 – 8 – 2 – 9 (*Jardim A*)
6 – 1 – 9 – 13 – 4 – 0 – 12 – 3 – 8 – 11 – 2 – 7 – 15 – 10 – 5 – 14 – 18 – 16 – 19 – 17 – 20 (*Jardim B*)
(Podemos nos deter no 14. Avaliação sobre os números até 15).

- **Etapa 2**
Colocar diante da criança a série de cartões numerados, em uma ordem arbitrária (nem crescente, nem decrescente). Pedir a ela que mostre este ou aquele valor. Anotar as respostas na folha de avaliação.
Exemplo para o Maternal:
Cartões colocados na seguinte ordem: 5 – 3 – 0 – 2 – 1 – 4
Números pedidos: 3 – 1 – 4 – 0 – 2 – 5
Observação: este dispositivo, na etapa 2, permite realmente a avaliação da competência não gráfica (isto é, não motora) da escrita dos números.

ATIVIDADE 17

Grade de avaliação

Grade de avaliação do conhecimento do algoritmo da numeração escrita

Os trabalhos a serem avaliados foram realizados no final de dezembro por crianças do Jardim B que haviam trabalhado durante um mês com atividades numéricas (tabela de números, tira numérica, conjuntos de pontos...). A professora pediu-lhes que preenchessem uma grade, da mesma maneira que a que eles haviam observado em aula. As crianças não contaram com modelo para efetuar o trabalho.

Utilizando este instrumento, podemos ver determinadas aquisições da criança número 1, cuja performance, à primeira vista, parecia medíocre.

Nome do aluno	Grafia				Posição relativa dos algarismos:				Posicionamento na tabela:			Influência do algoritmo oral sobre o escrito	Sugestões de trabalho propostas
	Sempre invertida	Sempre correta	Às vezes invertida, às vezes correta	Pode corrigir-se	Noção de que um número pode conter mais de um algarismo	Ordem numérica até 9	Funcionamento do contador sem privilegiar a ordem dezenas/unidades	Funcionamento do contador sem privilegiar a ordem dezenas/unidades	Um algarismo por casa	Manutenção de um sentido (a definir)	Agrupamento por dezenas		
1	2 3 9	4 5 6 (0) (8)	7 1		sim	sim	não	não	sim o da escrita		não		– uso do contador mecânico – tira com números – algarismos em papel vegetal
2		01 23 45 (6) 7 (8) 9			sim	sim	não	não	sim o da escrita	sim	sim		– uso de contador mecânico
3		01 23 45 (6) 7 (8) 9			sim	sim	não	não	sim o da escrita	sim	não		– aquisição

Trabalho realizado por um grupo de professoras de Seine e Marne durante um estágio sobre Pré-Escola (Savigny-Le-Temple).

O Ensino da Matemática na Educação Infantil **37**

Três trabalhos de crianças do Jardim B, dezembro.

- Criança nº 1

• Criança nº 2

0	1	2	3	4	5	6	7	8	9
10	11	12	13	14	15	16	17	18	19
20	21	22	23	24	25	26	27	28	29
30	31	32	33	34	35	36	37	38	39
40	41	42	43	44	45	46	47	48	49
50	51	52	53	54	55	56	57	58	59
60	61	62	63	64	65	66	67	68	69
70	71	72	73	74	75	76	77	78	79
710	711	712	713	714	715	716	717	718	719
80	81	82	83	84	85	86	87	88	89
810	811	812	813	814	815	816	817	818	819

O Ensino da Matemática na Educação Infantil

• Criança nº 3

0	1	2	3	4	5	6	7	8	9
10	11	12	13	14	15	16	17	18	19
20	21	23	24	25	26	27	28	29	30
31	32	33	34	35	36	37	38	39	40
41	42	43	44	45	46	47	48	49	50
51	52	53	54	55	56	57	58	59	60
61	62	63	64	65	66	67	68	69	70
71	72	73	74	75	76	77	78	79	80
81	82	83	84	85	86	87	88	89	90
91	92	93	94	95	96	97	98	99	100
101	102	103	104	105	106	107	108	109	110
111	112	113	114	115	116	117	118	119	120
121	122	123	124	125	126	127	128	129	130
131	132	133	134	135	136	137	138	139	140
141	142	143	144	145	146	147	148	149	150

Jogos e materiais

Definir o jogo 40
O jogo como fonte de aprendizado................................ 41
Importância dos jogos... 44
Inconvenientes 45
Escolher um jogo 47
Materiais e jogos individuais 53
Jogos especulativos: os "desafios" ou
situações-problema 57

A Escola Infantil é frequentemente designada como *"uma escolinha onde as crianças vão para brincar"*, em uma fórmula que se constituiu no tema do Congresso da A.G.I.E.M, em Bordeaux. Contudo, em nosso país, não se trata de uma atitude muito antiga; lembremos que o jogo não era bem-vindo nas creches do século passado, e que foi principalmente sob a influência de Pauline Kergomard, Inspetora Geral, que o brinquedo começou a ser reconhecido como uma fase necessária ao desenvolvimento da criança pequena: *brincar é o trabalho da criança, sua profissão, sua vida. A criança que brinca na Escola Infantil está se iniciando na vida social. Será que ousaríamos mesmo dizer que ela nada aprende ao brincar?* (6). A instituição dedica ao ato de brincar um papel que evoluiu notavelmente no decorrer dos cem últimos anos: considerou a necessidade de mobilidade da criança, a expressão de sua personalidade, viu-o como um vetor de aprendizagem, favorecendo uma autoconstrução do conhecimento (7).

Definir o jogo

Entre os animais, os etólogos identificam como brincadeiras os comportamentos que não visam à satisfação das necessidades vitais, alimentares ou sexuais, mas que apresentam um caráter aparente de gratuidade; estas atividades de interação social como abordagens, corridas de perseguição, lutas amigáveis, brincadeiras solitárias com ou sem objetos (a pega que belisca a cauda dos gatos que estão distraídos comendo sua ração; o gato que salta atrás de uma bola ou carretel; o gorila que coloca folhas ou pedregulhos sobre a cabeça e caminha assim alguns passos; o macaquinho que remexe a água de uma poça com um bastão, ou que gira sobre si mesmo como um pião...) são observadas principalmente entre animais jovens (8). Já no homem, o jogo não se limita à infância, e inclui, aliás, investimentos econômicos nada negligenciáveis (jogos olímpicos, jogos televisionados, jogos esportivos como o futebol, o tênis ou o rúgbi...) e pode assim deixar de ser um mero passatempo – com exceção do espectador – para tornar-se negócio de profissionais, que vivem disso!

A finalidade do jogo

Se deixarmos de lado o ponto de vista dos jogadores profissionais, o jogo pode ser definido como *uma atividade física ou mental, gratuita, geralmente baseada em convenções ou na ficção, que não tem, para a pessoa que a está exercendo, outra finalidade que ela própria e o prazer por ela proporcionado.*(9) Neste livro, não abordaremos todos os tipos de jogos passíveis de exploração ligada aos conhecimentos matemáticos. Assim, não falaremos dos jogos de imitação e de mímica, alguns dos quais (como o jogo de vendedora, por exemplo) evidentemente podem incluir aspectos relativos à Matemática (números, medidas, formas, etc.). Da mesma maneira, não analisaremos sistematicamente a possibilidade de utilizar jogos de motricidade para introduzir ou exercer a lógica, o conhecimento dos números, as referências no espaço... sem entretanto subestimar seu interesse, especialmente no caso dos jogos de pátio (amarelinha de formas e regras diversas, entre outros).

O atelier de jogos

Os jogos a serem praticados em ateliers apresentam características específicas:
– são jogos com regras;
– constituem uma atividade de grupo;
– apresentam uma aposta explícita e introduzem a competição.

Estes jogos podem ser classificados de acordo com diversos critérios:
– modo de funcionamento: jogos de habilidade (de botão, de acertar o alvo...), jogos de azar (utilizando dados, ou baseados em escolhas aleatórias...), jogos de estratégia, jogos de conhecimentos;
– conteúdo cognitivo (domínio dos números, combinações, lógica, reconhecimento de formas...).

Uma classificação deste tipo tem como interesse essencial permitir ao professor variar os jogos que propõe a seus alunos, mantendo assim sua atenção para este gênero de trabalho, que deve ser renovado regularmente.

O jogo como fonte de aprendizado

Contrariamente ao que imaginam alguns professores iniciantes, o atelier de jogos não *funciona por si*: ele necessita de uma intervenção importante do professor, antes, durante e após o momento do jogo.

Dividir o atelier de jogos

Assinalemos desde já que, se as brincadeiras habituais da classe comportam de cinco a seis crianças, ou mesmo mais, percebemos que é mais proveitoso subdividir o atelier, de forma a não ter frequentemente mais de quatro crianças em torno de um mesmo jogo, e sim duas ou três. De fato, quanto mais numerosas forem as crianças, mais difícil será conservar sua atenção, ocorrendo conversas sem relação com a atividade e uma tendência geral para o tumulto. Por outro lado, podemos permitir ocasionalmente que alguns espectadores se instalem em torno de um grupo de crianças que estão jogando: somente será necessário intervir se os espectadores perturbarem os jogadores, impedindo-os de jogar.

Fase de apropriação

Para introduzir um novo jogo é necessário, antes de mais nada, permitir que as crianças se apropriem do material desconhecido: é indispensável algum tempo de observação, de exploração prioritariamente sensorial e linguístico. Após esta expressão espontânea, ocorre uma fase de formulação de hipóteses: o que podemos fazer com os diversos elementos? A observação desorganizada se estrutura, os elementos são inter-relacionados, e se esboça uma regra para o jogo. Se ela parece eficaz — mesmo que não seja a regra que havia sido prevista — constitui a primeira maneira de utilizar o material, e a atividade propriamente dita tem lugar: procede-se a algumas tentativas, para assegurar-se que todos os participantes compreenderam a maneira de jogar, depois se começa sem ajuda. Esta fase de exploração pode ser conduzida em pequeno grupo ou durante a reunião do grande grupo.

Apertando a tecla de pause

Quando o jogo estiver andando bem, isto é, quando toda a classe já o conhece bem e sabe jogar sem hesitações, é importante fazer com que as crianças ultrapassem esta fase. Durante a partida, o professor *aperta a tecla de pause:* antes de uma jogada, ele faz com que as crianças prevejam as diversas possibilidades (Você pode me dizer o que vai acontecer agora?), verbalizem o procedimento adotado (Explique-me o que está fazendo), definam a estratégia adotada e as eventuais escolhas operadas (Por que você está fazendo isso? Poderia ter feito outra coisa?). É somente assim que o jogo adquire toda a sua dimensão de conduta consciente, e que a criança ultrapassa efetivamente uma fase de atividades que são principalmente aleatórias e intuitivas. Tudo isto é praticado no âmbito do atelier, isto é, com um número restrito de jogadores. É igualmente interessante provocar a reflexão em grande grupo, o que torna obrigatória uma evocação — uma vez que, neste caso, o jogo não está acontecendo quando se fala: lembrar as regras do jogo, a forma de jogar (é particularmente interessante quando nem todos os grupos pensaram na primeira regra: descobre-se assim que, ao mudar de regra, obtém-se um novo jogo); divulgar as estratégias seguidas – o que permite que todos se conscientizam de que não há uma única forma de resolver um problema, que outras estratégias são possíveis, e que procurem experimentá-las.

Ampliar a gama de jogos

É indispensável fazer evoluir o jogo, seja modificando suas regras, seja fazendo variar certos aspectos: assim, o deslocamento de uma peça pode se dar sobre uma pista dividida em casas (veja fichas a seguir), sobre um quadriculado no qual os deslocamentos estão indicados por referências extrínsecas (por exemplo, as laterais do tabuleiro têm cada qual uma determinada cor, e os deslocamentos se fazem "em direção ao azul", "em direção ao amarelo"...) ou intrínsecas (avançar para a frente, em direção à direita...), em caminhos com encruzilhadas, no mapa das ruas de uma cidadezinha... O deslocamento pode se dar casa por casa, ou por saltos, até a casa de uma determinada cor, ou, ainda, saltando-se o número de casas determinado pelo lançamento de um dado. O percurso pode ser apenas o próprio deslocamento, ou incluir a coleta de certos objetos ao passar pelas casas que conferem *bônus*, ou apresentar armadilhas (parada em uma casa durante uma volta, recuo, restituição de objetos apanhados anteriormente...). Vemos que ampliar a gama dos jogos postos à disposição das crianças no decorrer do ano e em função de suas necessidades significa propor também um mesmo jogo sob diversas vestimentas – o que permite continuar a trabalhar os mesmos conceitos sob aparências diferentes –, assim como jogos que permitem uma progressão, seja pela ampliação do alcance de um conceito, seja por sua maior complexidade.

Conservar a memória do jogo

Se possível (a partir do Jardim A), é desejável propor às crianças que conservem uma recordação do jogo, por meio de um cartaz, de desenhos ou de colagens. A realização deste trabalho escrito constitui um exercício de representação que faz sentido para a criança quando for explorada posteriormente para comparar as diversas regras sobre um mesmo material de jogo, ou para facilitar as trocas verbais a propósito deste jogo. Além disso, ela frequentemente serve como informação para os pais, seja por iniciativa das crianças, que desejam mostrar o que se faz em aula, seja por iniciativa do professor, que pode aproveitar a oportunidade para mostrar por que o jogo constitui para a criança um aprendizado, seja, ainda, por iniciativa dos pais, que, ao ver o cartaz na sala de aula, podem desejar informar-se a respeito pela criança, ao chegar em casa. Este trabalho pode originar documentos mais restritos, se desejarmos formar um álbum – coletivo ou individual – do quotidiano da classe.

Importância dos jogos

Uma grande parte da importância dos jogos é de ordem geral, e não está especificamente ligada ao conteúdo cognitivo.

Socialização

O jogo estabelece relações entre os parceiros, e estrutura o grupo. A criança aprende a respeitar a ordem até chegar sua vez de jogar (esta aquisição é bastante lenta, e muitos "adultos" ainda têm dificuldades para esperar sua vez), descobre o estímulo, desenvolve a paciência, o domínio de si própria. Habitua-se a aceitar regras – conhecê-las, respeitá-las, poder explicá-las a outros –, a levar em consideração a existência destes outros, a tomar cuidado com o material, a correr riscos, a aceitar um eventual fracasso... a admitir que se pode não ganhar, e pensar que, na próxima jogada, talvez tenha mais sorte; a ir até o final de uma atividade, a se interessar pelo jogo – e pela maneira de jogar – do outro (o que, em alguns jogos, propicia o aperfeiçoamento de estratégias), a não se divertir às custas de quem perdeu...

Jogar é trabalhar

O jogo é uma oportunidade para desenvolver um grande número de competências ou habilidades transversais. Participar de um jogo leva a realizar escolhas, a tomar decisões, a organizar estratégias. Como lembrou J. Braichet Moerel em sua fala de abertura do Congresso A.G.I.E.M. de Bordeaux, no momento do jogo, a criança *desenvolve a sua aptidão para dominar o aprendizado. Ela explora, exercita livremente todas as suas possibilidades em todos os domínios. Mostra-se séria, concentrada, porque – quando se exprime – não diz que está jogando, mas sim que está trabalhando. Ela será capaz de impor a si própria esforços que frequentemente são maiores que os que lhe pediríamos* (Atas, p. 5).

O interesse de cada criança é estimulado pelo desejo de vencer, que a torna ativa e a impele a desenvolver estratégias de resolução de problemas. O jogo necessita da dedicação pessoal de cada jogador, que influi no desenrolar do jogo: uma criança que não deseja jogar *quebra* o jogo, não no sentido de estragar os elementos materiais que o constituem, mas sim perturbando o encadeamento das diferentes fases.

Promovendo trocas com os outros

O jogo acarreta contato e comunicação (sublinhemos a este propósito o interesse específico dos jogos cooperativos, nos quais os jogadores podem aconselhar-se mutuamente, uma vez que a aposta não é a de ser o *primeiro a ganhar* – para utilizar uma expressão frequente entre as crianças de Escola Infantil – mas sim de chegar ao final da aventura da forma mais favorável possível).

O papel da discussão entre pares é comprovadamente (10) influente sobre a aquisição dos conceitos subjacentes. A compreensão é igualmente facilitada pela experimentação e apropriação progressiva, pela oportunidade que ela oferece para estabelecer relações entre os diferentes fatos que geralmente permanecem enclausurados dentro de uma apresentação mais tradicional, assim como pela possibilidade de uma abordagem manipuladora e não verbal dos conceitos.

A discussão em torno do jogo permite falar acerca dos conceitos postos em ação e produzir uma verbalização que não é gratuita, mas que responde a uma necessidade de comunicação, seja sob o calor da ação, seja para realizar trocas com os colegas para além da atividade "jogo".

A comparação das estratégias adotadas por cada um evidencia que, em geral, há diversas maneiras de resolver um mesmo problema.

Ganhar intimidade com as condutas de trabalho

Em um plano mais especificamente cognitivo, o jogo, como lembra R. Doron, estrutura um espaço real. Em seguida o transporta para o plano mental, procura dominar seu tempo por meio do ritmo, da perseverança, da mobilidade da visão interna entre futuro, passado e presente, torna fixa a instabilidade primitiva e a regulariza, enquadrando-a dentro de indicações (R. Doron, *Atas*, p. 28), destacando o quanto todas estas aquisições preparam as condutas de trabalho.

A intervenção do professor, especialmente quando ele *aperta a tecla de pause*, permite um exercício para a administração mental, por meio da prática da evocação e do treino da memória em especial.

A atividade "jogo" contribui para o desenvolvimento da criatividade: conceber uma regra possível a partir dos elementos de que se dispõe, inventar uma regra diferente daquela que se conhece, até mesmo criar um jogo para os colegas de classe ou para os correspondentes, são outras tantas solicitações da imaginação criadora.

Inconvenientes

Certos inconvenientes podem ser destacados da leitura precedente.

O tempo, um tema em debate

O ponto mais frequentemente citado é o lapso de tempo necessário para a descoberta e a assimilação do jogo, que já citamos sob ótica inversa como uma vantagem.

Dentre os obstáculos ligados ao tempo, o lapso referente ao jogo sendo posto em ação muitas vezes nos foi apresentado de forma mais leve, principalmente o trabalho suplementar imposto ao professor para arrumar os jogos. Assim como qualquer outro trabalho com crianças pequenas, a colocação de um atelier de jogos em funcionamento seguramente não é instantânea; mas, e a aula de recortes, ou de enfiar contas em uma linha, será muito mais rápida?

Quanto a recolocar tudo novamente em ordem, é uma atividade que não nos parece específica do atelier de jogos; se as crianças têm o hábito de recolocar no lugar seus lápis, as tesouras ou a cola, por que não poderiam fazer o mesmo com um tabuleiro de jogo e as fichas ou outros pequenos elementos que o acompanham?

Podemos facilitar a organização contando com uma caixa para cada jogo (embalagens de sorvete podem ser obtidas nas famílias; se quisermos evitar seu aspecto demasiado chamativo, podemos pintá-las ou deixá-las mergulhadas em água para retirar os rótulos. Estas caixas são leves, limpas e facilmente empilháveis).

Preço

O obstáculo financeiro também é frequentemente evocado: de fato, uma quantidade razoável de jogos é necessária, se desejarmos manter aceso o interesse das crianças ao longo de todo o ano.

É verdade que muitos jogos, e especialmente os que são comercializados nas casas de material pedagógico, têm um preço desanimador (500 F ou mais). No entanto, é possível formar uma primeira reserva com relativo baixo custo (menos de 150 F a unidade), tanto nas lojas de brinquedos quanto nos grandes magazines – onde se pode por vezes fazer negócios surpreendentes com artigos de liquidação logo após o Natal.

Pode-se igualmente pensar em fabricar alguns jogos com sucata (ver fichas mais adiante); o necessário, neste caso, é somente uma guilhotina de papel, tinta, plástico adesivo transparente para plastificar os elementos de papelão e lhes conferir, assim, uma maior durabilidade.

Ruído

A objeção quanto ao barulho é mais difícil de refutar: de fato, é impossível utilizar os jogos em silêncio absoluto; o que não significa que o atelier de jogos seja necessariamente muito barulhento. Além disso, a noção de ruído é relativa: quais são atualmente as classes de Escola Infantil nas quais não se escuta habitualmente nenhum barulho?

Às vezes, a necessidade de recorrer à expressão verbal para explicar a regra do jogo – sem o que se torna necessário um tempo de observação muito longo para os jogadores – é considerada um obstáculo; mas esta dificuldade não é atribuição exclusiva dos jogos, estando presente na compreensão de qualquer orientação de exercício.

Saber perder

Resta ainda uma dificuldade, esta muito mais séria: a atitude da criança que se recusa a perder. Constatamos em algumas classes que certas crianças absolutamente não aceitam a possibilidade de não serem as vencedoras (é especialmente o caso dos meninos que não podem admitir que uma menina ganhe deles); tudo se desenvolve sem qualquer problema se a sorte está do seu lado, mas, caso contrário, elas demonstram uma surpreendente capacidade de "roubar" no jogo: jogam sem esperar sua vez, atiram tudo no chão, colocam o dado mostrando a face que lhes é mais favorável, em vez de jogá--lo, deslocam os peões dos adversários... ou os seus, naturalmente em sentidos contrários! Observamos então que elas têm um conhecimento bastante desenvolvido do jogo e de suas regras, o que nos tranquiliza quanto a sua capacidade de compreensão, mas que não torna melhor o comportamento da classe. Uma forma de contornar o problema é propor mais jogos cooperativos, ou jogos sem vencedor, em vez dos de competição; mas isto não nos dá a certeza de que estas crianças se aplicarão tanto quanto nos jogos em que elas têm possibilidade de vencer. Outra solução, que também não é completamente satisfatória, consiste em reservar-lhes outro tipo de atividade, e somente fazê-las participar do atelier de jogos de maneira progressiva; de fato, seria totalmente decepcionante renunciar aos jogos em sala de aula porque uma ou duas crianças se recusam a aceitar suas regras.

A falta de iniciativa

Por fim, podemos mencionar que, em alguns casos particulares, a utilização de jogos pode frear a aquisição da autonomia, com algumas crianças permanecendo dependentes de seus colegas para ajudá-los a tomar uma decisão a cada jogada, ou para lembrar-lhes as regras do jogo. Também aí o problema não se encontra exclusivamente em relação aos jogos, mas de maneira mais geral na maior parte das atividades em que qualquer iniciativa é necessária.

Escolher um jogo

Os elementos que compõem o jogo devem ser fabricados com um material resistente ao uso, muitas vezes pouco delicado, que as crianças farão dele. Não devem representar qualquer perigo para os jogadores em utilização normal... ou previsível.

O tamanho dos elementos deve ser compatível com a idade das crianças: quanto menores elas são, maiores devem ser os elementos (2 a 3 cm de diâmetro é o mínimo para o Maternal).

O conteúdo cognitivo aparente é efetivamente exercido no decorrer do jogo. Como exemplo contrário, podemos citar os jogos numéricos nos quais a correspondência entre um conjunto de pontos (constelação) ou de outros elementos e números escritos ocorre valendo-se como suporte de um quebra-cabeças: a criança relaciona os pares de acordo com as formas, e não pela associação entre o conjunto e a escrita da quantidade, pois a informação apresentada pelas imagens não é indispensável à reconstituição. Um jogo deste tipo pode ser proposto para familiarizar a criança com a escrita dos números ou iniciá-la neste tópico (impregnação), e não para reforçar o reconhecimento desta correspondência (treino ou avaliação). Trata-se, pois, mais de um jogo para o Maternal do que para o Jardim A ou o Jardim B.

Diversas formas de funcionamento (ou diversas regras para o mesmo jogo) podem ser utilizadas, o que permitirá propor o mesmo material em diferentes momentos do ano escolar, com orientações de utilização diferentes.

O jogo é agradável (critério subjetivo, mas nem por isso menos importante) pelo material com o qual é feito, por suas formas ou desenhos, por suas cores...

ATIVIDADE 18

O jogo das estradinhas

Os jogos com pistas divididas em casas, entre os quais um tipo relativamente antigo, o jogo do ganso, que é ainda um jogo social frequentemente praticado, podem ser explorados em diversas versões, de complexidade variada, para o estudo relativo à estruturação do espaço e à numeração. Propomos aqui um trabalho progressivo, do Maternal ao Jardim B.

Poderemos encontrar muitas outras variantes nas diversas obras dedicadas aos jogos matemáticos para a Escola Infantil (como, por exemplo, em L. Champdavoine, Nathan, M.L. Winninger, Retz, D. Chauvel e V. Michel, Retz).

O jogo dos escolares (*Maternal*)

Intenções pedagógicas
 – aprender um jogo social;
 – associar uma cor da face do dado com a do peão a ser deslocado;
 – deslocar um peão de uma casa a outra sobre uma pista.

Material
 – tabuleiro coletivo retangular, contendo duas pistas paralelas, cada qual com uma dezena de casas, unindo duas habitações (uma azul e outra vermelha) a uma escola;

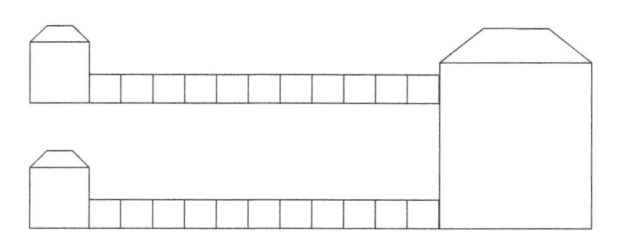

– dois peões representando escolares (podem ser rolhas de champagne ou de sidra, uma pintada de azul e outra de vermelho);
– um dado de faces coloridas (três azuis e três vermelhas).

Aplicação (atelier para dois jogadores ou mais)
Princípio do jogo: no início, cada escolar encontra-se em casa, dentro da habitação correspondente à sua cor. Cada qual por sua vez, os jogadores lançam o dado, e deslocam de uma casa o escolar da cor indicada pelo dado. Não há, portanto, um jogador vencedor, mas sim um dos escolares que chega primeiro à escola.

Após o jogo dos escolares de duas cores, podemos utilizar o jogo "Vamos lá, Caracóis", à venda no comércio (Ravensburger): como as pistas são paralelas e contíguas, é possível "apertar a tecla de *pause*" para fazer com que as crianças comparem a progressão dos diversos caracóis: "Qual é o caracol que se encontra mais próximo do objetivo?".

ATIVIDADE 19
O jogo do arco-íris

Maternal

Intenções pedagógicas
– aprender um jogo social;
– saber identificar seu peão;
– associar a cor da face do dado à da casa na qual deve ser colocado o peão;
– deslocar um peão sempre no mesmo sentido dentro da pista.

Material
– um tabuleiro coletivo retangular, no qual há uma pista com aproximadamente vinte casas, intercalando roxo, azul, verde, amarelo, laranja, vermelho, mais uma de "partida", não colorida, em uma das extremidades da pista; a última casa colorida está marcada com o letreiro "chegada";
– um peão para cada jogador (por exemplo, bonequinhos ou bichinhos);
– um dado de faces coloridas (roxa, azul, verde, amarela, laranja e vermelha).

Aplicação (atelier de jogo para duas crianças ou mais)
Princípio do jogo: No início do jogo, cada jogador escolhe seu peão e o coloca na casa de partida. Cada criança por sua vez lança o dado e o coloca na primeira casa da cor indicada pelo lançamento do dado. Os peões podem ser colocados em uma casa já ocupada por outro jogador ou ultrapassá-lo, se for o caso, sem qualquer penalização. Vence o primeiro jogador que alcançar a casa "chegada" (portanto, é preciso tirar a cor "certa" para ganhar).

Atividade 20

O jogo dos pedregulhos ou do Pequeno Polegar

Jardim A

Intenções pedagógicas
– conhecimento dos conjuntos de pontos ou constelações (percepção global ou contagem dos pontos, eventualmente nome do número assim definido);
– eventualmente, conhecimento da escrita dos números (em um segundo momento);
– construção de um conjunto, mediante um número cardinal dado (saber apanhar n pedregulhos da caixa);
– materialização de uma correspondência item por item (colocar um pedregulho em cada casa);
– deslocamento de um peão sobre um caminho, sem hesitações na primeira casa;
– correspondência entre o número (pontos ou cifra escrita) do dado e o deslocamento pelas casas.

Material
– um tabuleiro coletivo retangular (análogo ao dos escolares, com vinte casas em cada pista, que devem ser em número de 2 a 4), ou tabuleiros individuais, cada qual com uma pista de vinte casas. Em ambos os casos, cada pista deve ser de uma cor, e todas devem ter o mesmo número de casas;
– dois a quatro peões, com cores correspondentes às das pistas;
– uma caixa de pedregulhos (obtidos em uma obra, ou dos que são vendidos para aquários; escolher um tamanho adequado para a manipulação, mas que não ultrapasse os limites das casas);
– um dado com três faces marcadas com o número 1 e três com o número 2 (ou com os pontos correspondentes).

Aplicação (atelier de jogo para duas a quatro crianças)
Princípio do jogo: No início, cada jogador escolhe uma cor e coloca o peão escolhido na casa de partida correspondente a sua cor.
Cada jogador por sua vez lança o dado e apanha da caixa de pedregulhos o número de pedrinhas indicado pelo dado, colocando-os na pista, à razão de um pedregulho por casa. Avança então seu peão até a última casa onde há um pedregulho. Vence o primeiro jogador que levar seu peão até a casa de chegada.
A ocupação das casas pelos pedregulhos facilita a aprendizagem do deslocamento de um objeto móvel, evitando que as crianças patinem, o que é bastante comum (a criança conta 1 na casa onde se situava seu peão, em lugar de começar a contagem na casa seguinte).

Progressão: Diante de crianças que não aceitam perder, podemos propor o jogo com dois dados: um de cores e outro de faces numeradas. O de faces coloridas indica então que peão deve ser deslocado, e é um peão que vence, e não um jogador.
Utilizar em seguida um dado com duas faces marcadas com 1, duas com 2 e duas com 3. A etapa seguinte consiste em introduzir armadilhas: dado com duas faces 1, duas faces 2, uma face 0 e uma face 3.
Quando se tira 0, não se avança.
Prossegue-se assim até chegar a um dado com 0, 1, 2, 3, 4 e 5, ou a um dado comum.

ATIVIDADE 21

O jogo da estrela

Jardim A

Intenções pedagógicas
– conhecimento dos conjuntos de pontos ou constelações (percepção global ou contagem dos pontos, e eventualmente o nome do número assim definido);
– deslocamento de um peão sobre um caminho, sem hesitação na primeira casa;
– correspondência entre o número (pontos ou escrita dos algarismos) no dado e o deslocamento nas casas.

Material
– tabuleiro coletivo retangular, contendo uma pista com trinta casas, mais uma casa de "partida" em uma extremidade da pista, e outra de "chegada" na outra extremidade;
– um peão por jogador (por exemplo, bonequinhos ou bichinhos);
– um dado com quatro faces numeradas (constelações usuais) 1, 2, 3, 4, uma face em branco (zero), e uma face com uma estrela.

Aplicação (atelier de jogo para duas a quatro crianças)
Princípio do jogo: No início, cada jogador escolhe um peão e coloca-o na casa de partida. Cada qual por sua vez, os jogadores lançam o dado; se ele mostrar uma face numerada, o jogador avança o número de casas indicado; se tirar a face em branco, perde a vez; se ganhar a estrela, volta a lançar o dado e desloca-se o dobro do valor indicado pelo dado. Vence o primeiro jogador que levar seu peão até a casa de chegada.
Este jogo revela às crianças a existência de penalidades e de prêmios, aqui ligadas ao dado.

ATIVIDADE 22

O jogo da varinha mágica

Jardim A

Intenções pedagógicas
– conhecimento dos conjuntos de pontos ou constelações (percepção global ou contagem dos pontos, e, eventualmente, o nome do número assim definido);
– deslocamento de um peão sobre um caminho, sem hesitações na primeira casa;
– correspondência entre o número (de pontos ou escrita de algarismos) no dado, e o deslocamento sobre as casas.

Material
– tabuleiro coletivo retangular, contendo uma pista com trinta casas, mais uma casa de "partida" em uma das extremidades e outra de "chegada" na outra. Algumas das casas são marcadas com uma varinha mágica, enquanto outras têm uma cara de diabinho (ou de bruxa);
– um peão por jogador (por exemplo, bonequinhos ou bichinhos);
– um dado comum.

Aplicação (ateliê de jogo para duas a quatro crianças)
Princípio do jogo: No início, cada jogador escolhe um peão e o coloca na casa de partida. Cada um por sua vez lança o dado e avança o número de casas indicado. Se cair em uma casa marcada por um diabinho (ou uma bruxa), deve permanecer sem jogar na volta seguinte (passar a vez); se cair em uma casa com varinha mágica, joga mais uma vez e se desloca novamente o número de casas indicado pela segunda jogada com o dado. Vence o primeiro jogador que leva seu peão até a casa de chegada.

Este jogo faz com que as crianças descubram outra maneira de jogar, com penalidades e prêmios, desta vez vinculados à pista.

ATIVIDADE 23
O jogo dos buquês de flores

Jardim B

Intenções pedagógicas
– conhecimento dos conjuntos de pontos (percepção global ou contagem dos pontos, e, eventualmente, o nome do número assim definido);
– deslocamento de um peão sobre um caminho, sem hesitação na primeira casa, em um sentido ou em outro;
– correspondência entre o número (pontos ou escrita de algarismos) do dado e o deslocamento pelas casas;
– estimativa da distância entre duas casas;
– aprendizagem de uma estratégia (é geralmente proveitoso retornar alguns passos, se isto permitir que se colha uma flor que está fazendo falta).

Material
– um tabuleiro coletivo e retangular, com uma pista com quarenta casas, mais uma casa de "partida" em uma extremidade da pista, e uma casa de "chegada" na outra extremidade. Mais da metade das casas têm uma ilustração representando diferentes flores: por exemplo três miosótis, seis rosas, cinco margaridas, quatro tulipas, quatro primaveras, três violetas. Podemos dividir as flores de maneira aleatória, ou, ao contrário, formar canteiros de cada variedade;
– retângulos de papelão, todos do mesmo tamanho, com as mesmas ilustrações de flores das casas (uma dezena para cada flor);
– cartões que serão "vasos" ou "cestas", retângulos de papelão comportando seis casas do tamanho dos cartões com as flores, destinados a receber os cartões-flores à medida que o percurso se desenrola;
– um peão por jogador (por exemplo, bonequinhos ou bichinhos);
– um dado comum (conjuntos de pontos de 1 a 6).

Aplicação (ateliê de jogo para duas a quatro crianças)
Princípio do jogo: No início, cada jogador escolhe um peão e coloca-o na casa de partida; classifica-se as cartas com flores, formando pilhas de acordo com as diversas espécies. Cada jogador por sua vez lança o dado, e avança o número de casas indicado. Quando cai em uma casa com flor, apanha um cartão com a flor correspondente e coloca-o em seu cartão "vaso". Vence o primeiro jogador que preencher completamente seu cartão "vaso" (com seis flores diferentes) e levar seu peão até a casa de chegada.

Observação: pode-se recuar pela pista se o número sorteado pelo dado permite ir colher uma flor.

ATIVIDADE 24

O jogo do Papai Noel

Jardim B

Intenções pedagógicas
 – conhecimento dos conjuntos de pontos (percepção global ou contagem dos pontos, e, eventualmente, o nome do número assim definido);
 – deslocamento de um peão pelas casas de uma grade;
 – correspondência entre o número (pontos ou algarismo escrito) do dado e o deslocamento pelas casas.

Material
 – um tabuleiro coletivo constituído de uma grade com algumas casas ilustradas: as quatro casas dos cantos têm uma cabana (prever uma cor ou uma cercadura de quatro cores diferentes) e se constituem nas casas de partida. Uma quinzena de casas têm o desenho de um presente, quatro de um saco de presentes, quatro de uma rena, quatro outras de um trenó; a casa central é uma lareira, e constitui a casa de chegada;
 – quatro peões, cujas cores correspondem às das cabanas;
 – quatro faixas de seis casas com as mesmas ilustrações que o tabuleiro de jogo: uma cabana, um trenó, uma rena, quatro presentes;
 – quatro pilhas de fichas com as mesmas cores que as cabanas e os peões;
 – um dado comum, com conjuntos de pontos de 1 a 6.

Aplicação (ateliê de jogo para duas a quatro crianças)
 Princípio do jogo: No início, cada jogador escolhe uma cor e coloca seu peão na casa com a cabaninha correspondente a sua cor. Cada um por sua vez lança o dado, e avança o número de casas indicado.
 Se cai em uma casa com ilustração, apanha uma ficha de sua cor e a coloca em sua faixa (que desempenha o papel de "diário de bordo"). Vence o primeiro jogador que preencher completamente esta faixa, levando seu peão até a casa com a lareira. Dentro da grade, o deslocamento pode ser feito no sentido que se desejar.

Materiais e jogos individuais

Um jogo nem sempre supõe a presença de diversos jogadores: também os adultos se dedicam a toda uma variedade de jogos individuais (em francês, significativamente, *solitaires),* a apostas e a diversos jogos ao estilo dos de fliperama, sem outro estímulo além da satisfação de obter sucesso, isto é, de vencer a situação que se apresenta ou de aperfeiçoar as próprias performances. Reservamos a estes jogos individuais a denominação de *material,* que designa para nós qualquer objeto ou conjunto de objetos estruturado(s) capaz(es) de permitir a uma criança (ou, mais raramente, a um grupo de crianças) experimentar um (ou diversos) conceito(s) – matemático(s) – por meio de manipulações.

Os materiais como fontes de aprendizado

Assim como se pode preparar na classe um *cantinho* de jogos matemáticos onde funcionam os ateliês, também se pode prever um *cantinho* para os materiais, que possa acomodar diversas crianças simultaneamente, cada uma trabalhando com um material.

O livre acesso

Também é possível permitir acesso livre ao material, especialmente para que as crianças mais rápidas possam permanecer ativas de maneira positiva quando terminam uma tarefa: mas uma organização deste tipo apresenta como principal inconveniente a penalização das crianças mais lentas, que terão menos oportunidade de utilizar os materiais.

A livre descoberta

Assim como no caso dos jogos propostos a um grupo de crianças, a introdução de um novo material começa por um período de tempo dedicado à livre descoberta. Frequentemente é possível apresentar o material sob a forma que deverá ser reconstituída, o que permite à criança contar com uma representação do produto final ao qual deve chegar. Compreende-se, portanto, a importância de organizar o material não de forma aleatória, mas de acordo com uma disposição que coloque em evidência sua estrutura. Esta particularidade faz com que, em muitos casos, não haja nenhuma necessidade de explicar uma instrução dada, pois esta consta implicitamente da própria estrutura do material.

Tentativas

As primeiras tentativas de uma criança com um novo material raramente chegam a um sucesso total: o que se vê é antes um êxito parcial, isto é, somente são levados em consideração alguns dos elementos da estrutura de conjunto do material. Por exemplo, no caso de um material para classificação, seus três primeiros elementos pertencem efetivamente a uma mesma classe, mas, em seguida, outra regra sobrepuja a da classificação. Ou então, no caso de um material indicado para seriação, observa-se o que Piaget chama de "pequenas séries", isto é, a constituição de uma sequência de três ou quatro elementos ordenados, seguidos de outro que não está em seu lugar devido em relação à ordenação que estrutura os três elementos precedentes. Este êxito parcial evolui, sem que se saiba de maneira muito clara até o momento os fatores que influem nesta evolução: por exemplo, o fato de que a criança veja o que se deve fazer não parece ser decisivo para impulsionar seus progressos: não há, pois, qualquer razão para que se estimule, ou se evite, que as crianças observem o resultado correto, seja de outra criança, seja do professor que organiza o material! Assim, não se deve pensar que, porque foi mostrado a uma criança como utilizar um material, não lhe resta mais que um papel quase passivo, limitado à imitação. Imagine que você se encontra junto a uma costureira, que lhe mostra como bordar uma casa de botão à mão. Se ela lhe estender então um pedaço de tecido, linha, agulha, um dedal e uma tesoura, você acha de fato que terá sucesso na primeira tentativa?

Quando demonstrar como utilizar o material, fazê-lo em silêncio (isto é, sem comentar suas ações) e lentamente, destacando bem cada gesto. Neste caso, se se deseja realmente que se pronunciem palavras, peça às crianças que comentem os gestos durante a segunda demonstração.

A repetição

Muitas vezes nos surpreendemos com a atenção e aplicação que algumas crianças dedicam indefinidamente ao mesmo material, repetindo incansavelmente os mesmos gestos. Enquanto se tratar de um procedimento voluntário da criança, não há qualquer razão para impedi-la: a repetição parece ser-lhe necessária.

A utilização às cegas

Todos os materiais que não lidam de forma preponderante com o sentido cromático, mas que utilizam da visão apenas o sentido estereognóstico (de percepção das formas) e sua interação com o sentido cinestésico (sensação do movimento das partes do corpo e, particularmente, dos membros superiores por meio das sensações musculares e do ouvido interno), são vantajosos, quando a criança já os domina, se propostos para utilização às cegas (com os olhos fechados, o que é muito difícil para uma criança de Escola Infantil, ou com uma venda, ou, ainda, por trás de um tapume, que pode até mesmo ser uma caixa de papelão bem grande, na qual se perfuram duas aberturas suficientes apenas para a passagem das mãos). Isto favorece a conscientização por parte da criança de que ela pode evocar o material, isto é, voltar a ter em mente uma percepção anterior.

Importância da utilização dos materiais

A principal vantagem dos materiais reside em sua versatilidade de utilização, individual ou em grupos, geralmente sem instrução explícita, o que frequentemente permite uma "arrancada", mesmo diante de materiais novos, sem a necessidade da presença imediata do professor. Sua utilização individual respeita o ritmo de aquisição de cada criança, preserva sua timidez e reserva, permitindo uma apropriação pessoal, com insucessos eventuais dos quais o professor nem sempre é testemunha, mas que sempre acabam por ser ultrapassados. Os materiais contribuem, pois, para facilitar a organização prática da individualização da aprendizagem, e desenvolvem a autonomia da criança.

Além do fato de permitirem responder à necessidade de sensorialidade para sedimentar os conceitos (ao facilitar as evocações), e de contribuírem para tornar mais refinadas as percepções e de desenvolverem a motricidade fina, eles permitem a apreensão multissensorial de um conceito (ora, sabe-se que uma informação recebida por diversos canais simultaneamente conserva-se melhor a longo prazo). Apelando para diversos sentidos, os materiais fornecem circunstâncias favoráveis para o exercício de evocações acerca de modos plurais, e oferecem à criança diversas oportunidades para se exercitar em *gamas conceituais*.

Mesmo que diversas crianças trabalhem simultaneamente com um mesmo material, e se por acaso não se dispõe de mais do que um único exemplar de cada um deles, nunca há vencedor ou perdedor: a utilização destes materiais desenvolve uma mentalidade de *recordman* (ultrapassar a si próprio) mais do que de *campeão* (ultrapassar aos outros).

Por fim, contrariamente aos jogos praticados em ateliê, a utilização de materiais geralmente se dá em uma atmosfera preponderantemente silenciosa, a única propícia à concentração necessária.

Inconvenientes dos materiais

Diversas críticas que são formuladas contra os jogos podem igualmente ser endereçadas à utilização destes materiais: o tempo gasto pela criança com manipulações antes de atingir o êxito completo — o que, para nós, está longe de ser um inconveniente, e que, ao contrário, colocaríamos entre suas vantagens; a necessidade de dispor de uma "poupança" considerável de materiais variados, a fim de ser possível renovar regularmente aqueles que são propostos, e, o mais importante, o custo de um tal investimento (ainda que se possa, se nos dispusermos a consagrar um certo tempo para isso, fabricar, com relativo baixo custo graças à recuperação de sucata, muitos materiais simples, mas nem por isso menos apreciáveis).

Objeta-se também a existência do risco de tornar a criança passiva, a qual permaneceria dependente de seu material (argumento especialmente utilizado pelos professores do Ensino Fundamental, que insistem na importância de, por exemplo, a criança saber calcular sem recorrer a cubos ou outros objetos de manipulação). Este argumento somente tem razão de ser se o material for explorado de maneira insuficiente, por falta de treino na administração mental: é atribuição do professor assegurar-se da aprendizagem dos procedimentos mentais necessários ao domínio do material, e, evidentemente, o objetivo continua sendo sempre o de que, ao final, a criança deixe de ser dependente do material.

Como escolher um material?

O material deve estar adaptado ao nível da criança, despertar a curiosidade, permitir descobertas e aprendizados (e não servir de ilustração para uma explicação), destacar as dificuldades, associar exercício mental e atividade muscular, e, se possível, comportar uma verificação de erros. Podemos desejar dar preponderância aos materiais cuja concepção coloca ao alcance da criança a verificação dos próprios erros: de fato, estes favorecem a autonomia do aluno, destacam seus acertos (o professor deixa de ser a testemunha obrigatória dos erros, e a criança, portanto, tende a se culpar menos pelas tentativas infrutíferas), devolvem ao adulto seu papel essencial de observador, e permite-lhe estar disponível para diversas solicitações.

Quando se observa um material com vistas a uma seleção, é preciso procurar ater-se mais aos atributos funcionais do que à percepção puramente factual; neste caso (do material comercializado), a qualidade da documentação anexa pode revelar-se quase determinante.

A observação volta-se, então, para os seguintes campos de trabalho:
– **sensorial:** referente aos cinco sentidos habituais, mais o sentido *térmico* (de percepção das temperaturas), *cromático* (de percepção das nuances e das graduações de cor), *estereognóstico* (de percepção da forma e do volume), *bárico* (de percepção das massas), *cinestésico* (de percepção dos movimentos dos membros superiores, de sua coordenação e da motricidade fina);
– **psicomotor;**
– **dos procedimentos mentais favorecidos** (ações mentais solicitadas, desenvolvimento do pensamento: observação, comparação, oposição, dedução...);
– **cognitivo** (referente à Matemática ou outros);
– **da criatividade.**

É importante assegurar-se pessoalmente de que o material é de fato adaptado ao público ao qual se destina, e imaginar um ou diversos modos de utilizá-lo (exemplos de tipos de utilização, organização prática da classe, tempo de preparação, utilização e organização posterior).

Outros elementos que podem orientar a escolha seriam a variedade ou a especificidade dos comportamentos previsíveis (tipologia dos comportamentos reveladores do desenvolvimento cognitivo), assim como desdobramentos possíveis e atividades conexas.

Jogos especulativos: os "desafios" ou situações-problema

Palavras cruzadas e quebra-cabeças com muitíssimas peças são jogos aos quais os adultos se entregam com prazer e que apresentam algumas características que os distinguem tanto dos jogos de grupo quanto dos jogos solitários.

- A regra do jogo é expressa de maneira particularmente simples e fácil de ser compreendida (preencher a grade com palavras das quais é fornecida uma definição, reconstituir uma imagem ou uma forma com a ajuda de um conjunto de elementos planos ou com volume...), o que permite obter de imediato uma ideia clara daquilo a que se pretende chegar.
- Ao começar o jogo, não se sabe como se vai chegar ao resultado, nem quanto tempo vai transcorrer antes de consegui-lo — se é que se vai chegar a tanto — mesmo que eventualmente se tenha algumas ideias de estratégias gerais, mas podemos lançar-nos imediatamente na atividade, sabendo que temos a possibilidade de nos corrigir.
- Não há necessidade de perguntar a quem quer que seja se o resultado ao qual se chega é bom: podemos avaliar por nós mesmos a qualidade de nossa produção.

Encontramos aqui características extremamente próximas daquelas das situações-problema. O enunciado é imediatamente compreensível: ele faz sentido para o aluno. A solução não é imediatamente dedutível dos dados fornecidos no enunciado: o aluno deve realizar adaptações, fazer conjeturas, testes e verificações. Contudo, a existência de uma solução é considerada algo evidente. Tão logo tomam conhecimento do enunciado, os alunos estão em condições de agir de forma a aproximar-se de uma eventual solução: eles devem ser capazes de mobilizar dados a fim de formar uma estratégia de base (pondo em ação instrumentos implícitos). O controle de qualidade daquilo que é produzido pode ser gerado pelas próprias crianças (de maneira individual ou coletiva) e não depende da autoridade do professor: elas devem ter a possibilidade de tentar diferentes caminhos e verificar se eles são convenientes ou não (11).

Os "desafios" como fonte de aprendizado

Os *desafios* são geralmente propostos a toda a classe, mesmo que a criança vá enfrentá-los individualmente. No entanto, em certos casos, um desafio pode ser proposto a esta ou àquela criança em particular.

O *desafio* pode ser lançado por ocasião de uma reunião do grande grupo, ou simplesmente ser deixado intencionalmente ao alcance da mão para oferecer às crianças a tentação de enfrentá-lo. O tempo dedicado ao trabalho sobre um *desafio* não pode ser determinado com rigidez; é preciso, pois, organizar momentos no decorrer do dia para que as crianças possam lidar com eles. Alguns professores permitem o trabalho sobre um desafio no momento das atividades em ateliê, mas, sem dúvida, é preciso então que esta liberdade seja administrada com atenção, para evitar que o *desafio* se torne um pretexto para escapar de um trabalho previsto e pouco apreciado, e ofereça uma escapatória para um momento de *farniente*.

Assim como no caso dos jogos em atelier, também aqui há o maior interesse em organizar momentos de discussão acerca do desafio, seja com algumas crianças que já o enfrentaram, seja com toda a classe: a condição de comunicação em geral evidencia a necessidade de dispor de um vocabulário comum, específico (boa ocasião para introduzir os termos que servem para designar as diferentes peças), e a utilidade de conservar um registro escrito dos resultados já alcançados (cartazes ou, se se dispõe de pouco espaço, fichários de trabalhos de pesquisa).

Interesse

Os desafios confrontam a criança com uma verdadeira situação de resolução de problema, e não com a simples aquisição de um método *standard* de resposta para uma determinada categoria de enunciados de exercícios.

Os desafios em geral engendram uma resposta muito forte: as crianças efetivamente se apropriam da situação-problema que lhes é oferecida e dedicam muita energia tentando progredir rumo ao resultado.

Sua motivação as leva a conservar o desafio na cabeça, eventualmente até mesmo fora da escola (Podem chegar a envolver os pais nisto!): trata-se de um trabalho de evocação neste caso, uma vez que o material não pode ser levado para casa, e que, portanto, é necessário utilizar imagens mentais, na ausência de qualquer percepção possível.

Os *desafios* constituem um excelente meio de desenvolver competências para a resolução de problemas. Vamos recordar as diretrizes constantes do documento oficial sobre os Ciclos: *é importante que, desde o ciclo de aprendizagens fundamentais, o aluno seja confrontado com verdadeiros problemas de pesquisa (que, portanto, ele ainda não aprendeu a resolver) e para os quais pode aplicar seu poder de criação e sua imaginação para a elaboração de soluções originais* (12).

Os desafios colocam a criança em uma posição análoga à do matemático no exercício de sua profissão: face a uma conjuntura, ele não está certo de conseguir demonstrá-la (lembremos que algumas delas, conhecidas há dezenas e mesmo centenas de anos, somente foram demonstradas recentemente, ou nem mesmo foram comprovadas ainda).

Inconvenientes

Como o tempo de pesquisa em torno de um dasafio é bastante longo no decorrer de um ano escolar, somente um pequeno número de desafios poderá ser proposto. Eles também podem não chegar a uma solução completa.

O maior risco, quando se trata de desafios, é o de desencorajar as crianças, acarretando desinteresse e até mesmo desvalorização de suas capacidades de obter êxito, ou perda da confiança em si. É, portanto, indispensável verificar regularmente os avanços da pesquisa: uma oportunidade para que sejam comunicados os achados e as descobertas (e, tanto quanto possível, conservar registro deles em um ou mais cartazes), bem como os métodos empregados.

NOTAS

1. Ver p. 15.
2. *Cf.* Rémi Brissiaud, *Como as Crianças Aprendem a Calcular*, Retz, 1989.
3. *Pensamento Matemático e Administração Mental*, Bayard Éditions, 1993.
4. J.P. Chich *et al.*, *Prática Pedagógica da Administração Mental*, Retz.
5. B. Bolatre *et al.*, *Instruções e Aprendizagem na Pré-Escola*, C.R.D.P. de Dijon, coleção "Cadernos", 1991 (fascículo simplificado de notas teóricas acerca da mediação – que somente nos concerne indiretamente – e sobre a *administração mental*, seguidas de exemplos de todos os níveis analisados detalhadamente. Disponível na rede de C.R.D.P.).
6. P. Kergomard, *A Educação Maternal na Escola*, Hachette, 1886, 1974.
7. *Cf.* conferência de Éric Plaisance: O Jogo na Pré-Escola e a Evolução dos "Modelos Educacionais" entre 1945 e 1980, *Atas do Congresso A.G.I.E.M.* de Bordeaux, pp. 49-60.
8. *Cf.* conferência de J. Cosnier, do Laboratório de Etologia das Comunicações, Universidade de Lyon II, *Atas do Congresso A.G.I.E.M.* de Bordeaux, pp. 7-16.
9. Cf. O Robert Eletrônico.
10. *Cf.* os trabalhos da Escola de Genebra (Perret-Clermont), Doise e Mugny.
11. Segundo R. Douady, *Cadernos de Didática da Matemática*, n. 6, IREM, Paris 7.
12. Ministério da Educação Nacional, *Ciclos da Escola Elementar,/ C.N.D.P./* Hachette, 1991, p. 52.

2

Formação do Espírito Lógico

A seguir, fichas práticas referentes a todas as séries da Escola Infantil propõem atividades referentes à triagem, à classificação e à seriação, envolvendo diversos domínios sensoriais.

Um segundo item foi dedicado às atividades de codificação e decodificação, particularmente aos quadros de dupla entrada e aos diagramas ramificados, as "árvores".

As sequências e os algoritmos são abordados por meio de atividades que solicitam diferentes domínios sensoriais.

Cada item se encerra com um quadro resumo dos conteúdos passíveis de serem abordados em cada série.

SUMÁRIO

Como se desenvolve o espírito lógico?	62
Classificação e seriação	65
Codificação e decodificação	90
Sequências e algoritmos	103

Como se desenvolve o espírito lógico?

Dos sentidos ao desenvolvimento conjunto 62
Sentidos e aprendizagem matemática 63
Idade e seriação 64

A formação do espírito lógico é um trabalho que exige muito fôlego, tendo lugar na Escola Infantil mas, evidentemente, prolongando-se bem além. Ainda que esse termo seja utilizado há muito tempo no âmbito escolar, não é demais explicitar um pouco mais o que se pode colocar por trás da expressão "condutas lógicas elementares".

Condutas lógicas elementares

> Trata-se de organizações elementares que, sem qualquer dúvida, regem muitos dos raciocínios necessários à vida prática e sem os quais, em nossa opinião, a inteligência social não pode ser exercida. A classificação, a seriação, a "ordenação" e a "cardinação" numéricas, sejam quais forem as suas posições durante o desenvolvimento e relativamente à lógica e à Matemática, não se referem somente a objetos físicos, mas também a acontecimentos, informações, estimativas, que surgem ou são fornecidos no espaço e no tempo da vida quotidiana atual. Naturalmente que as diversas constantes, que são adquiridas no contato com a realidade física e social desempenham seu papel, num segundo momento, na organização de novas experiências.
>
> Jacqueline Bideaud,
> *Lógica e Manipulação na Criança*,
> Imprensa Universitária de Lille, 1988, p. 21.

Trataremos da manipulação de números cardinais e ordinais no capítulo sobre o domínio numérico, e trataremos aqui do que se refere à classificação e à seriação.

Dos sentidos ao desenvolvimento conjunto

O desenvolvimento do raciocínio lógico na Escola Infantil se dá paralelamente ao desenvolvimento sensorial, e podemos contribuir para desenvolver ambos por meio de inúmeras atividades de refinamento da percepção. O primeiro procedimento consiste em fazer com que a criança reconheça o que é semelhante e o que é diferente, valendo-se especialmente dos jogos de formação de pares. Além do aperfeiçoamento dos sentidos, o material sensorial permite o enriquecimento e a precisão da linguagem. A percepção (1), efeito produzido pela estimulação de um órgão sensorial, constitui o instrumento indispensável a qualquer atividade mental: *As atividades perceptivas estão na base de todos os outros comportamentos. Sem percepção anterior não é possível aprender, falar, memorizar, comunicar. (...) Perceber permite assim tomar conhecimento do ambiente e interagir com ele ou agir sobre ele* (2). Uma percepção imprecisa é uma desvantagem evidente (como nas crianças que apresentam deficiência visual ou auditiva não diagnosticada e corrigida). Interessamo-nos, pois, por tudo o que favorece o treino e o desenvolvimento da percepção nas mais variadas áreas; com efeito, vemos o quanto ele é importante à medida que lhe conferimos maior atenção. Aliás, parece que o desenvolvimento de um dos sentidos se faz acompanhar sempre pelo desenvolvimento paralelo dos outros sentidos, ainda que em menor medida. É, então, primordial trabalhar em conjunto com os diversos sentidos, para que o treinamento de um contribua ao progresso dos demais.

Assinalemos igualmente que trabalhos já antigos (3) demonstraram que *a sensibilidade cutânea e a qualidade do controle da fonação encontram-se em relação constante. Quanto mais preciso é o controle, quanto mais o ritmo (da palavra) é corretamente seguido, maior é a sensibilidade da pele.* Inversamente, constata-se que os gagos apresentam pouca sensibilidade dérmica.

Sentidos e aprendizagem matemática

Os *sentidos* aos quais nos referimos aqui são um pouco mais numerosos do que os que designamos habitualmente sob este termo. Assim, no que tange às percepções obtidas pela visão, distinguimos o sentido cromático (percepção das cores) e o sentido estereognóstico (percepção das formas e dos volumes); no que se refere às percepções obtidas pela pele, o sentido do tato e o térmico (percepção das temperaturas), assim como duas percepções referentes aos músculos dos membros superiores, o sentido bárico (de percepção das massas) e o cinestésico (percepção dos movimentos).

No momento de preparar ou de selecionar o material destinado ao aperfeiçoamento dos sentidos, atentar para que os conjuntos de objetos escolhidos permitam o trabalho com um único parâmetro de correspondência de pares: assim, para formar pares de cores, é preciso que haja suportes idênticos para todos os elementos em questão (mesmo material, mesma forma...). A introdução de um parâmetro "parasita" complica a atividade, e somente deve ser proposto em uma segunda fase de aprendizagem.

Maria Montessori parece ter sido a primeira a desenvolver sistematicamente a educação sensorial, e a demonstrar seus laços com as primeiras aprendizagens matemáticas (Pedagogia Científica, capítulos Educação dos Sentidos e Educação Intelectual). Na França, sua influência foi relativamente discreta, especialmente porque um bom número de suas recomendações, sobretudo acerca da adaptação na Escola Infantil à criança por meio de um mobiliário de seu tamanho e atividades específicas levando em consideração as capacidades efetivas das crianças pequenas, haviam sido introduzidas paralelamente nas Escolas Infantis francesas, principalmente sob a influência de Pauline Kergomard. Suas observações acerca da criança pequena permanecem atuais, e, no exterior, os jardins de infância montessorianos têm uma reputação de qualidade comparável às nossas classes de Escolas Infantis.

Idade e seriação

Por fim, devemos mencionar que, segundo os domínios sobre os quais se aplique a seriação, a ordem é realizada em idades diferentes (é o que se chama de escalonamentos horizontais): a seriação dos comprimentos é adquirida antes da das massas, e esta, antes da dos volumes.

Não se pode falar propriamente em seriação quando se está em presença de apenas três elementos; de fato, os qualificativos *pequeno, médio, grande*, que também podem ser interpretados como *pequeno, o que não é nem pequeno nem grande* e *grande*, fornecem um meio para a descrição da realidade, sem que haja necessariamente uma compreensão da seriação, e, em particular, sem que tenha sido levada em consideração a transitividade da relação de ordem (que permite tirar conclusões acerca de B e de C quando se sabe que A < B e A > C). Parece que é um pouco mais fácil seriar um número ímpar de objetos do que um número par, especialmente para as crianças que trabalham a partir dos dois extremos simultaneamente (no caso de um número ímpar de elementos, a última etapa consiste em colocar um único elemento, enquanto que, no caso de um número par, isto acontece com dois elementos muito próximos). O sucesso em uma seriação de n elementos não significa muito se n é pequeno: propor $n + 2$ elementos e observar a estratégia da criança (os testes usuais no que se refere à seriação em geral comportam ao menos uma dezena de elementos).

Além disso, o material com o qual se pede que seja feita a seriação, e, em particular, a importância perceptiva da diferença entre dois elementos consecutivos na seriação, influi de maneira notável na média de idade das crianças que obtêm sucesso: é isto que explica, no caso da seriação de comprimentos, que, a partir dos 4 anos, as crianças reconstituam a seriação das barras de Montessori (dez barras de 10 cm, 20 cm, 30 cm... até 1 m de comprimento), enquanto que, no caso das barras variando de 1 em 1 cm até 10 cm, não se obtenha resultado até um ano mais tarde; e que, no caso dos bastonetes de Piaget, a diferença entre dois elementos consecutivos seja de 0,8 cm na primeira parte do teste e de 0,4 na segunda parte: neste caso, a criança somente tem sucesso ao redor de 7-8 anos.

Classificação e seriação

| O que é preciso saber .... 65 |
| Formar pares, triar e classificar elementos .... 66 |
| Ordenar elementos .... 82 |

Oriunda principalmente dos trabalhos de Bolzano, Dedekind e Cantor a partir de 1872, a teoria dos conjuntos é um ramo recente da Matemática, mas cujos fundamentos estão hoje elucidados, por diversos sistemas de axiomas, que continuam a ser objeto de estudos.

O que é preciso saber

A noção matemática de conjunto é muito mais complexa do que a ideia que se tem intuitivamente de coleção. Com efeito, por um lado, podemos teoricamente reunir em um conjunto objetos totalmente disparatados, que não têm qualquer motivo para nele figurar além do desejo de quem aí os colocou, e, por outro, frequentemente nos vemos envolvidos, dentro da Matemática, com conjuntos infinitos (a começar pelo dos números inteiros, ou o dos pontos de uma figura geométrica, mesmo que esta seja tão *rudimentar* quanto um segmento de reta), conjuntos estes com os quais temos muito menos familiaridade. Por fim, nem toda propriedade pode ser coletivizada, isto é, não se pode necessariamente constituir um conjunto com tudo aquilo que têm em comum uma mesma característica: *o ponto de vista intuitivo contém em si o risco de considerar como conjuntos coleções de objetos que não são definidos por propriedades matemáticas* (4). O célebre paradoxo de Russell, conhecido popularmente sob a forma de paradoxo dos catálogos, ilustra este risco. Um bibliotecário decide montar um catálogo C com todos os catálogos que não figuram em nenhum catálogo. Deve o catálogo C figurar neste novo catálogo? (Se achamos que não, estamos em contradição com a definição do catálogo C, que deve conter todos os catálogos que não figuram em nenhum catálogo; mas, se optamos pelo "sim", também chegamos a uma contradição, uma vez que ele figura em um catálogo, enquanto que C deve ser o catálogo dos catálogos que não figuram em nenhum catálogo). Mais simplesmente, também não podemos falar do conjunto dos objetos vermelhos da classe, e nem mesmo do conjunto de amostras vermelhas de um mostruário de lãs, uma vez que certos elementos não são unanimemente considerados vermelhos, mas sim alaranjados do ponto de vista de algumas pessoas. O mesmo acontece com respeito às crianças louras... e com muitas outras propriedades que se apresentam como um *continuum*, sem separação nítida entre determinados valores.

Como, além disso, desapareceram há mais de dez anos dos programas de Ensino Fundamental e Médio os tópicos relativos aos conjuntos, às operações a eles referentes, como intersecção e reunião, e às relações, não é de surpreender que não se encontre aqui qualquer ficha sobre este tema.

Os termos "arrumar" e "classificar" têm, em Matemática, um sentido diferente do usual. Correntemente, quando se ordena algo de primeiro a último, fala-se em classificar por ordem alfabética, ou, no caso dos resultados de um concurso, classificar por ordem de mérito, o que, para o matemático, é um contrassenso, uma vez que não se pode classificar e ordenar ao mesmo tempo! Inversamente, quando se "arruma" um faqueiro, procede-se a uma classificação, colocando colheres de sopa com colheres de sopa, facas com facas, etc. Se for arrumar a gaveta de meias de um adolescente, talvez você precise fazer uma triagem preparatória, separando, por exemplo, as que estão sujas ou furadas, e depois classificando-as, por exemplo, em meias pretas, vermelhas, etc., e, provavelmente, terá que formar os pares; mas realmente não seria habitual arrumá-las desde as brancas até as pretas, passando pelas diversas nuances de cores, da mais clara à mais escura.

Formar pares, triar e classificar elementos

As diversas propriedades possíveis dos elementos de um conjunto podem ser utilizadas para construir subconjuntos de acordo com os valores de um critério, por meio das operações de triagem e classificação, ou para ordenar os elementos.

Assim, do conjunto dos inteiros, pode-se utilizar o critério "o algarismo das unidades deve ser 0" para a triagem dos números:
– por um lado, 0, 10, 20, 30... e todos os múltiplos de 10,
– por outro, todos os demais inteiros, sejam os algarismos das unidades 1, 2, 3, 7, ou 9.

Se nosso critério for "o número deve ser par", obtém-se outra triagem.

Se se considera uma coleção de representações de formas geométricas, podemos triar de acordo com o critério "todos os lados devem ser retilíneos": obtém-se então uma pilha de polígonos e uma pilha de formas em que alguns lados não são retilíneos.

Em todos os casos de triagem, o resultado comporta dois subconjuntos, o dos elementos para os quais a propriedade utilizada como critério é válida, e o que reúne todos os outros elementos, isto é, aqueles para os quais a propriedade é falsa. Nenhum elemento pode pertencer ao mesmo tempo a ambos os conjuntos, pois uma propriedade que serve como critério para triagem não pode ser simultaneamente verdadeira e falsa para um mesmo elemento.

O critério "ter como algarismo de unidades...", permite constituir dez subconjuntos:
– o dos números cujo algarismo das unidades é 0,
– o dos números cujo algarismo das unidades é 1,
– ...,
– o dos números cujo algarismo das unidades é 9.

Para realizar esta classificação, pode-se proceder por triagens sucessivas, operando a princípio a que foi indicada precedentemente, e depois selecionando entre os números não múltiplos de dez aqueles cujo algarismo das unidades é 1, etc. Podem-se também colocar os números na classe que lhes convém à medida que eles se apresentam: 1 não tem o mesmo algarismo de unidades que 0, portanto, cada um destes dois números vai para uma subclasse diferente, e assim em sequência até 10, que vai na classe de 0, 11 na classe de 1...

O critério "ter número de lados igual a..." permite separar os polígonos em triângulos, quadriláteros, pentágonos, hexágonos...

Em Matemática, a classificação corresponde a uma relação de equivalência, geralmente descrita por um elo verbal do tipo "tem o mesmo... que...". De maneira formal, um critério C define uma relação de equivalência quando tem as seguintes propriedades:

– para todo elemento a do conjunto, $a \, C \, a$ é verdadeiro

– para todas as duplas (a,b) de elementos do conjunto, $a \, C \, b \Rightarrow b \, C \, a$

– para todo trio (a,b,c) de elementos do conjunto, $\left. \begin{array}{c} a \, C \, b \\ b \, C \, c \end{array} \right\} \Rightarrow a \, C \, c$

Por ocasião de uma classificação, o número de subconjuntos (de classes) que se obtém varia em função do número de valores possíveis que o critério de classificação pode assumir.

Como preparação para as triagens e classificações, propomos atividades de formação de pares, que consistem em encontrar, dentro de duas coleções (que, aliás, estão frequentemente reunidas em uma só), dois elementos de mesmo valor para um critério de classificação.

ATIVIDADE 25

Identificando as propriedades de um objeto

Maternal – Jardim A – Jardim B

Intenções pedagógicas
– saber identificar e nomear as propriedades de um objeto familiar;
– saber identificar e nomear uma propriedade comum a dois objetos.

Material
Uma "caixa de tesouros" (como uma lata de biscoitos, por exemplo: é preciso que ela seja suficientemente grande para conter objetos miúdos, mas não demasiado volumosa por razões práticas) para cada criança e outra para o professor. Na primeira sessão, as "caixas de tesouros" contêm somente um pequeno número de elementos, rigorosamente os mesmos em todas as caixas. Por exemplo: um pompom branco, uma rolha de cortiça, uma noz. Com exceção desta primeira sessão, não é necessário que todas as crianças tenham o mesmo número de objetos em sua "caixa de tesouros"; cada uma pode, portanto, guardar aí seus próprios "tesouros". Antes de cada nova sessão, o professor acrescenta um elemento a cada caixa. No princípio, os elementos acrescentados são muito semelhantes entre si (castanhas, penas, tampinhas de iogurte...) mas, depois, tornam-se cada vez mais variados (cascalho, conchas diversas, fichas de mesma forma e tamanho, mas de cores diferentes, tampas de tamanhos, formas ou cores diversas...).

Aplicação

• **Etapa 1:** *Sessão de descoberta do conteúdo da "caixa de tesouros"*
Trabalho coletivo em reunião do grande grupo. O professor entrega a cada um sua "caixa de tesouros" e concede um determinado tempo para as descobertas. Explanação descrevendo o conteúdo da caixa (e eventualmente também a própria caixa, personalizada para cada criança: é importante saber como se pode encontrar sua própria caixa dentre todas as outras da classe): vocabulário permitindo designar o objeto ou suas propriedades.

Jogo de reconhecimento: "Quem tem um tesouro igual ao meu?"
Sem mostrar o objeto escolhido, o professor enuncia um indício que permita reconhecê-lo (primeiro o nome, depois a propriedade):
"Tenho um tesouro, é uma noz. Quem tem um tesouro igual ao meu?"
Todos os que encontram um objeto adequado dentro de sua "caixa de tesouros" mostram-no. A comparação com o objeto escolhido pelo líder do jogo permite verificar o acerto. Neste caso, estabelece-se a discussão: o objetivo não é adivinhar qual é o objeto a que se refere quem levanta a questão, mas sim exercitar a capacidade de identificar uma propriedade de um objeto, e paralelamente de mostrar uma variedade de objetos que tenham todos uma propriedade comum. Assim, a questão:
Eu tenho um tesouro que é redondo. Quem tem um tesouro igual ao meu? pode ter como resposta uma criança que mostra a borda de uma rolha, e que assim justifica corretamente sua escolha.
Depois do professor, é a vez das crianças levantarem questões, dentro deste modelo. Esta fase é difícil para os pequenos, que têm tendência a mostrar seu tesouro, em vez de descrevê-lo enquanto o conservam escondido. Retomar o trabalho em pequenos grupos para permitir que cada criança se exercite em nomear as propriedades dos objetos contidos em sua "caixa de tesouros".

• **Etapa 2:** *De um critério simples a um critério complexo*
Nas sessões seguintes, quando as crianças têm a possibilidade de verificar à vontade o conteúdo de suas "caixas de tesouros", e até mesmo de enriquecê-lo, a fase de descobertas perde sua razão de ser. Passa-se, pois, diretamente ao jogo propriamente dito.

Progressivamente, o professor escolhe tesouros e formula perguntas de forma a estimular a ampliação da gama de tesouros que respondem ao critério escolhido, ou a enriquecer a descrição de suas propriedades: *Eu tenho um tesouro que é branco...* (tanto o pompom quanto a ficha branca serviriam). *Eu tenho um tesouro que é branco e chato...* (utilização de um duplo critério: as fichas – seja qual for sua cor – e as tampas podem servir, mas não mais a rolha ou o pompom). Prosseguir no jogo durante várias semanas, à razão de uma ou duas sessões por semana.

ATIVIDADE 26

Formando pares de gestos

Maternal - Jardim A - Jardim B

Intenções pedagógicas
– desenvolver a atenção;
– reproduzir um gesto do líder do jogo.

Aplicação
Em grande grupo (esta atividade se mostra muitas vezes eficaz como primeira etapa de um retorno à calma); ou na sala de atividades motoras, seja de maneira coletiva, seja em pequenos grupos.
Instrução: Olhem para mim, e depois façam igual! Quando o jogo se houver transformado em um ritual, a instrução deixa de ter utilidade. Os gestos a princípio devem ser amplos e simétricos: colocar ambas as mãos sobre a cabeça, nos ombros, na barriga, nos joelhos, estender os braços verticalmente acima da cabeça; depois, podem se tomar mais restritos, permanecendo simétricos: colocar uma mão em cada bochecha ou em cada orelha, pôr ambas as mãos na testa, no nariz ou sob o queixo... Posteriormente, podem-se propor (ao Jardim A e ao Jardim B) gestos assimétricos: uma mão na barriga e outra na cabeça... Tudo isto pode ser trabalhado com bastante regularidade desde o Maternal (inclusive com a turma de 2 anos), desde que em sessões bem curtas – de um a dois minutos – e frequentes (eventualmente, diversas vezes por dia). Quando as crianças começarem a se sentir bem treinadas neste jogo, tentar delegar a uma delas o papel de líder do jogo.
Desdobramentos: sequências de gestos, ver atividade 54.

ATIVIDADE 27

Formando pares tácteis

Maternal - Jardim A - Jardim B

Intenções pedagógicas
– exercitar o sentido do tato e aperfeiçoá-lo;
– suscitar a conscientização das percepções tácteis;
– desenvolver a atenção;
– encorajar a utilização das mãos (não somente as pontas dos dedos, mas também o dorso e a palma da mão) para o reconhecimento mais pormenorizado do ambiente, para além da aplicação utilitária que consiste em segurar os objetos;

– formar pares de objetos que tenham uma mesma característica táctil.

Material
Vendas (retângulo de tecido bem fechado, como brim, por exemplo, com cerca de 6 cm por 25 cm, o qual se costura um elástico): o ideal, por razões de higiene, é que cada criança disponha de sua venda pessoal.

Observação: Também é possível utilizar este material sem venda, o que muitas vezes é necessário com as crianças bem pequenas, que têm medo quando seus olhos são vendados. Neste caso, os objetos que devem ser emparceirados são colocados dentro de uma caixa fechada de bom tamanho, com duas aberturas apenas suficientes para que a criança possa nela introduzir as mãos: é preciso encontrar, no interior da caixa, os elementos que formam par. Somente então os objetos são retirados da caixa.

Nas atividades que apelam para o sentido do tato, nunca se deve pedir às crianças que procurem os objetos a emparelhar dentro de um saco. É que, na verdade, quando se manipula algo dentro de um saco, o material com o qual este é fabricado permanece em contato com a pele do dorso da mão e do punho, provocando percepções tácteis parasitas, que impedem a concentração da atenção nos elementos a comparar.

Sacos de grãos: um número par de sacos, todos da mesma forma (em geral retangular, para maior facilidade), mesmas dimensões (por exemplo 8 cm por 12 cm), feitos do mesmo tecido opaco e suficientemente fino (matéria e cor), e contendo dois a dois uma mesma quantidade de diversos sólidos granulosos; por exemplo, dois sacos de ervilhas secas quebradas, dois de lentilhas, dois de grãos-de-bico, dois de feijões, dois de saibro... Nenhum dos saquinhos deve estar demasiadamente cheio, pois é preciso permitir que se sintam bem os elementos que ali estão contidos. A fim de tornar o material autocorretivo, colocar uma mesma marca discreta em ambos os saquinhos que contêm o mesmo material.

Placas rugosas: um número par de placas rígidas, todas com a mesma forma (retangular, para maior facilidade), as mesmas dimensões (por exemplo, 6 cm por 15 cm), e recobertas por um mesmo material rugoso, como lixas, sendo duas placas para cada granulação.

Escolher uma mesma variedade de lixa para todos os pares, seja a que se apresenta sobre suporte amarelo, rosa, verde, etc...

Pares de tecidos: um número par de pedaços de tecidos, todos com a mesma forma (quadrada, retangular, oval ou outra qualquer), as mesmas dimensões (um bom tamanho corresponde a grosso modo à mão de um adulto bem aberta, por exemplo, um quadrado com 15 com de lado, ou um oval de 13 cm por 18 cm), e obtidos dois a dois de uma mesma amostra de tecido (evitar os motivos impressos muito grandes, pois os dois pedaços que formam o par podem, neste caso, ter aspectos visuais muito diferentes, não permitindo a autocorreção); embainhar todos os retalhos para evitar que desfiem rapidamente.

Dominós tácteis: placas retangulares cujas metades contêm elementos que apresentam diferenças ao tato, e que são utilizadas de maneira análoga à do jogo de dominós tradicional.

Loto táctil: Placa(s) reunindo diversos elementos tácteis diferentes, e suportes isolados apresentando um elemento táctil idêntico a um dos elementos da(s) placa(s).

Observação: podem-se utilizar inúmeros objetos para os jogos de correspondências tácteis, com a condição de dispor de dois exemplares rigorosamente idênticos de cada elemento (peças de joguinhos de construção, bichinhos de madeira ou plástico, objetos diversos, tais como rolhas, tampas..., que podem ser todos constituídos do mesmo material ou dois a dois de materias diferentes.

Aplicação
Formando pares de saquinhos de grãos: três pares bem diferentes para começar; acrescentar mais dois pares quando o jogo se tornar demasiado fácil; não há limite máximo para o número de pares. Tocar os sacos para emparceirá-los. Pode-se trabalhar com os olhos vendados, ou com as mãos dentro de uma caixa.
No final do trabalho, correção visual por meio das marcas.
Formando pares de placas rugosas: mesmo procedimento que para os saquinhos de grãos. Pode-se trabalhar com os olhos vendados, com as mãos dentro de uma caixa ou simplesmente com as placas viradas para baixo (mas, neste caso, a tentação de trapacear é mais forte!).
A autocorreção é visual: a cor da lixa é nitidamente diferente, de acordo com a granulação (principalmente no caso da lixa "rosa").
Pares de tecidos: Dois ou três, para começar; acrescentar um par quando o jogo começar a se tornar demasiado fácil; o número máximo de pares depende das possibilidades de diferenciação táctil das crianças. Vendar os olhos e tocar os pedaços de tecido para emparceirá-los.
O fato de ambos os retalhos se originarem da mesma peça de tecido garante a autocorreção por controle visual.
No princípio, propor pares de tecidos bem diferentes: veludo cotelê, *voil*, lona; progressivamente, acrescentar pedaços de tecidos mais variados: de acolchoado, jérsei de lã, de algodão e de *nylon*, gabardine, veludo simples e de riscas bem finas, cetim, percal, brim, *broderie*...
Os nomes dos tecidos podem ser indicados para as crianças em termos de material e de trama, se os conhecermos, mas isto não é indispensável!
Dominós tácteis: os primeiros a ser utilizados devem ser aqueles cujos elementos tácteis recobrem totalmente o dominó (é o caso do dominó táctil comercializado pela Nathan), o que permite a continuidade táctil.
Aqueles cujos elementos tácteis têm o formato de uma pastilha são nitidamente mais difíceis, uma vez que exigem que seja conservada a memória táctil para realizar a comparação.
Lotos tácteis: devem ser utilizados após os dominós tácteis de pastilhas.

ATIVIDADE 28

Formando pares auditivos

Maternal - Jardim A - Jardim B

Intenções pedagógicas
 – exercitar o sentido da audição e aperfeiçoá-lo;
 – suscitar a conscientização das percepções sonoras;
 – desenvolver a atenção;
 – encorajar o domínio da expressão sonora;
 – formar pares de objetos que tenham uma mesma característica sonora.

Material
Caixas sonoras: um número par de caixas fechadas (as embalagens cilíndricas de filmes são perfeitas, desde que sejam escolhidas as que são absolutamente idênticas, tanto do ponto de vista da cor quanto da forma da embalagem em si e de sua tampa), todas com o mesmo formato, feitas do mesmo material, sendo da mesma cor, tendo a mesma massa, e produzindo cada dupla o mesmo som.

Podemos fabricá-las a partir de diversos elementos de sucata e outros de uso comum, tais como lentilhas, ervilhas secas quebradas, grãos-de-bico, rolha quebrada em pequenos pedaços, pequenas aparas de madeira ou de compensado, areia, cascalho... Preencher mais ou menos até à metade as caixas, de duas em duas, no caso dos materiais mais pesados, e com o mesmo tipo de elementos: assegurar-se de que todas as caixas têm a mesma massa, e que, ao serem sacudidas, produzam ruídos suficientemente diferenciáveis. Colar as tampas, para evitar que as crianças derramem o conteúdo.

O material pode se tornar autocorretivo mediante uma marca colorida na face inferior das caixas.

Pares de notas: um número par de percussões simples (sininhos ou lâminas sonoras) todas com o mesmo formato, o mesmo tamanho, e produzindo cada dupla a mesma nota.

Este é um material que não pode ser feito em casa (com exceção da utilização de duas séries de garrafas opacas, contendo diferentes níveis de água e hermeticamente fechadas; neste caso, as notas obtidas não são necessariamente as da gama tradicional): os sininhos pertencem ao material montessoriano, e se pode também utilizar o material pedagógico chamado de "caça notas" (uma série de sininhos de cores diferentes, e uma série de sininhos da mesma cor, todos no mesmo suporte comum; é necessário, neste caso, montar um segundo suporte; este material não é autocorretivo), ou as lâminas sonoras montadas em uma base individual, tendo todas o mesmo aspecto: mesmo comprimento aparente, ou lâmina parcialmente escondida na base.

Podemos tornar o material autocorretivo por meio de uma marca de cor na face inferior das bases).

Jogo do eco: um pequeno biombo (dois grandes cartões retangulares de mesma dimensão com dobradiça, como papelão de desenho), e uma coleção de objetos variados capazes de produzir sons, sempre em dobro.

Por exemplo: duas maracas, dois bichinhos com apito (de som idêntico), dois reco-recos... Consultar as indicações fornecidas na ficha de atividades 7, referente aos jogos de Kim sonoros.

Aplicação

Caixas sonoras: dois ou três pares de caixas, para começar; acrescentar um par quando o jogo começar a se tornar demasiado fácil; o número máximo de pares depende das possibilidades de diferenciação auditiva das crianças.

Sacudir as caixinhas para ouvir o ruído produzido. Formar pares com estes ruídos.

Pares de notas: percutir com uma baqueta; formar pares com as notas. Dois pares, para começar; acrescentar um par quando o jogo se tornar demasiado fácil; não há limite para o número de pares.

Jogos sonoros a serem utilizados para dar continuidade a este trabalho

O jogo do eco: duas crianças sentam-se de um lado e de outro de um biombo, de maneira a não se verem, dispondo cada uma de um exemplar de diversos materiais sonoros. Cada uma por sua vez faz soar um "instrumento", e a outra procura em sua coleção aquilo que produz o mesmo ruído. A correção se faz abaixando o biombo ou por meio de uma terceira criança, que atua como árbitro.

Romeu e Julieta: este jogo, que dura somente alguns minutos e pode ser praticado na sala de jogos, necessita apenas de duas vendas.

Dois voluntários são vendados: um é Romeu e o outro é Julieta (no caso das crianças mais novas, é melhor conservar o primeiro nome das crianças). São separados um do outro e devem reencontrar-se chamando um ao outro. As outras crianças podem sentar-se em torno da peça e observar (sem comentar), ou podem ser liberados para deslocar-se, com a condição de não atrapalhar a movimentação das duas crianças de olhos vendados.

Este jogo pode ser retomado com dois outros voluntários.

No Jardim B, é possível complicá-lo um pouco, colocando para brincar simultaneamente diversos casais famosos, como Tristão e Isolda.
Onde estou? Mesma organização e mesmo material, mas agora as crianças sentam-se agrupadas no centro da sala de jogos, com os olhos vendados. O professor bate palmas e as crianças devem apontar para o local de onde vem o barulho. Repetir o exercício após mudar de lugar (sem ruído!).
Kim sonoro: ver ficha de atividades 7.

ATIVIDADE 29
Formando pares predominantemente visuais

Maternal – Jardim A – Jardim B

Intenções pedagógicas
– utilizar os sentidos visuais (estereognóstico, cromático), e aperfeiçoá-los;
– controlar o sentido estereognóstico por meio do cinestésico;
– exercitar a motricidade fina;
– suscitar a conscientização das percepções visuais;
– desenvolver a atenção;
– treinar a evocação (visual, verbal e cinestésica) a partir de percepções visuais;
– formar pares de objetos com uma mesma característica visual (cromática ou estereognóstica).

Material
Encaixes: um tabuleiro com concavidades para encaixar elementos de forma e tamanho variados: trabalho de reconhecimento de formas e de formação de pares convexos e côncavos.
Este tipo de material é abundante no comércio; portanto, não há vantagem em procurar fabricá-lo: é preciso um espaço suficientemente justo entre a parte em relevo e a concavidade para permitir um encaixe fácil. As formas a inserir podem ser dotadas de botão de pressão de tamanho razoável, ou não: ambos os tipos de material são interessantes, pois os botões de pressão contribuem para desenvolver a pinça e constituem uma preparação, ainda que distante, para o uso do lápis e de outros materiais de escrita; os materiais sem botão levam a um outro tipo de preensão dos objetos a inserir nas concavidades.
Pares de cores: um número par de objetos (por exemplo, placas quadradas ou retangulares do mesmo material), todos da mesma forma e tamanho e sendo, dois a dois, da mesma cor (atentar para que se trate de cores rigorosamente idênticas).
O material pode facilmente ser feito de forma caseira, seja pintando plaquinhas de madeira ou de compensado com restos de tinta (e repintando regularmente, pois a manipulação acaba por desgastar a tinta), ou comprando duas caixas de carretéis de linha de cores variadas (há em qualquer grande mercado): este era o material utilizado originalmente nas classes montessorianas. Dura muito tempo, pois, quando a cor começa a se tornar duvidosa devido às manipulações, é suficiente retirar a camada superior de linha...
Podem-se também recortar tiras de mesma forma de mostruários de papel de parede, ou utilizar dois exemplares de amostras de lã, de tinta, ou, ainda, se o orçamento for muito limitado, recuperar as tampas ou mesmo os corpos de canetas hidrográficas (do mesmo modelo e da mesma marca, para que o tamanho e a forma não variem).

Pares de imagens (jogo de memória, dominó, loto): as imagens podem ser rigorosamente idênticas; neste caso, a tarefa pedida à criança comporta o reconhecimento da forma e a formação de pares; ela pode ser ligeiramente diferente (por exemplo, figuras coloridas de animais nas peças móveis de um jogo de loto, e, no tabuleiro coletivo, a representação em preto e branco dos mesmos animais); pode representar uma metade de um objeto, estando a outra parte representada na outra peça do par (frequente nos jogos de dominós), ou apelar para uma associação mais complexa, como a de animais e seus habitats...

Correspondências sensoriais mistas: uma coleção de animais (ou de objetos bem conhecidos das crianças) e cartões com as imagens correspondentes (por exemplo, o jogo "Saco de Truques" da *Schmidt France*, publicado pela CAMIF, entre outras editoras, pelo seu catálogo "Coletividades") e uma caixa na qual se praticou duas pequenas aberturas para introduzir as mãos. Ou, ainda, dois exemplares de diversos objetos, sendo um escondido e que deve ser encontrado pelo tato, enquanto que o outro se encontra visível.

Aplicação

Encaixes: (Maternal, Jardim A e Jardim B): permitir que as crianças se apropriem progressivamente do material.

No caso das peças de encaixe figurativas, em uma primeira fase, as crianças limitam-se a brincar com os elementos, como que com bonequinhos, sem absolutamente levar em consideração o tabuleiro no qual elas devem ser encaixadas.

Então as crianças desenvolvem o trabalho tateando estratégias de formação de pares, e, depois, por antecipação visual. Quando elas já conhecem muito bem alguns encaixes, dão provas de competência nas atividades motoras finas, e desenvolveram seu sentido táctil, podemos então renovar seu interesse pelo tema, propondo-lhes uma espécie de jogo de cabra-cega.

Para isso, utilizar um jogo de encaixe de preferência sem botões de pressão, bastante simples e bem conhecido das crianças; em grande grupo, pedir um voluntário para um jogo que é feito com os olhos vendados (se não houver candidatos, o professor pode desempenhar este papel!). O voluntário deve, no princípio, reconstituir o encaixe sem a venda – o que acontece muito rápido, devido à escolha do material, já familiar. Em seguida, com os olhos vendados, ele tenta fazer o mesmo.

Em um segundo momento, repetir individualmente esta atividade, no "cantinho" destinado aos materiais sensoriais. Perguntar então à criança, enquanto ela procura reconstituir o quebra-cabeças sem vê-lo, como ela está agindo. Algumas identificam o objeto, encontrando uma evocação visual que guia seu gesto de posicioná-lo na concavidade correta.

Observação: Esta descrição que as crianças fazem de seu procedimento é difícil; não se deve insistir se elas respondem apenas "eu sei que é aqui", sem poder explicar como o sabem ou por que "é aqui".

Pares de cores (Maternal, Jardim A e Jardim B): iniciar com um primeiro conjunto de três pares (cores primárias), depois, propor três outros pares (cores secundárias). Propor então os seis pares precedentes simultaneamente. Acrescentar então outros pares, de acordo com as cores de que se pode dispor. Uma vez que as crianças já estejam formando pares corretamente, introduzir o vocabulário.

Observação: o "conhecimento das cores" inclui três competências:

– saber formar pares (se a criança falha persistentemente nesta tarefa, principalmente uma que já está no Jardim A ou B, pode estar revelando um problema de ordem fisiológica, e é aconselhável que seja examinada por um oftalmologista);

– saber mostrar um objeto da cor pedida pelo adulto ("alcance-me uma caneta hidrográfica amarela");

– saber dizer o nome da cor de um objeto que lhe é apresentado ("de que cor é esta caneta hidrográfica?").

Pares de imagens *(Maternal, Jardim A e Jardim B)*: antes de utilizar os pares de ilustrações do jogo de memória, é aconselhável que este seja proposto como um jogo de formar pares.

Para isso, as peças são dispostas com as imagens à vista, e deve-se indicar o mais rapidamente possível os dois elementos do mesmo par (o que serve de treinamento para a apreensão do espaço através do olhar). Quando o jogo de formação de pares se torna demasiado fácil, deixando de oferecer maior interesse (o que é facilmente observável nas crianças), passa-se a utilizar as ilustrações como jogo de memória. Os elementos são então dispostos com a face para baixo, dois são revelados de cada vez, e, se as imagens são idênticas, a criança conserva consigo o par. Se os elementos são diferentes, são repostos no lugar, sempre com a ilustração voltada para baixo, e é a vez do jogador seguinte.

Formação de pares sensoriais mistos *(Jardim A e B)*: objetos ou bichinhos são colocados dentro de uma caixa. A criança tira uma ilustração para ver o objeto ou animal representado (ou ainda escolhe um objeto que esteja visível).

Ela deve então encontrar o objeto ou animal correspondente através do tato. A atividade pode ser individual (objetivo: formar o maior número de pares; desafio: realizá-lo melhor ou mais rapidamente do que na tentativa anterior), ou coletiva, isto é, cada criança joga por sua vez, e se o bichinho retirado da caixa é o da ilustração, a criança conserva-o consigo como prova de seu acerto, e quando todos os animais foram assim identificados, conta-se o número de pares para determinar quem é o vencedor.

ATIVIDADE 30

Formando pares olfativos

Jardim A e B

Intenções pedagógicas
– exercitar o sentido do olfato e aperfeiçoá-lo;
– suscitar a conscientização das percepções olfativas;
– desenvolver a atenção;
– emparceirar objetos que têm uma mesma característica olfativa.

Material

Um número par de recipientes opacos e sem odor residual, todos com a mesma forma, constituídos do mesmo material, da mesma cor e peso, e contendo dois a dois a mesma substância odorífera. Este material pode facilmente ser fabricado com sucata: pequenas embalagens cilíndricas de filmes, produtos odoríferos líquidos ou sólidos não tóxicos, tais como menta, chocolate em pó, vinagre, perfume, café moído, aniz, temperos diversos.

Colocar a substância odorífera sólida — em pó — dentro de um chumaço de algodão, ou impregná-lo de líquido odorífero. Colocar este chumaço perfumado dentro da embalagem de filmes, sendo duas com cada perfume, e recobrir com outro chumaço a fim de evitar qualquer variação de colorido. Fechar as embalagens depois de utilizadas. Tal como anteriormente, pode-se tornar o material autocorrigível colocando etiquetas coloridas no fundo das embalagens, sendo a mesma cor para as duas embalagens que contêm a mesma substância.

Aplicação
Propor no início dois ou três pares de embalagens; acrescentar um par quando o jogo se tornar demasiado fácil, sendo o número máximo de pares variável conforme as possibilidades de diferenciação olfativa.
Abrir uma das embalagens; cheirar; voltar a fechar, para evitar que permaneça próximo um odor "parasita"; fazer o mesmo com outra embalagem, até casar todas as duplas.

Os jogos olfativos existentes no comércio associando imagem e odor ou que visam fazer com que a criança nomeie o odor são muito mais complexos e se constituem mais em um exercício de memória olfativa do que em um treinamento ou desenvolvimento do olfato acompanhado de um trabalho de formação de pares.

ATIVIDADE 31

Formando pares gustativos

Intenções pedagógicas

– exercitar o sentido do paladar e aperfeiçoá-lo;
– suscitar a conscientização das percepções gustativas;
– desenvolver a atenção;
– formar pares de mesma característica gustativa.

Material: frascos "de sabor".
Um número par de recipientes, tendo todos a mesma forma, cor e peso, constituídos do mesmo material, e contendo dois a dois a mesma substância com sabor. Se se deseja fabricar este material de maneira caseira, coletar frascos conta-gotas de vidro fosco de aspecto idêntico (ou seja, munidos de um dispositivo fixo que permita liberar o líquido gota a gota; podem-se utilizar frascos comuns e um conta-gotas, mas então o emprego será menos prático para as crianças menores. Se você dispuser apenas de vidros transparentes, pinte-os todos da mesma cor para evitar que as crianças se apoiem na coloração do líquido para identificá-lo). Prever a utilização de diversos líquidos – evidentemente não tóxicos –, e tão incolores quanto possível, com sabores variados, tais como água com açúcar, água salgada, água com um pouco de vinagre de álcool transparente, limonada, caldo de legumes, chá de tília; colocar a mesma substância em dois frascos.
Atenção: esvaziar todos os frascos ao final dos trabalhos e proceder a uma lavagem cuidadosa antes de reutilizá-los. Também aqui podemos tornar o material autocorretivo, colocando etiquetas coloridas no fundo de cada frasco, sendo a mesma cor para os dois frascos que contêm a mesma substância.
Aplicação: propor dois ou três pares bem diferentes, para começar; acrescentar mais um par quando o jogo se tornar demasiado fácil; não há limite para o número de pares. Colocar algumas gotas do líquido na mão; experimentar e repetir o procedimento até formar pares com todos os frascos.

Para a utilização deste material são necessários rígidos hábitos de higiene. Acostumar as crianças a lavar as mãos sistematicamente antes de cada sessão. Além disso, se confeccionarmos o material a partir de sucata, frequentemente se tratará de frascos concebidos inicialmente para conter medicamentos; portanto, antes de qualquer uso, será necessário lavá-los bem (água quente + produto para lavagem de louças, um primeiro enxágue com algumas gotas de desinfetante, e depois diversos outros enxágues; se a substância anteriormente contida ali era extremamente odorífera, deixar de molho em um recipiente com água e um pouco de desinfetante, antes de limpar).

ATIVIDADE 32

Formando pares térmicos

Maternal - Jardim A - Jardim B

Intenções pedagógicas
– exercitar o sentido térmico e aperfeiçoá-lo;
– propiciar a conscientização das percepções térmicas;
– desenvolver a atenção;
– formar pares com objetos que têm a mesma característica térmica.

Material
Um número par de recipientes, de um mesmo material, tão isotérmico quanto possível (dar preferência, por exemplo, ao plástico em vez do metal), todos com o mesmo formato, dimensões e cor, nos quais se coloca água em diferentes temperaturas (sendo de cada vez a mesma temperatura em dois recipientes), indo desde água bem quente – deve-se verificar se é possível mergulhar o dedo na água sem queimar-se, antes de propor o material às crianças – até água gelada.

Aplicação
Propor a princípio três pares em temperaturas bem diferentes, e acrescentar um par quando o jogo se tornar demasiado fácil. Molhar o dedo na água, de forma a identificar os pares de recipientes que contêm água à mesma temperatura.
Observação: à medida que o tempo passa, mesmo durante um mesmo turno, a temperatura inicial dos líquidos varia, aproximando-se da temperatura ambiente: a formação de pares se torna, portanto, mais difícil, se a água dos recipientes não for renovada. Assim, o mais prático é propor este trabalho a um pequeno número de crianças e no princípio do turno de aulas.

ATIVIDADE 33

O "baú da tralha"

Maternal - Jardim A - Jardim B

Intenções pedagógicas
– conduzir à conscientização das características comuns a objetos que apresentam aparências diversas;
– oferecer oportunidades de classificação, segundo critérios diversos, em uma situação na qual a atividade tenha sentido para a criança;
– praticar a evocação (visual, verbal ou cinestésica) a partir de percepções visuais;
– desenvolver a atenção;
– exercitar os sentidos visuais (estereognóstico, cromático), aperfeiçoá-los.

Material
Um grande baú (ou uma caixa), colocado na entrada da sala de aula: é o "baú da tralha".

Aplicação
Este dispositivo é extremamente interessante por permitir associar as famílias dos alunos à vida da classe, sejam quais forem os seus recursos financeiros; e por desenvolver o sentido de economia, através da recuperação de sucata. Assim que for instalado o "baú da tralha" na

entrada da sala de aula e o mais possível no princípio do ano letivo, solicitar a participação das famílias para recuperar todo material que parecer ser recuperável, *a priori*, tais como caixas e embalagens vazias (informar que os objetos recuperados serão conservados e utilizados, portanto devem ser entregues limpos, lavados e secos), cascas de nozes e de outros frutos secos, carretéis e bobinas vazias, copinhos de iogurte, restos de lãs, retalhos de tecidos, rolos vazios de papel higiênico e papel-toalha, potinhos, como os que contêm alimentos para bebês, com ou sem tampas, revistas, catálogos, frascos...

A intervalos regulares, proceder a um inventário do que contém o "baú da tralha", pedindo que as crianças identifiquem os objetos (e também que expliquem em que se basearam para tanto), fornecendo o maior número possível de informações acerca destes objetos: para que servem, em que loja são comprados, de que são feitos (no caso das embalagens)...

Solicitar a um grupo de crianças que coloquem sobre uma mesma mesa um monte de coisas que podem formar um grupo. Quando este trabalho estiver terminado, procurar com toda a classe descobrir como o grupo procedeu (busca de um critério plausível para a triagem). Fazer com que a classe explicite as regras de classificação observadas, e confrontar com o grupo que realizou a classificação. Qualquer critério que seja bem definido pelas crianças é aceitável.

Alguns exemplos:
– classificação por finalidade (para equipar o "cantinho do mercado": são colocadas juntas as embalagens de produtos de consumo corriqueiro);
– classificação por material (o que pede uma primeira abstração, uma vez que não estamos mais nos ocupando de origem ou de utilização do objeto);
– grupo daquilo que é "liso", que tem uma aparência de continuidade (em oposição ao que apresenta desenhos ou letreiros);
– grupo daquilo que apresenta letreiros;
– classificação por cores (a ser utilizada com prudência, pois, como já o dissemos, a cor dificilmente é um critério adequado de triagem ou de classificação, pois os valores deste critério não são claramente determináveis: um vermelho "tijolo" pode ser considerado por algumas crianças como vermelho e por outras como laranja; o mesmo acontece com o turquesa, composto tanto de azul quanto de verde).

Em cada nova sessão de inventário, fazer recordar as regras de classificação adotadas precedentemente, e pedir triagens que se utilizem de novas regras.

ATIVIDADE 34

Utilizando o material da classe

Maternal – Jardim A – Jardim B

Intenções pedagógicas
– levar a uma conscientização das características comuns a objetos familiares;
– oferecer oportunidades de triagem de acordo com critérios variados;
– mostrar que a classificação é algo que se pratica naturalmente, por ocasião de atividades nas quais este procedimento tem sentido para a criança;
– praticar a evocação (visual, verbal ou cinestésica) a partir de percepções visuais;
– desenvolver a atenção;
– exercitar os sentidos visuais (estereognóstico, cromático) e aperfeiçoá-los.

Material
Quaisquer elementos que apresentem critérios facilmente identificáveis. Por exemplo:

– legos e outros materiais de construção (forma, cor – aqui não pode haver qualquer ambiguidade, isto é, não deve haver hesitações por dúvidas acerca de determinada peça ser vermelha ou de outra cor);
– cartas de jogar (para os Jardins A e B);
– dominós;
– figuras geométricas (com o critério referindo-se essencialmente ao número de lados).

Aplicação
No princípio de qualquer atividade, seja ela do domínio da Matemática ou não, pedir que sejam separados todos os... que... (por exemplo, todos os legos vermelhos, ou todos os dominós duplos, ou todas as figuras geométricas de três lados, etc.).

Quando for o caso de "apertar a tecla de pause", fazer com que as crianças se deem conta de que na verdade estão determinando dois "montes": um formado pelos objetos que possuem a propriedade que constitui o valor do critério de triagem, e outro com "todo o resto", isto é, elementos relativamente díspares.

ATIVIDADE 35

Classificando massas

Jardim A – Jardim B

Intenções pedagógicas
– exercitar o sentido bárico e aperfeiçoá-lo;
– suscitar uma conscientização das percepções báricas;
– desenvolver a atenção;
– classificar objetos pelo critério de suas massas.

Material
Diversas séries de um número dado de objetos, todos com a mesma forma e dimensões, mas massas diferentes.

O material montessoriano inclui três séries de sete plaquetas em formato de paralelepípedo, de madeira e de dimensões uniformes, mas extraídas de diferentes espécies de árvores (glicínia, pinho, carvalho), pesando respectivamente 6, 12 e 18 g. Este material é utilizado com uma venda, e sua autocorreção é visual, sendo as diferentes madeiras identificáveis por sua diferente coloração.

Pode-se também fabricar este material a partir de recipientes idênticos (tais como caixas de fósforos ou embalagens de filmes), utilizando materiais de massas volumétricas bem diferentes; neste caso, é preciso evitar que o material não possa se movimentar dentro da caixa, pois frequentemente as crianças começam a atividade sacudindo a embalagem para produzir ruído.

Garantir a autocorreção pelo uso de etiquetas coloridas, por exemplo.

A diferença de 6 gramas, adotada no material montessoriano, constitui um limite de sensibilidade mínima; pode-se começar o trabalho no Jardim A classificando massas que variem de 20 em 20 gramas.

Aplicação
Propor a princípio duas séries de extremos: trata-se então de reconstituir as duas séries de objetos que têm a mesma massa. Quando a atividade se tornar muito fácil, propor uma nova série além das duas precedentes.

Observação: a maior parte das duplas, reunidas através dos sentidos, propostas anteriormente podem ser retomadas com mais de dois objetos que apresentem a mesma característica, servindo de material de classificação.

ATIVIDADE 36

O jogo das macieiras

Jardim A — Jardim B

Intenções pedagógicas
– classificação por cor;
– associação entre conjunto de pontos e quantidade;
– independência do número em relação à disposição figurativa.

Material
– um dado (conjuntos de 1 a 6 pontos);
– tantos tabuleiros quantos forem os jogadores: cada um deles traz a ilustração de uma macieira, em cuja folhagem estão representados conjuntos de maçãs (uma cor de maçã para cada tabuleiro) com 1 a 6 maçãs, cuja disposição não reproduz os conjuntos de pontos dos dados, variando também de um tabuleiro para outro;
– em torno de 25 fichas de "maçãs" de cada cor;
– tantos "cestos" quantos forem os jogadores.

Aplicação
Este jogo, adaptado do que foi proposto por Lucette Champdavoine em *Matemática Através de Jogos*, tem lugar após uma progressão acerca do número, uma vez que seu princípio consiste em recobrir cada macieira com as maçãs da cor desejada.

Estamos mencionando-o aqui devido à atividade de classificação do princípio do jogo. De fato, a partida se inicia com uma triagem das fichas "maçãs", a fim de colocar dentro de cada cesto as maçãs de uma mesma cor (atividade de classificação). Os cestos permanecem no centro do jogo.

Então, cada jogador lança o dado por sua vez, e apanha no cesto de sua cor o número de maçãs indicado, com a condição de que lhe seja possível colocá-las de uma única vez sobre um grupo de maçãs da sua árvore; caso contrário, ele passa sua vez ao próximo.

Exemplo com dois jogadores: (A: maçãs vermelhas e B: maçãs amarelas)
– *A* lança o dado, que marca 2: apanha duas maçãs vermelhas e as coloca em sua macieira.
– *B* lança o dado, que marca 6: apanha seis maçãs amarelas e as coloca em sua macieira.
– *A* lança o dado, que marca 1: apanha uma maçã vermelha e a coloca em sua macieira.
– *B* joga o dado, que marca 6: mas como a configuração "6" de sua macieira já está preenchida, ele passa a vez ao próximo jogador, e assim sucessivamente.

Vence o primeiro que preencher as seis configurações da sua macieira.

ATIVIDADE 37

Classificando os materiais da sala de aula

Maternal - Jardim A - Jardim B

Intenções pedagógicas
– oferecer oportunidades de classificação de acordo com critérios variados;
– demonstrar que a classificação se pratica de maneira natural, por ocasião de atividades em que este procedimento faz sentido para a criança.

Material
Aqueles mencionados na ficha de atividades número 34.

Aplicação
No princípio de uma atividade, seja ela do domínio da Matemática ou não, solicitar que sejam classificados os objetos de acordo com um critério dado (por exemplo, os legos por cor, ou os dominós em função do número total de pontos em suas duas partes, ou as figuras geométricas de acordo com o número dos seus lados, etc).
No momento de "apertar a tecla de pause" ou de uma exposição para o grupo, fazer com que as crianças expliquem a maneira como procederam:
– antecipação das aulas, designação mental de um local para colocação dos elementos de cada classe, posicionamento destes elementos no espaço previsto;
– triagem em função de um dos valores possíveis do critério de classificação, e depois triagem do monte que reúne "o resto" em função de outro valor do mesmo critério de classificação, e assim sucessivamente até que o monte do que havia sobrado constitua, também ele, uma classe;
– outro método (que a criança deve explicitar).
No Maternal, e às vezes ainda no Jardim A, as crianças ainda não podem descrever as suas estratégias unicamente de forma verbal: uma primeira etapa consiste em fazer com que elas verbalizem os seus procedimentos à medida que retomam como exemplos atividades feitas anteriormente *(eu apanho isto, e ponho aqui porque é azul, e pego aquilo ali e ponho lá porque é vermelho; daí eu pego isto aqui, que é azul, e coloco juntamente com o azul que já está lá...).*

ATIVIDADE 38

O jogo do retrato

Jardim A – Jardim B

Intenções pedagógicas
– saber identificar e nomear as propriedades de um objeto familiar;
– saber identificar e nomear uma propriedade comum a dois objetos.

Material
Qualquer conjunto de objetos com características facilmente verbalizáveis, que permitam atividades de classificação (três características são suficientes para começar, por exemplo, cor/forma/espessura).
Um exemplo são os blocos lógicos, mesmo quando a caixa estiver incompleta. Um saco (ou caixa) de bom tamanho e opaco.

Aplicação

• **Etapa 1:** *classificando os objetos*
Fazer com que as crianças expliquem o critério de classificação adotado, assim como os valores deste critério assumidos para cada classe. Por exemplo, se o critério "cor" foi utilizado, pergunta-se quais são as cores dos objetos. Por fim, solicitar que seja descrito um ou outro dos objetos, com vistas a obter uma descrição completa. Assim, se uma criança descreve um bloco como "um triângulo amarelo", deve-se fazer com que ela procure se existe outro triângulo amarelo, e, no caso de resposta afirmativa, perguntar se eles são idênticos, de maneira a suscitar uma descrição que leve em conta outras características do objeto. Quando as crianças forem capazes de realizar uma descrição completa, tentar fazer com que elas expliquem como reconhecem que a sua descrição é completa ou incompleta.

- **Etapa 2:** *o jogo do retrato*
  O professor (e em um segundo momento, uma das crianças) escolhe um dos elementos que foram colocados no saco, sem mostrá-lo aos jogadores. Cada um deles tenta adivinhar qual foi o elemento escolhido, fazendo perguntas que somente podem ser respondidas com *sim* ou *não*. Por exemplo, no caso dos blocos vermelhos, azuis, amarelos ou verdes, quadrados, redondos ou triangulares, achatados ou largos, pode ser travado um diálogo assim:
  – Ele é azul?
  – Não.
  – É vermelho?
  – Sim.
  – É redondo?
  – Não.
  – ...

Ordenar elementos

Alguns critérios C permitem comparar os elementos de um conjunto de dois em dois, relativamente às três propriedades seguintes:

– para todo elemento a do conjunto, $a\,C\,a$ é verdadeiro

– para todas as duplas (a, b) de elementos do conjunto,
$$\left.\begin{array}{l} a\,C\,b \\ b\,C\,a \end{array}\right\} \Rightarrow a = b$$

– para todos os trios (a, b, c) de elementos do conjunto,
$$\left.\begin{array}{l} a\,C\,b \\ b\,C\,c \end{array}\right\} \Rightarrow a\,C\,c$$

Trata-se de relações de ordem, que permitem constituir cadeias de elementos distintos para os quais a propriedade é válida para cada dois elementos em um sentido, mas não no outro. Se todos os elementos podem ser colocados em uma única cadeia, fala-se em ordem total; caso contrário, trata-se de uma ordem parcial. Por exemplo, a ordem lexicográfica é de uma ordem total para o conjunto dos números inteiros naturais, mas diferente da ordem habitual, uma vez que, neste caso, 123, por exemplo, vem à frente de 2 (da mesma maneira que se coloca xilofone antes de y, no caso das palavras); a relação "é um múltiplo de" é uma relação de ordem parcial com o conjunto dos números inteiros não nulos: 2,4,6,8,10..., é uma cadeia, mas 15 e 7 não são comparáveis. O elo verbal de uma relação de ordem frequentemente é "de no máximo... a no mínimo...", ou "do mais... ao mais...(oposto)". Na Escola Infantil, geralmente se oferece às crianças uma cadeia de forma desordenada, pedindo-lhes que reestabeleçam a série correta com os elementos.

ATIVIDADE 39

Os cilindros

Maternal – Jardim A – Jardim B

Intenções pedagógicas
– exercitar-se na seriação de comprimentos, por meio de encaixes crescentes;
– exercitar e aperfeiçoar as percepções visuais (estereognósticas) e cinestésicas;
– desenvolver a organização dos dados sensoriais, a coordenação óculo-manual e a motricidade fina;
– contribuir para o ordenamento de imagens mentais executando um trabalho junto às evocações (visuais, cinestésicas ou verbais);
– introduzir o conceito matemático de comprimento, assim como os diversos termos que servem para designá-lo (altura, espessura, largura).

Material
O material montessoriano relativo ao tema constitui-se de quatro suportes em madeira envernizada, nos quais foram feitas cavidades que alojam dez cilindros. Em cada um deles, uma das faces circulares é munida de um botão de pressão facilmente utilizável. Todos os cilindros são da mesma cor e do mesmo material, mas somente um deles se encaixa com perfeição em cada uma das cavidades (isto é, sem deixar folga e sem que seja necessário forçá-lo): a correção da atividade é, portanto, inerente ao próprio material.

Cada suporte corresponde a um tipo de seriação:
1) altura e diâmetro diminuem (de 5,5 a 1 cm, com decréscimos de 0,5);
2) altura constante e diâmetro decrescente em meios centímetros;
3) diâmetro constante, altura decrescente em meios centímetros;
4) diâmetro e altura variando em sentido inverso, de meio em meio centímetro. Na ausência deste material, pode-se utilizar o painel de encaixes de nove cilindros, fabricado por *Les Balladins*, que segue a mesma orientação.

Aplicação
Com o material montessoriano, propor a princípio uma das séries de cilindros, e depois apresentar as demais, uma a uma. Quando as crianças já forem capazes de realizar com facilidade os encaixes, podem-se misturar diversas séries, e mesmo trabalhar com as quatro séries simultaneamente. Em um segundo momento, pode-se também propor esta atividade com os olhos vendados, quando a estimativa dos comprimentos deixa de ser estereognóstica (visual) para se tornar táctil. Em seguida, pode-se pedir que os cilindros sejam ordenados fora do suporte: a retirada da autocorreção que as cavidades representam torna esta atividade bastante difícil para as crianças de Escola Infantil.

Constata-se uma evolução nas estratégias utilizadas:
– *testando de forma não orientada:* um cilindro é apanhado ao acaso, e a criança testa todos os furos sistematicamente, até encontrar o encaixe satisfatório;
– *tentativas e erros: a* criança utiliza o mesmo procedimento, mas procura antecipar visualmente a adequação do encaixe, com o sentido da visão comandando a ação sensorial e motora;
– *testando com antecipação do resultado:* busca visual de um cilindro no extremo da série, e seu posicionamento é feito de imediato; continuidade pela busca visual do cilindro seguinte, ou, ao contrário, do cilindro oposto ao já colocado; a criança determina para si própria uma instrução interior e a aplica enquanto ela se mostrar eficaz;
– *arranjo rápido, com segurança:* o sentido da visão encontra-se a serviço do pensamento; há pouco ou nenhum erro ou hesitação;

– capacidade de prescindir da visão: a imagem mental encontra-se suficientemente interiorizada e disponível para qualquer evocação.

Desdobramentos: outros encaixes crescentes e decrescentes, tais como o painel de encaixes quadrados fabricado por *Les Balladins*, e depois os encaixes figurativos.

Observação: como o cilindro tem a propriedade de não variar com a rotação em torno de seu eixo, constitui-se em uma peça de encaixe particularmente fácil. Eis porque as séries de cilindros do material montessoriano podem ser propostas às crianças do Maternal, que mesmo aos dois anos de idade já obtêm êxito rapidamente. Assim que a seriação dos cilindros em suas cavidades estiver dominada, é o momento de introduzir termos como largo, estreito, espesso, fino, alto, achatado...

ATIVIDADE 40

Objetos com o mesmo formato

Maternal – Jardim A

Intenções pedagógicas
– treinar a seriação de comprimentos por meio de encaixes de dimensões crescentes;
– exercitar e aperfeiçoar as percepções visual (estereognóstica) e cinestésica;
– desenvolver a organização dos dados sensoriais, a coordenação óculo-manual e a motricidade fina;
– contribuir para a utilização de imagens mentais para um trabalho com evocações (visuais, cinestésicas ou verbais);
– introduzir o conceito matemático de comprimento, assim como os diversos termos que servem para designá-lo (altura, espessura, largura...).

Material
Objetos de mesmo formato, encaixáveis uns dentro dos outros.

Dar preferência a materiais não antropomorfos, tais como copinhos, barriletes, ovos, cubos ocos, troncos de cones ou de pirâmides, mais adequados do que as tradicionais bonecas russas, para as quais as crianças poderiam desenvolver estratégias ligadas ao contexto, como, por exemplo, a reconstituição de uma família, atitude que elas se revelam incapazes de transferir para o material mais abstrato. Sempre oferecer o material já completamente encaixado, para permitir que as crianças contem com uma representação da tarefa a cumprir, no momento em que apanham o material.

Aplicação
• **Etapa 1:** *seriação através do encaixe*
Permitir que as crianças se apropriem livremente do material, encorajando de forma especial o trabalho de guardar uma peça dentro de outra. Aproveitar todas as ocasiões que se apresentam para empregar vocabulário relativo a tamanho (baixo ou achatado, alto, grande, pequeno...) assim como termos de comparação, como "mais espesso que...".

Depois, em ateliê dirigido, mostrar dois elementos bem distintos e pedir às crianças que mostrem o menor, e depois o maior (empregar os termos mais apropriados, como fino e espesso, se for este o caso). Mostrar então três ou mais elementos, de acordo com o nível da turma, e pedir que seja indicado o menor e o maior de todos.

O ENSINO DA MATEMÁTICA NA EDUCAÇÃO INFANTIL   85

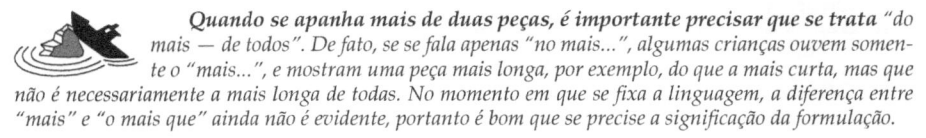

Quando se apanha mais de duas peças, é importante precisar que se trata "do mais — de todos". De fato, se se fala apenas "no mais...", algumas crianças ouvem somente o "mais...", e mostram uma peça mais longa, por exemplo, do que a mais curta, mas que não é necessariamente a mais longa de todas. No momento em que se fixa a linguagem, a diferença entre "mais" e "o mais que" ainda não é evidente, portanto é bom que se precise a significação da formulação.

- **Etapa 2:** utilização da seriação por encaixe, para construir uma torre decrescente.
- **Etapa 3:** realização da torre decrescente, a partir dos elementos esparsos.

ATIVIDADE 41

Cones e pirâmides de argolas

Maternal – Jardim A

Intenções pedagógicas
   – treinar a seriação dos comprimentos;
   – exercitar e aperfeiçoar as percepções visual (estereognóstica) e cinestésica;
   – desenvolver a organização dos dados sensoriais, a coordenação óculo-manual, a motricidade fina;
   – contribuir para a utilização de imagens mentais para um trabalho acerca das evocações (visuais, cinestésicas ou verbais);
   – introduzir o conceito matemático de comprimento, assim como os diversos termos que servem para designá-lo (altura, espessura, largura, comprimento...).

Evitar material multicolorido, preferindo aquele cujos elementos tenham todos a mesma cor; caso contrário, as crianças usam a cor como referência e não trabalham efetivamente com seriação.

Material
   Uma base com uma haste cilíndrica, na qual se enfiam argolas (discos ou outras formas) de tamanho crescente.

Aplicação
   O material é sempre colocado à disposição no estado *de série*, o que permite que as crianças formem uma representação da tarefa a realizar. A presença da haste, na qual se introduzem os elementos, facilita a seriação. Permitir que as crianças se apropriem do material, encorajando especialmente a formação de séries.

ATIVIDADE 42

As pirâmides

Maternal – Jardim A – Jardim B

Intenções pedagógicas
– treinar a seriação de comprimentos;
– exercitar e aperfeiçoar as percepções visual (estereognóstica) e cinestésica;
– desenvolver a organização dos dados sensoriais, a coordenação óculo-manual, e a motricidade fina;
– contribuir para a utilização de imagens mentais em um trabalho acerca das evocações (visuais, cinestésicas ou verbais);
– introduzir o conceito matemático de comprimento, assim como os diversos termos que servem para designá-lo (altura, espessura, largura, comprimento...).

Material
Coleção de prismas de base retangular, cuja altura é constante e a secção variável. Exemplos:
– *torre de cubos:* dez cubos cuja aresta varia de 1 a 10 cm, com diferença de 1 cm entre dois cubos sucessivos;
– *pirâmide:* altura do prisma inferior ou igual a 1 cm, seção quadrada cujo lado varia de 1 a 10 cm, com uma diferença de 1 cm entre dois elementos sucessivos;
– *arranha-céu:* altura do prisma superior a 10 cm, seção quadrada cujo lado varia de 1 a 10 cm, com uma diferença de 1 cm entre dois elementos sucessivos.

Aplicação
Assim como no caso dos objetos que "engolem" uns aos outros ou os cones e pirâmides de argolas, organizar sempre o material no estado de série.
Para as crianças de dois anos, propor a atividade a princípio com três elementos de dimensões facilmente diferenciáveis (os de arestas com 3, 6 e 9 cm variam do simples ao duplo e deste ao triplo...), depois reduzir progressivamente a distância entre dois elementos sucessivos, por exemplo, oferecendo cinco elementos de arestas com 2, 4, 6, 8 e 10 cm.
Observa-se então uma evolução das estratégias utilizadas, análoga à que foi descrita para a seriação dos cilindros.
Constatam-se diversas organizações dos elementos para a disposição final dos cubos:
– sem que seja buscado um posicionamento específico de um cubo em relação à face superior daquele que foi colocado anteriormente;
– com alinhamento em relação a uma aresta (passo a passo/após terminado o empilhamento): nesta disposição, o menor dos elementos permite que haja correção dos erros, uma vez que mede a diferença entre a variação das arestas de dois elementos consecutivos;
– de maneira concêntrica (passo a passo/uma vez terminado o empilhamento).

Desdobramentos: após o trabalho com as "escadas", propor repetir a atividade das pirâmides com os olhos vendados. No caso do Jardim B, pode-se também utilizar os dez elementos para uma variante do Jogo de *Kim:* trata-se de encontrar a fileira do elemento que foi retirado. Com dois conjuntos idênticos, solicitar que seja encontrada uma peça do mesmo tamanho daquela que é mostrada. A criança pode, se o desejar, carregar consigo a peça que serve de referência (trabalho de introdução dos comprimentos e das superfícies); no Jardim B, pedir que seja indicada a mesma peça, mas sem apanhar a que serve de referência.

ATIVIDADE 43

As escadas

Maternal – Jardim A – Jardim B

Intenções pedagógicas
– treinar a seriação de comprimentos;
– exercitar e aperfeiçoar as percepções visual (estereognóstica) e cinestésica;
– desenvolver a organização dos dados sensoriais, a coordenação óculo-manual e a motricidade fina;
– contribuir para a utilização de imagens mentais em um trabalho acerca das evocações (visuais, cinestésicas ou verbais);
– introduzir o conceito matemático de comprimento, assim como os diversos termos que servem para designá-lo (altura, espessura, largura, comprimento...).

Material
Cada escada é composta por dez prismas com a mesma forma de base, feitos com o mesmo material, tendo a mesma cor, comprimento, mais longo do que a maior das arestas da seção variável.
Exemplos:
– a seção é quadrada e varia de 10 a 1 cm de lado, com uma diferença de 1 cm entre dois degraus consecutivos;
– a seção é retangular, com a largura constante de 5 cm, e de altura variável de 10 a 1 cm de lado, com uma diferença de 1 cm entre dois elementos consecutivos.

Aplicação
Quando não estão sendo utilizadas, as escadas são arrumadas em uma prateleira, do maior ao menor degrau, para permitir que as crianças tenham uma boa representação da tarefa a ser cumprida quando apanham este material.
Mesmos procedimentos e mesmos desdobramentos do caso das pirâmides. Para as crianças menores, é preferível precisar que é necessário começar pelo degrau mais alto (ou mais baixo), a fim de estar seguro de que elas compreenderam bem o que lhes é solicitado. Por outro lado, assegurar-se da ordem de leitura da montagem: com efeito, certas crianças não começam necessariamente pela esquerda, como esperamos. Por ocasião da reunião, pedir que expliquem (ou mostrem) como fizeram para efetuar o arranjo, e se podem contar com uma maneira de verificar a exatidão deste arranjo.

Disposição final dos elementos
– em escada (correções a partir do menor degrau);
– em altura, com uma face lateral comum; neste caso, o controle de erros pode ser feito pelo prisma de 1 cm de lado, que mede a diferença de lado entre dois prismas consecutivos: verifica-se a continuidade de superfície entre o maior e o menor prisma colocado sobre o prisma seguinte, de forma visual ou táctil, passando a mão na superfície assim montada;
– em forma de *telhado holandês*;
– em forma de *arranha-céu*;
– como uma torre com uma aresta comum.

ATIVIDADE 44

As barras

Maternal – Jardim A – Jardim B

Intenções pedagógicas
– treinar a seriação dos comprimentos;
– exercitar e aperfeiçoar as percepções visual (estereognóstica) e cinestésica;
– desenvolver a organização dos dados sensoriais, a coordenação óculo-manual e a motricidade fina;
– contribuir para a utilização de imagens mentais, trabalhando com evocações (visuais, cinestésicas ou verbais);
– introduzir o conceito matemático de comprimento, assim como os diversos termos que servem para designá-lo (altura, espessura, largura, comprimento...).

Material
Cada série de barras é composta por dez elementos que têm base na mesma forma, feitos do mesmo material, da mesma cor, e cujo comprimento varia de maneira regular.
Exemplos:
– barras na forma de paralelepípedo retângulo de seção quadrada (bloco de 2 cm de lado), cujo comprimento varia de 10, caso da mais curta, a 100 cm, a mais longa, com uma diferença de 10 cm entre duas barras consecutivas;
– barras cilíndricas (pedaços de cabo de vassoura) com os mesmos comprimentos que as precedentes;
– barrinhas em forma de paralelepípedo, com um centímetro quadrado de seção, e comprimento variando de 1 a 10 cm. Estas barras são disponíveis comercialmente com o nome de *baguette Cuisenaire:* cada uma delas é de uma cor, o que pode se tornar um obstáculo em diversas atividades. Se desejarmos confeccionar este material, basta utilizar madeira clara e, acima de tudo, não pintá-la!

Aplicação
Mesmos procedimentos e mesmas precauções com as instruções, e mesmos desdobramentos que no caso das pirâmides e das escadas. A correção de erros pode ser feita com a ajuda da barra mais curta, que mede a diferença de comprimento entre duas barras consecutivas.

Atividade 45
Seriações sensoriais diversas

Jardim A – Jardim B

Intenções pedagógicas
– exercitar os sentidos e aperfeiçoá-los;
– suscitar a conscientização das percepções sensoriais;
– desenvolver a atenção;
– treinar a evocação (visual, verbal ou cinestésica) a partir de percepções visuais.

Material

Degradês de cores: séries de um número ímpar de objetos (por exemplo, de placas quadradas ou retangulares), tendo todas a mesma forma, o mesmo tamanho, e apresentando matizes de uma mesma cor (da mais clara à mais escura).

Este material é disponível comercialmente (existe um conjunto montessoriano cujas placas coloridas comportam uma borda em madeira neutra para evitar colocar os dedos na superfície de cor); encontram-se às vezes jogos de *degradês* de cores nas casas de material pedagógico. O material é um pouco complicado de fazer em casa: é preciso pintar plaquinhas de madeira ou de compensado com tinta de cor forte, em estado puro, e aclarar progressivamente esta tinta pelo acréscimo de tinta branca; é preciso voltar a pintá-las regularmente, pois a manipulação acaba por descascar a tinta.

Placas rugosas: retomar o material usado para a formação de pares tácteis, separando somente um exemplar de cada placa.

Seriação sonora: material utilizado para a formação de pares de notas (sininhos, lâminas), a princípio em duplas.

É muito mais difícil propor seriações térmicas ou gustativas (como, por exemplo, do menos ao mais salgado, ou doce...).

Aplicação

Degradês de cores: realizar primeiramente a seriação dos *degradês* de uma única cor; com as crianças menores, pode-se começar por fornecer somente três tabletes, o mais claro, o mais escuro e um intermediário. Mais tarde podem-se propor simultaneamente diversas cores, e até mesmo todas as que forem disponíveis.

Placas rugosas: ordenar os pares de placas da mais rugosa à menos rugosa, ou o inverso.

Seriação sonora: dispor a série de referência segundo a ordem da gama: é preciso reconstituir a gama com os segundos exemplares dos materiais sonoros. Em seguida, reconstituir toda a gama sem utilizar outra série como referência: ordenar as percussões do som mais grave ao mais agudo, ou do mais agudo ao mais grave (gama diatônica, gama cromática, como, por exemplo, o carrilhão intratonal para algumas classes de Jardim B já bem exercitadas).

Codificação e decodificação

Ultrapassando o quadro de dupla entrada...................... 90
O que é preciso saber 90

Ultrapassando o quadro de dupla entrada

A codificação já foi abordada neste livro na parte que tratou da resolução de problemas. Da mesma maneira, iremos propor agora atividades de codificação e decodificação em capítulos voltados para a utilização de referências no espaço e na cronologia.

Abordaremos aqui diferentes formas de representar as propriedades e as relações que ligam diferentes objetos, particularmente os gráficos em forma de árvore e os quadros de dupla entrada.

Na Escola Infantil, com demasiada frequência, se tem a tendência de apresentar o quadro de dupla entrada sem propiciar às crianças os meios para uma real descoberta deste instrumento. O quadro de dupla entrada é útil para apresentar de maneira mais simples resultados, classificações... Será muito mais enriquecedor levar as crianças a apropriar-se dele, mediante uma série de atividades diferenciadas. Desta forma, as crianças podem compreender que existem diferentes maneiras de apresentar resultados e relações, descobrindo que o quadro de dupla entrada é apenas um destes meios, e que inclusive não permite resolver todos os problemas de classificação que se valem de diversos critérios.

O que é preciso saber

Dados dois conjuntos A e B, chama-se de produto cartesiano de A por B o conjunto de todas as duplas cujo primeiro componente é um elemento de A, e o segundo componente um de B. Se A é um conjunto de n elementos, e B um conjunto de p elementos, o seu produto cartesiano A X B tem n X p elementos.

Observação: B X A tem também n X p elementos, que são todas as duplas recíprocas das duplas de A X B.

Exemplo:
A = {a,e,i,o,u,y};
B = {b,c,d};
A X B = {(a,b), (a,c), (a,d), (e,b), (e,c), (e,d), (i,b), (i,c), (i,d), (o,b), (o,c), (o,d), (u,b), (u,c), (u,d), (y,b), (y,c), (y,d)}.

B X A = {(b,a), (c,a), (d,a), (b,e),(c, e), (d,e), (b,i), (c,i), (d,i), (b,o), (c,o), (d,o), (b,u), (c,u), (d,u), (b,y), (c,y), (d,y)}.

Constata-se que neste caso (que é o mais frequente), A X B e B X A não têm nenhum elemento comum.

O dado de uma parte G de A X B determina uma relação de A em direção a B. Esta relação é uma função, se cada elemento de A tem ao menos uma imagem, ou, em outras palavras, se existe em G ao menos uma dupla que tem como primeiro componente um elemento qualquer de A.

Se A e B designam o mesmo conjunto, fala-se de uma relação sobre A. Pode ocorrer também que A seja, ele próprio, um produto cartesiano; o que é especialmente o caso quando se têm funções de duas variáveis.

Pode-se representar um produto cartesiano, uma relação ou uma função através de um quadro.

B \ A	a	e	i	o	u	y
b	(b, a)	(b, e)	(b, i)	(b, o)	(b, u)	(b, y)
c	(c, a)	(c, e)	(c, i)	(c, o)	(c, u)	(c, y)
d	(d, a)	(d, e)	(d, i)	(d, o)	(d, u)	(d, y)

Representação do produto cartesiano B X A.

A \ A	a	e	i	o	u	y
a	x			x	x	
e		x				
i			x			x
o	x			x	x	
u	x			x	x	
y			x			X

Representação de uma relação de equivalência sobre A com três classes de equivalência (uma abrangendo a, o, u, outra reduzida a e, e uma terceira comportando i e y).

B \ B	b	c	d
b	x	x	x
c		x	x
d			x

Representação de uma relação de ordem sobre B ("não é situado depois, no alfabeto").

C = {L, M, J, V}; D = {b, v, r, j, n}; E = {+, Ó, ã, Í }.

C \ D	b	v	r	j	n
L	∅		◊	≈	√
M		◊	√	∅	≈
J	◊	√	≈		∅
V	√	≈	∅	◊	

Representação de uma função de C X D em E, que é código do quadro de serviço (ver ficha de atividades número 52) com as convenções.
∅: *apontador de lápis;* ≈: *peixes;* √: *plantas;* ◊: *lanche.*

ATIVIDADE 46

Conservando registro de uma atividade

Jardim A – Jardim B

Intenção pedagógica
Representar um elo entre objetos (propriedade comum, relação).

Aplicação
Após as atividades de triagem, classificação e organização apresentadas no capítulo anterior, solicitar às crianças que representem aquilo que acabam de realizar. A representação pode consistir em desenhar o contorno dos objetos que foram arrumados, ou a simbolização destes mesmos objetos.
É necessário prever ainda a decodificação de uma representação feita por outras crianças, ou proposta pelo professor.

ATIVIDADE 47

Reunindo objetos mediante dois critérios

Jardim A – Jardim B

Intenções pedagógicas
– identificar e nomear as propriedades de um objeto;
– utilizar de forma conjunta dois critérios de classificação;
– ler e utilizar os gráficos chamados de árvores;
– ler e utilizar quadros de dupla entrada.

Material
– coleção de objetos compostos de duas partes nitidamente diferenciadas de cores variadas, por exemplo, cabeças de palhaço feitas de grandes bolas de pano nas quais se colam fios de lã para representar os cabelos (lã amarela, cinza, preta ou marrom), e um pedaço de fita à guisa de gravata (azul, verde ou vermelha). Uma destas coleções completas (neste caso, doze elementos) serve a duas crianças;
– ou coleção de cartas com um desenho estilizado composto por duas partes bem diferenciadas, cada uma delas podendo ter uma cor determinada: por exemplo, casas de telhados vermelhos ou pretos, e paredes brancas, amarelas, rosas ou marrons. É preciso prever uma coleção completa de cartas (aqui, casa de telhado vermelho e paredes brancas, amarelas, rosas ou marrons, e casa de telhado preto com paredes brancas, amarelas, rosas ou marrons, ou seja, oito cartas) para cada duas crianças;
– papel cartaz;
Se não dispusermos de um número suficiente de coleções completas para oferecer uma a cada dupla de crianças, fazer com que as crianças trabalhem durante várias sessões em ateliês de dois com um mesmo material, que serve então sucessivamente a diversos grupos.
– material didático representando quadros de dupla entrada de reuniões de dois objetos: discos compostos de duas metades coloridas, flores cujo miolo e pétalas têm cores variáveis, duplas formadas de uma criança e de um adulto (etapa 3). Dar preferência para materiais para os quais se possa variar a disposição das entradas: evitar os quadros cujas entradas são serigrafadas no suporte, em lugar de sobre fichas móveis.

Aplicação

• **Etapa 1:** *procurando uma forma de apresentar uma classificação*
Pedir às crianças que observem os elementos. Fazer uma primeira síntese que permita separar os elementos de triagem ou classificação possível. Solicitar então que se classifiquem os objetos ou as cartas e se conserve o registro da classificação realizada utilizando um cartaz. O fato de planejar uma série para cada duas crianças aumenta as chances de obter classificações diferentes: levar as crianças a observar este resultado, no caso de nenhuma fazê-lo espontaneamente.
A partir desta primeira tarefa, afixar os trabalhos realizados, explorando-os em grupo assim que toda a classe tiver participado da atividade.
Pode-se chegar a uma apresentação em árvore do seguinte tipo:
A discussão leva as crianças a procurar um método capaz de levar em consideração os dois critérios de classificação ao mesmo tempo. Se necessário, propor às crianças a colocação das cartas que têm o telhado da mesma cor, por exemplo, o vermelho, em linha. Esta disposição é, às vezes, proposta diretamente pelas crianças. Mesmo procedimento com os telhados pretos; pode-se pedir às crianças que respeitem a mesma ordem para as paredes, ou não fornecer esta indicação, simplesmente chamando a atenção se duas casas com a mesma cor de paredes encontram-se frente a frente, o que é frequente. Muitas vezes basta isso para que as crianças também coloquem juntas as outras cores (e evita associar o termo "organização" ao quadro de dupla entrada).
Se possível, fazer com que as crianças extraiam deste arranjo a característica comum a todos os elementos de uma linha, e a todos os elementos de uma coluna, o que permitirá então ao professor montar o quadro com a grade e as legendas:

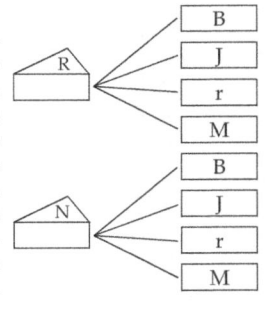

	B	J	r	M
R				
N				

- **Etapa 2:** *utilizar um quadro de dupla entrada ou uma árvore de organização por dois critérios*
  Mesmo gênero de material anterior, e a grade de um quadro de dupla entrada (variar o número de casas de uma situação para outra: aqui, são quinze cartas "barquinhos").

Distribuir as cartas às crianças e pedir-lhes que as coloquem no lugar que convém dentro do quadro, justificando sua escolha. Pode-se montar um grande quadro no pátio ou na sala de atividades motoras, entregar uma única carta a cada criança e pedir que venha colocar-se no espaço correspondente ao da carta que tem em mãos.

Propor igualmente uma árvore de organização sob dois critérios e pedir às crianças que montem as cartas correspondentes: fornecer-lhes cartas pré-desenhadas que elas terão somente que colorir, se o critério referir-se às cores, ou utilizar elementos autocolantes.

Exemplos de gráficos em forma de árvores:

e de resultados com a ajuda de etiquetas em formato de flor e em formato de folhas:

- **Etapa 3:** *utilização de materiais propondo quadros de dupla entrada*
  Em um primeiro momento, o professor oferece as entradas, variando regularmente a disposição das fichas que permitem determiná-las: as crianças devem dispor nas casas as fichas que são resultado de combinações.
  Em um segundo momento, pode-se propor o quadro totalmente preenchido, mas com erros, e pedir às crianças que localizem as fichas mal posicionadas.
  Em um terceiro momento, partir de um quadro corretamente preenchido, retirar as entradas e pedir às crianças que as recoloquem no lugar.
  O material pode assim servir também de avaliação.

ATIVIDADE 48

Reunindo objetos mediante duas propriedades

Objetos que apresentam duas propriedades não resultantes de combinação
Jardim A – Jardim B

Intenções pedagógicas
– identificar e nomear as propriedades de um objeto;
– pôr em ação dois critérios de classificação em conjunto;
– ler e utilizar gráficos de árvores;
– ler e utilizar quadros de dupla entrada.

Material
– quadro de dupla entrada do tipo forma /cor;
Pode-se montá-lo a partir de fichas de classificação de formas e cores diversas (muitas têm um orifício central que permite enfiá-las em uma base com haste): não fornecer a base com haste, mas planejar um suporte para um quadro de dupla entrada e ilustrações indicando as formas (traço de contorno) e as cores (mancha regular ou não).
– papel cartaz.

Aplicação
• **Etapa 1**
Trabalho em ateliês de duas ou três crianças. Fornecer somente as fichas, sem o quadro (o que induziria a uma resposta em quadro de dupla entrada).
Instrução: "Como podemos classificar estes elementos?". Pedir às crianças que registrem a sua pesquisa em um cartaz. Quando toda a classe tiver realizado este trabalho, relatar para o grande grupo, analisar os resultados, destacar os critérios de classificação que foram memorizados e a maneira de representá-los.

• **Etapa 2**
Utilização do quadro e das ilustrações que servem de entrada, segundo o mesmo procedimento da etapa 3 da ficha precedente.

• **Etapa 3**
Se houver disponibilidade deste tipo de material, propor às crianças séries de cartas nas quais um objeto é representado de diversas formas (por exemplo, para um pássaro/uma lâmpada/um sapato/ ...se dispõe a cada vez de uma fotografia em preto e branco, de uma fotografia em cores, de um desenho somente de contorno, de um desenho estilizado...), pedindo às crianças que os classifiquem.

É fundamental que as crianças compreendam o papel simplificador das árvores e dos quadros de dupla entrada. Para tanto, é necessário apresentá-los em situações nas quais eles são verdadeiramente simplificadores. Não podemos, pois, limitar-nos à utilização dos materiais, e principalmente oferecer como única atividade deste tema algumas casas a colorir em um quadro que não tenha sido montado pelas crianças.

ATIVIDADE 49

Um instrumento para descobrir uma informação

Servir-se de um instrumento de classificação para descobrir uma informação
Jardim A – Jardim B

Intenções pedagógicas
– saber identificar e nomear as propriedades de um objeto;
– saber colocar em ação conjunta dois critérios de classificação;
– saber utilizar um quadro de dupla entrada (produto cartesiano) para determinar elementos intrusos ou ausentes.

Material
Cerca de trinta almofadinhas de formas diferentes feitas com um número limitado de retalhos de tecidos diferentes, de maneira a ter para cada forma uma almofadinha de cada um dos tecidos, e para cada tecido uma almofadinha de cada uma das diferentes formas. Por exemplo, quatro almofadas (uma redonda de 25 cm de diâmetro, uma quadrada de 25 cm de lado, uma retangular de 20 cm por 30 cm, uma oval de 20 por 30 cm), de nove tecidos diferentes.

Antes de continuar a atividade, assegurar-se de que todas as crianças conheçam o vocabulário geométrico necessário. É indispensável, no princípio da primeira sessão (quando são apresentadas as almofadinhas), definir em conjunto a denominação escolhida para cada tecido. Se estes obstáculos não são afastados, a sequência pode tornar-se totalmente incompreensível para algumas das crianças.

Aplicação
A atividade aqui proposta visa mostrar que o quadro de dupla entrada (em seu funcionamento como representação de um produto cartesiano) não é apenas um modo agradável de expor dados, mas também pode ser utilizado como um instrumento para facilitar o acesso a uma informação dificilmente identificável dentro de uma coleção que comporta um grande número de elementos.

O Ensino da Matemática na Educação Infantil   97

- **Etapa 1**

Uma manhã, assim que entram em sala de aula, as crianças encontram as almofadinhas no *cantinho* de reunião. Há então um tempo de descoberta e de observação a fim de colocar em evidência as diferenças (elas não têm todas a mesma forma, nem são feitas do mesmo tecido), as semelhanças e, se for o caso, as quantidades *(há nove almofadinhas redondas, há quatro com florzinhas azuis)*, as comparações entre coleções *(há tantas almofadas redondas quanto quadradas, há o mesmo número de almofadinhas de flores e de listradas, há mais almofadinhas do que crianças...).*

As crianças fazem montes de almofadas com a mesma forma ou o mesmo tecido.

As que já manipularam os quadros de dupla entrada no jardim A podem propor esta disposição, utilizando simultaneamente os critérios *forma* e *tecido*.

Se as crianças o desejarem, poderão *adotar* uma almofadinha!

As almofadas podem ser utilizadas para um jogo de retrato: uma criança escolhe uma almofada em especial e, sem mostrá-la, indica-a discretamente ao professor. As outras crianças devem descobrir qual é a almofada em questão fazendo perguntas que somente podem ser respondidas com *sim* ou *não*. Durante alguns dias, procede-se ao jogo do retrato com as almofadinhas, que funciona como uma avaliação do primeiro objetivo: saber identificar e nomear as características de um objeto; o jogo se constitui em uma confirmação intrínseca. Estas sessões devem levar as crianças a descobrir que as questões devem referir-se somente à forma ou ao tecido, o que tornará claro para todos a classificação escolhida. Será então a oportunidade para retomar esta última, verbalizá-la e formalizar a sua organização.

- **Etapa 2**

Um dia, no momento da reunião da classe, as crianças constatam que estão faltando diversas almofadinhas (se as crianças *se apropriaram* de sua almofada favorita, será necessário retirar um número suficientemente grande de almofadinhas – 7 ou 8 – escolhendo-as de modo que não sejam todas *adotadas*). Permitir que as crianças façam as suas observações, as quais são geralmente bastante dispersas. Durante as aulas, uma carta endereçada às crianças informa-as de que uma das marionetes (ou uma fada, ou a servente) levou algumas almofadas para aumentar a sua coleção (ou para lavá-las) e somente as devolverá se lhe forem indicadas com precisão todas as que devem ser devolvidas.

Mesmo em classes nas quais o quadro de dupla entrada já tenha sido utilizado para manipulações como as precedentes, com fichas, a busca das almofadas geralmente não é muito bem organizada. Se as crianças indicam apenas o número de almofadas faltantes, pode-se *devolver* esta mesma quantidade em almofadas feias (por exemplo, sacos de batata). É necessário, reforçar as regras apresentadas por meio de mensagens complementares da marionete, indicando, por exemplo, que ela não quer fazer diversas viagens, e que depois de tal data ela ficará com as almofadas *para sempre...*

Uma busca metódica leva a inventariar subconjuntos (classes *forma* ou *tecido*), a reconstituir mentalmente os subconjuntos completos e a tornar mais evidentes os elementos faltantes. A disposição em quadro de dupla entrada oferece uma visualização prática de tudo isso, permitindo responder facilmente à pergunta da marionete.

- **Etapa 3:** (a desenvolver no momento em que todas as almofadinhas estão presentes)

No momento da reunião, quando todas as almofadas encontram-se ainda formando um monte, a professora anuncia: *Eu escolhi a almofada oval de flores azuis: vocês podem encontrá-la para mim?* Se as crianças procederem por simples eliminação, segue-se em geral uma boa desordem, com as almofadas recusadas jogadas para todo lado, até a descoberta da almofada da professora. Perguntar como se poderia organizar a busca a fim de encontrar facilmente a almofadinha desejada, sem precisar tirar do lugar todas as outras; este é o momento de pôr em ação as evocações das sessões precedentes, que levaram à disposição das almofadas de acordo com um quadro de dupla entrada, e fazer com que as crianças verbalizem tudo isto. Com efeito, as crianças são capazes de apelar para

– evocações visuais (recordando a disposição em quadro);
– evocações verbais (quando relembram frases que descrevem esta disposição. O vocabulário *linha/coluna* pode lhes ser útil para exprimir a organização espacial da coleção, preferivelmente por meio de palavras e não com uma perífrase: a introdução desta terminologia justifica-se então porque favorece a comunicação); ou
– evocações cinestésicas (quando elas revivem mentalmente os gestos que executaram para classificar as almofadas simultaneamente de acordo com os dois critérios. Vemos aqui a importância da manipulação, para que cada criança tenha o material que utilizará no tipo de evocacão que lhe é mais fácil. O tempo dedicado a permitir aos que desejarem explicar como lembraram a vivência anterior (como elas procedem a evocações tão espontaneamente quanto o sr. Jourdain concebia sua prosa), é extremamente fecundo para facilitar a transferência das estratégias de evocação de uma criança para outra.

Depois da professora, é a vez das outras crianças definirem a almofada que desejam, identificando-a no quadro de dupla entrada.

Se necessário, retomar esta atividade em pequenos grupos, a fim de que cada criança tenha:
– oportunidade de verbalizar a descrição de diversas almofadinhas;
– possibilidade de exercitar-se na montagem e utilização de um quadro de dupla entrada.

• **Etapa 4: aplicação em outras coleções**
– verificar se um jogo de cartas está completo (quatro naipes, sendo oito ou treze cartas para cada um);
– fazer o mesmo para a caixa de fichas de formas e cores de um material de classificação, ou um material do tipo *Ritmos e Pérolas Natan;*
– encontrar um ou mais intrusos em um jogo de cartas (é preciso ter o cuidado de misturar baralhos cujas costas sejam rigorosamente idênticas, pois muitas crianças são capazes de detectar diferenças ínfimas de cores ou de motivos... evitando assim – e com razão! – o instrumento de lógica que se procura fazê-la utilizar).

ATIVIDADE 50

Um gráfico em forma de árvore para mais de dois critérios

Jardim B

Intenções pedagógicas
– identificar e nomear as propriedades de um objeto;
– utilizar conjuntamente diversos critérios de classificação;
– ler e utilizar "árvores".

Material
Um jogo de cartas por grupo, análogo ao da ficha *Reunindo objetos mediante dois critérios*, constituído, por exemplo, da maneira que se segue:
– chapéu pontudo/cartola/boné,
– gravata borboleta/gravata,
– cabelos curtos e eriçados/cabelos encaracolados/cabelos longos.

Aplicação
• **Etapa** 1: Pedir às crianças que façam uma triagem destas cartas e que expliquem a sua escolha. Como há três critérios, o quadro de dupla entrada não permite realizar esta classificação de maneira simples. Assim, somente a utilização de uma "árvore" pode resolver facilmente este problema.
Exemplo:

ATIVIDADE 51
Um instrumento para montar uma coleção

Jardim B

Intenções pedagógicas
– saber utilizar dois critérios de classificação em conjunto;
– saber utilizar um quadro de dupla entrada (produto cartesiano) ou uma "árvore" de classificação para determinar todos os elementos de uma coleção.

Material
– material de classificação sob múltiplos critérios, como os *Mateovos ASCO*, ou
– formas recortadas previamente em papel metalizado: diversas cores (como dourado, prateado, vermelho, verde ou rosa metálicos), diversas formas (discos, estrelas de cinco pontas, estrelas de seis pontas), dois tamanhos (de tal modo que a menor possa ser colada em qualquer uma das formas maiores, sem ultrapassar seu contorno).

Aplicação
Propor às crianças a fabricação do maior número possível de personagens (no caso dos *Mateovos*) ou de móbiles para a classe, colando uma pequena forma sobre uma grande (no caso dos papéis metalizados), sendo todos diferentes entre si.
Para saber se os objetos montados são efetivamente diferentes entre si, é necessário realizar uma classificação, segundo um critério qualquer. Desta maneira, pode-se também saber se foram realizadas todas as combinações possíveis.

ATIVIDADE 52

Tabela de serviço da classe

Jardim A — Jardim B

Evitar oferecer um quadro pronto e de estrutura imutável para os turnos de serviço das crianças (tais como preparação do lanche, rega das plantas, atualização do calendário); ou então, se propõe às crianças a busca de uma maneira de representar tudo isso.

No Jardim B, após diversas tentativas, as crianças geralmente encontram com facilidade uma apresentação em forma de quadro. Veremos, naqueles que se seguem, que as maneiras de codificar esta informação são múltiplas: assim, não se deve julgar prematuramente se introduzir a codificação é pertinente ou não, e sim permitir que as crianças apliquem suas ideias até o final, examinando, em seguida, o interesse da representação por elas elaborada.

Posteriormente, pode-se solicitar uma forma de verificar se os serviços foram repartidos de maneira equitativa...

Outra opção é propor uma tabela cuja estrutura evolui no decorrer do ano, evidenciando assim o fato de que não existe um único tipo de quadro de dupla entrada, mas vários, e que é sempre necessário perguntar-se acerca da maneira de explorar as informações aí codificadas.

Por exemplo, para indicar em que dia da semana determinada equipe deve responsabilizar-se por uma certa tarefa:

	segunda-feira	terça-feira	quinta-feira	sexta-feira
equipe vermelha	lanche	plantas	peixes	apontador de lápis
equipe azul	apontador de lápis		lanche	plantas
equipe preta	plantas	peixes	ap. de lápis	
equipe verde		lanche	plantas	peixes
equipe amarela	peixes	apontador de lápis		lanche

ou então, organizando as mesmas informações de outra maneira:

	equipe vermelha	equipe verde	equipe azul	equipe amarela	equipe preta
lanche	segunda-feira	terça-feira	quinta-feira	sexta-feira	
plantas	terça-feira	quinta-feira	sexta-feira		segunda-feira
peixes	quinta-feira	sexta-feira		segunda-feira	terça-feira
apontador de lápis	sexta-feira		segunda-feira	terça-feira	quinta-feira

lanche	segunda-feira	terça-feira	quinta-feira	sexta-feira
equipe vermelha	X			
equipe verde		X		
equipe azul			X	
equipe preta				
equipe amarela				X

plantas	segunda-feira	terça-feira	quinta-feira	sexta-feira
equipe vermelha		X		
equipe verde			X	
equipe azul				X
equipe preta	X			
equipe amarela				

Utilizar estes quadros não apenas para saber quem faz o que, mas também para obter outras informações, como: Há uma tarefa para cada grupo? Há atividades que necessitam de diversos grupos?, etc.

ATIVIDADE 53

Outros quadros de dupla entrada

Jardim B, Segundo Ciclo

Intenções pedagógicas
– identificar e nomear as propriedades de um objeto;
– utilizar de forma conjunta diversos critérios de classificação;
– organizar dados para facilitar a sua interpretação.

Material
– painel para servir de suporte;
– n ilustrações referentes a p objetos;
– p ilustrações contendo um objeto ou o código das propriedades ou uma coleção de objetos;

– $n \times p$ ilustrações da reunião de um dos objetos das n ilustrações com um dos objetos das p ilustrações, ou ainda um dos quatro objetos ou outro objeto que lhes seja semelhante.

Aplicação

Mencionamos este material *(Buma Toys,* da Celda; por exemplo, "as direções", "completar", "as posições", "cores e formas"), porque certas classes têm acesso a ele. Sem dúvida, sua origem é a família de quadros de dupla entrada, mas funciona por uma lógica completamente diferente da que observamos nas fichas precedentes.

A sua análise efetivamente é difícil, ainda mais por tratar-se de quadros quadrados, nos quais $n = p = 4$. Revela-se especialmente árduo, até mesmo para os adultos, explicitar a regra de organização do quadro. Assim, é conveniente esperar que as crianças estejam familiarizadas com diversos tipos de quadros de dupla entrada "clássicos", como os que mencionamos nas fichas anteriores, antes de propor quadros desse novo tipo. Além disso, não deve ser obrigatório que todas as crianças da classe lidem com eles: seria melhor reservá-los a classes do Segundo Ciclo do Jardim B, para as quais se podem propor pesquisas um pouco mais complexas sem riscos.

QUADRO-RESUMO

Designação e Codificação

- Codificação de um objeto - Codificação de uma propriedade - Codificação de uma relação entre objetos

Maternal	Jardim A	Jardim B
– **utilizar** (na leitura, e eventualmente na escrita) diferentes técnicas para representar objetos;	– **utilizar** (na leitura, e eventualmente na escrita) diferentes técnicas para representar objetos;	– **utilizar** (na leitura, e eventualmente na escrita) diferentes técnicas para representar objetos;
– **utilizar** (na leitura, e eventualmente na escrita) diferentes técnicas para marcar um ou diversos objetos (reais ou representados).	– **utilizar** (na leitura, e eventualmente na escrita) diferentes técnicas para marcar um ou vários objetos (reais ou representados);	– **utilizar** (na leitura, e eventualmente na escrita) diferentes técnicas para marcar um ou vários objetos (reais ou representados);
	– **representar** pelo menos um elo entre objetos (propriedade comum, relação...);	– **representar** um elo entre objetos (propriedade comum, relação...);
	– **representar** um deslocamento (*a posteriori*);	– **representar** um deslocamento (*a posteriori*);
	– **decodificar, codificar** um percurso;	– **decodificar, codificar** um percurso;
	– **representar** uma cronologia;	– **representar** uma cronologia;
	– **ler e utilizar** gráficos em forma de árvores.	– **antecipar** um deslocamento e codificá-lo;
		– **ler e utilizar** gráficos em forma de árvores;
		– **ler e utilizar** quadros de dupla entrada.

Sequências e algoritmos

| Sequências .... 103 |
| Algoritmos .... 104 |
| Sequências ou algoritmos .... 104 |

Sequências

Uma sequência de elementos de um conjunto E é uma função de uma parte do conjunto N dos números inteiros naturais sobre E. Formulado mais intuitivamente, é uma maneira de determinar uma ordem total sobre E, na qual cada elemento ocupa uma posição bem precisa; em outras palavras, se não procurarmos uma definição rigorosa, pode-se considerar uma sequência como um "conjunto ordenado".

Observação: uma sequência é definida pela função dada; não é suficiente fornecer os seus primeiros termos.

Exemplo: Como você daria prosseguimento a uma sequência que começasse assim:

01 – 12 – 23 – 34 – 45 – 56 – 67?

Encontre pelo menos cinco termos que lhe pareçam convenientes. Nossa experiência demonstrou que, nos grupos de professores em formação, obtém-se geralmente três tipos de respostas:

78 – 89 – 90 – 01 – 12;
78 – 89 – 910 – 1011 – 1112;
78 – 89 – 100 – 111 – 122.

Os autores das respostas do primeiro tipo leram (pois oferecemos a sequência por escrito, insistindo para que ninguém a lesse em voz alta) *"zero, um; um, dois; dois, três..."*, e assim, uma vez chegados ao final da lista de algarismos disponíveis, retomaram o zero.

Os autores das respostas do segundo tipo têm a mesma verbalização, mas consideram zero, um, dois, três... como números, e não como algarismos; portanto, depois de *"oito, nove..."* eles prosseguem a enumeração de dois inteiros consecutivos, o que dá *"nove, dez"*, e depois *"dez, onze"*, etc.

Os autores de respostas do terceiro tipo leram os números *"um, doze, vinte e três..."* e perceberam um dado regular: obtém-se o número seguinte somando onze ao precedente.

Estas três estratégias são perfeitamente coerentes, ainda que não sigam a mesma regra. Não há qualquer razão para declarar que uma delas é mais "lógica" do que a outra.

Algoritmos

O termo *algoritmo* tem origem no nome do matemático árabe Muhamad Ibn Musa, apelidado Al Khwarismi, que viveu no Ouzbekistan no século IX. Como se vê, não há qualquer relação entre esta palavra e a que designa o *ritmo*.

Um algoritmo é uma sequência finita de ações elementares que permitem resolver uma determinada classe de problemas. Por exemplo: *para fritar um bife, é preciso contar com uma fonte de calor, um recipiente de fundo plano, uma matéria gordurosa e uma fatia de carne. Pôr a fonte de calor para funcionar, colocar sobre ela o recipiente de fundo plano e nele derreter a gordura; quando o recipiente estiver quente, colocar dentro dele a fatia de carne, esperar um pouco, virar de lado o pedaço de carne, esperar um pouco e servir.* Esta receita para iniciantes responde à definição de um algoritmo (evidentemente não repetitivo, pois, se você voltar a virar o pedaço de carne, parece que você será considerado um mau cozinheiro!):

– é fornecido um número finito de ações elementares;

– elas devem ser executadas dentro de uma ordem precisa (se você colocar a gordura depois da fritura, ou no princípio da operação, o resultado não terá o mesmo sabor): trata-se, portanto, de uma sequência de ações elementares;

– elas permitem resolver uma classe de problemas: manipulando algumas adaptações menores subentendidas dentro do *esperar um pouco*, você pode não apenas fritar um bife, mas também uma costela, uma costelinha de porco, um escalope de vitela ou uma costeleta de carneiro...

Nas classes do Ensino Fundamental, aprende-se ainda o algoritmo da adição *(...eu coloco... e eu conservo...)* e outras operações aritméticas elementares; no Segundo Grau, aprende-se o algoritmo da extração das raízes de uma equação de segundo grau... Os profissionais de Informática estão constantemente trabalhando para criar algoritmos para a redação de seus programas de computadores.

Sequências ou algoritmos

Um algoritmo é repetitivo quando retoma indefinidamente a mesma sequência de ações elementares. Uma sequência é repetitiva quando se pode isolar um motivo (uma célula geradora) que se reproduz indefinidamente, sempre idêntica (uma sequência repetitiva é uma faixa obtida por translações).

Um algoritmo é recursivo quando uma sequência de ações elementares é retomada regularmente com uma transformação constante de uma etapa para a seguinte.

Exemplos de sequência recursiva:
* ◊ ◊◊ ◊◊◊ ◊◊◊◊ ◊◊◊◊◊◊◊◊.
* a sequência dos números inteiros escritos com algarismos.

Observação importante: uma mesma sequência pode ser obtida graças a diversos algoritmos diferentes. Por exemplo, para obter a sequência repetitiva O ◊ O ◊ O ◊ O ◊ O ◊, pode-se alternar um círculo e um losango, ou desenhar a princípio todos os círculos, deixando entre eles um espaço, e depois inserir os losangos nos espaços, à razão de um losango para cada espaço entre círculos.

O trabalho com as sequências, no início não repetitivas, e depois definidas pela reprodução de uma célula geradora, e posteriormente pela transformação regular da célula geradora (sequências recorrentes, que podem ser abordadas no Jardim A, ainda que sejam mais pertinentes para o Jardim B), oferecem uma oportunidade de pôr em evidência a possibilidade de planejar de maneiras diferentes a realização de um trabalho cujo resultado pode ser facilmente antecipado. É também a ocasião de *começar a (...) identificar, analisar e corrigir os seus erros* (competências metodológicas e métodos de trabalho, Ciclo 1).

ATIVIDADE 54

Sequências produzidas por um algoritmo não repetitivo

Maternal – Jardim A – Jardim B

Intenção pedagógica
Saber reproduzir uma sequência finita gestual, auditiva ou visual.

Material (etapa 2)
– contas e fios (etapa 2),
– instrumentos musicais de percussão *sobre pés* (etapa 3).

Aplicação
Trata-se aqui, para o professor, de verificar (ou de exercer) a capacidade de reproduzir uma sequência sem modificar a sua ordem: a tarefa se refere ao mesmo tempo às competências relativas à cronologia, à percepção da anterioridade de um acontecimento em relação a um outro. As atividades propostas não apresentam uma competição real para as crianças, mas o prazer do movimento ou da manipulação geralmente é suficiente para garantir a sua adesão ao jogo.

* **Etapa 1:** *sequências gestuais (Maternal, Jardim A e Jardim B).*
Trabalho coletivo ou em pequenos grupos na sala de atividades motoras.
Após muitas sessões de formação de pares gestuais (ver a atividade 26), o professor propõe uma nova instrução: *vou fazer diversos gestos em sequência; vocês esperam que eu dê o sinal e repetem estes gestos, exatamente como eu os fiz.* Começar com dois gestos, amplos e simétricos, escolhidos dentre o repertório já conhecido pelas crianças. Prosseguir com gestos menos amplos, mas sempre simétricos, e aumentar progressivamente o número de gestos efetuados em sequência. Esta atividade pode ser realizada desde o Maternal, e até mesmo com crianças de apenas dois anos de idade.

- **Etapa 2:** *fazendo colares de contas (Maternal, Jardim A e Jardim B)*
  Trabalho a ser realizado em um *cantinho*. Após diversas sessões de enfiar contas sem que tenha havido maiores obstáculos, visando unicamente ao desenvolvimento da motricidade fina, o professor introduz um modelo não repetitivo (se o brinquedo "Ritmos e Contas" Nathan estiver disponível, utilizar, por exemplo, as fichas 6 e 7) e curto (seis a dez contas) preparado previamente ou montado por uma das crianças, e pede que façam o mesmo colar. Assim que cada criança montar o seu, comparam-se todos entre si e com o modelo. A instrução dada foi respeitada? Como se pode verificar isto? Quais são as alterações em relação ao modelo? Utilizar vocabulário que inclua termos como antes, depois, entre (em evocação de desenvolvimento no tempo, mais do que referência espacial).

- **Etapa 3:** *segundo jogo do Eco*
  Trabalho análogo, porém na área do som, com a classe inteira ou em grupos, segundo o costume do professor, e com instrumentos musicais que não precisem ser sustentados manualmente (por exemplo, lâminas sonoras, xilofones ou metalofones, címbalos fixos em um pedestal, etc). Antes de iniciar esta atividade, é preciso que as crianças já tenham treinado bastante a atenção auditiva, através dos jogos de *Kim* sonoro (ver ficha nº 7) e formação de pares sonoros (ver ficha de atividades n° 28). Este exercício pede da maior parte das crianças atenção e concentração, razão pela qual elas precisam ter as mãos livres: de fato, segurar nas mãos certos instrumentos, como, por exemplo, o triângulo, desvia a atenção de muitas crianças, retirando a sua disponibilidade para a sequência de notas; além disso, a passagem de uma nota a outra impõe uma mudança de instrumento.

  O organizador do jogo, professor e depois criança, produz um motivo sonoro simples, que uma das crianças deve reproduzir logo em seguida, como se fosse um eco.

  Por exemplo:

em um xilofone do qual se conservaram somente as lâminas Dó1, Sol, Dó2, bem isoladas:

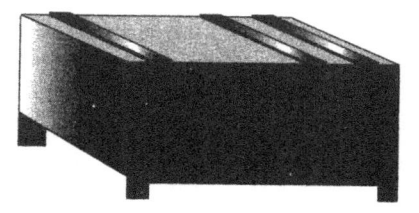

Pode-se eventualmente repetir um som imediatamente,

ou após um outro som:

Pode-se então tornar mais complexa a sequência sonora, a princípio limitando a variedade de instrumentos a utilizar, como, neste caso, com o xilofone reduzido já utilizado:

e depois propondo diversos instrumentos.

Se não se dispõe de instrumentos musicais, podem-se utilizar instrumentos de percussão caseiros, tais como caixas de papelão, latas ou outros materiais, garrafa de vidro preenchida com água em diversos níveis, e um bastão de madeira pode servir de baqueta.

Após cada reprodução, discussão para comparar o que foi feito. Contrariamente aos colares de contas, não é mais possível uma comparação efetiva termo a termo; a argumentação vai referir-se à evocação dos acontecimentos memorizados.

ATIVIDADE 55
Sequências não repetitivas e algoritmos

Sequências não repetitivas que podem ser produzidas por diversos algoritmos
Jardim A – Jardim B

Intenção pedagógica
Saber reproduzir uma sequência finita visual (sentido cromático e estereognóstico).

Material
– Jogo para duas crianças: fichas quadradas de cores variadas e suporte com modelo de sequência não repetitiva, e saquinho de tecido opaco para conter as peças. Deve haver mais fichas de cada cor do que as necessárias para preencher o modelo (etapa 1).

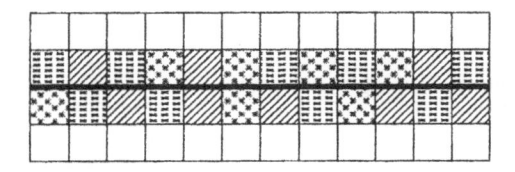

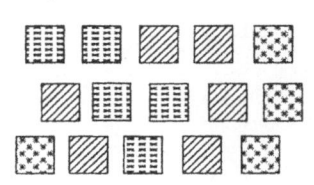

– Elementos de jogo de construção.
Se as crianças lidam com facilidade na atividade da etapa 1, não será necessário preparar mais do que dois ou três elementos diferentes de construção (formas e cores diferentes) e um recipiente (caixa, saco ou baldinho) para guardá-los (etapa 2).
– Etiquetas adesivas (etapa 3) e fichas com modelos de sequências não repetitivas.

Aplicação

- **Etapa 1:** *jogo dos "Ritmos e dos Peões"*
  Ateliê para duas crianças. Oferecer um suporte-modelo de sequência não repetitiva e o saquinho contendo as peças quadradas. Cada um dos dois jogadores por sua vez tira uma peça do saquinho e o coloca sobre a sua tira, em frente a uma casa da cor tirada. Se não houver mais casa a preencher da cor tirada, passa-se a vez.
  Vence aquele que terminar de preencher primeiro a sua tira.
  O principal interesse deste jogo é de evidenciar que existem diversas maneiras de realizar uma sequência finita dada (aqui, determinada pelo acaso, quando se tiram as fichas de dentro do saco).

- **Etapa 2**
  Trabalho individual num "cantinho", ou ateliê para duas ou três crianças.
  Preparar uma sequência finita não repetitiva com a ajuda dos elementos de um jogo de construção. Pedir às crianças que reproduzam esta sequência. Quando o trabalho estiver terminado, fazer com que elas verbalizem acerca da maneira como procederam, e, se for o caso, suscitar propostas para outras maneiras de realizar a sequência (é preciso que as crianças se conscientizem de que não é absolutamente necessário começar pelo elemento à esquerda, prosseguir com o segundo, etc., e sim que o importante é respeitar as posições relativas dos elementos entre si), procurar eventuais erros, e levar a criança a identificá-los e a corrigi-los.
  Observação: os elementos do jogo de construção podem ser colocados bem juntos ou ligeiramente separados uns dos outros.

- **Etapa 3:** *sequência de etiquetas adesivas*
  Trabalho individual à parte, em um *cantinho*. Fornecer à criança um modelo e as etiquetas.

- **Etapa 4:** *reprodução de uma sequência desenhada (Jardim B)*
  Trabalho individual no "cantinho". Fornecer um modelo para a criança, assim como lápis de cor. Contrariamente às etiquetas adesivas, que permitem manipulação antes da colagem, aqui a criança não tem nenhuma possibilidade de realizar tentativas antes de decidir-se. Esta atividade requer muita concentração e não pode se realizar sem um ambiente calmo.

ATIVIDADE 56

Sequências repetitivas

Sequências repetitivas produzidas por um ou diversos algoritmos

Intenções pedagógicas

– saber reproduzir uma sequência repetitiva gestual, auditiva ou visual;
– saber identificar uma célula geradora de uma sequência repetitiva;
– saber utilizar um algoritmo para construir a sequência engendrada por repetição de um motivo simples, visual, auditivo ou gestual;
– saber produzir um motivo arbitrário, visual, auditivo ou gestual, e a sequência infinita engendrada por repetição deste motivo.

Material

– Jogo para duas crianças: suporte com modelo de sequência repetitiva e peças quadradas combinando, e saquinho de tecido opaco para conter as fichas; deve haver mais fichas de cada cor do que o necessário para preencher o modelo (etapa 1).

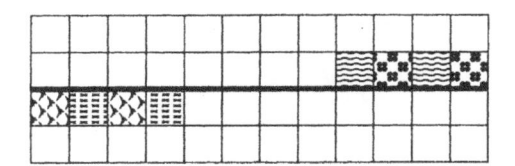

Começar com sequências repetitivas constituídas por uma alternância de duas cores, e depois propor três. Podem-se então diversificar os modelos, utilizando desenhos de formas e cores diferentes.

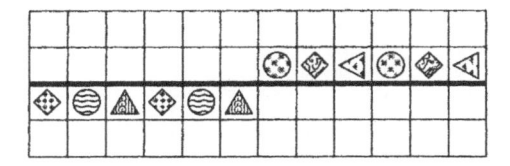

Podem-se planejar tiras de controle, a fim de tornar o jogo autocorretivo.
– Elementos de um jogo de construção (formas e cores diferentes), blocos lógicos ou qualquer outro material de triagem e classificação com poucos atributos, facilmente identificáveis, e um recipiente (caixa, bacia, balde) para guardá-los (etapa 2).
– Material sonoro (ver ficha de atividades nº 54) (etapa 3).
– Grades para servir de suporte à montagem de sequências, com os elementos móveis correspondentes: uma fileira com um número de casas seis a dez vezes maior que o motivo de base visado (uma grade com trinta casas é adequada para motivos de três a cinco elementos); a dimensão das casas deve ser determinada pelo tamanho do material utilizado.
Exemplo de material para um ateliê de três crianças, uma delas munida de círculos pretos, outra de quadrados verdes e a terceira de "Ts" amarelos:

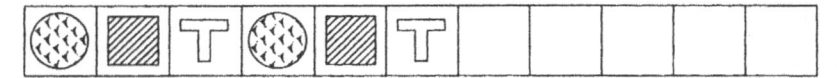

– Etiquetas adesivas (etapa 5) e fichas com início de sequências repetitivas.

Aplicação

- **Etapa 1:** *jogo "Ritmos e Peões"*
Ateliê de duas crianças. Oferecer um suporte modelo de sequência repetitiva e o saco contendo as fichas quadradas. Mesma atividade já realizada com as sequências não repetitivas. Fazer com que cada criança explique a regra que seguiu, e avaliar o resultado em função da coerência entre a produção e a regra enunciada pela criança.

- **Etapa 2**
Trabalho individual no *cantinho*, ou ateliê com duas ou três crianças.
Preparar o início de uma sequência repetitiva com a ajuda dos elementos de um jogo de construção. Pedir às crianças que continuem a posicionar os elementos da mesma forma que o princípio dado. Também aqui, fazer com que elas verbalizem as regras que seguiram antes de avaliar o que produziram. Isto pode ser feito no momento de divulgar para todo o grupo uma espécie de relatório, se o trabalho foi realizado simultaneamente por diversas crianças. Neste caso, cada uma delas explica o que atribuiu a si própria como instrução (é indispensável fazer com que seja explicitada a regra percebida pelas crianças, pois matematicamente não é suficiente

dar os primeiros termos de uma sequência para determinar os termos seguintes), e a maneira pela qual procedeu para terminar a sequência. Discussão a seguir acerca do respeito à instrução enunciada.

• **Etapa 3:** *sequências repetitivas gestuais e sonoras*
O líder do jogo repete indefinidamente uma célula rítmica de gestos, de percussões corporais ou de sons: à medida que as crianças identificam o motivo gerador, elas se unem ao líder na sua movimentação.

• **Etapa 4:** *jogo de alternâncias*
Trabalho na forma de ateliê para duas ou três crianças: o ateliê comporta exatamente o número de crianças correspondente ao de elementos do motivo de base escolhido, e cada criança se encontra munida de um único tipo de elemento. Instrução: "termine a faixa da mesma maneira pela qual ela foi começada". Diversos métodos são possíveis para isso: assim, além da estratégia na qual cada um coloca seu peão por vez, pode-se ver aparecer outro algoritmo: a primeira criança posiciona todos os seus peões deixando vagos o número conveniente de casas, depois o seguinte procede da mesma maneira, etc.

• **Etapa 5:** *colagem de etiquetas adesivas* **a realizar com uma grade na qual uma sequência foi começada.**
Esta atividade pode servir como avaliação. Sempre fazer com que seja explicada a instrução seguida pela criança antes de decidir se a sequência repetitiva foi ou não corretamente trabalhada.

• **Etapa 6:** *criação de sequências repetitivas pelas crianças*
Utilizando os dispositivos das etapas 2, 3, 4 e 5, mas sem fornecer o modelo, pedir às crianças que realizem uma sequência repetitiva. Por ocasião do relatório ao grupo, pedir que seja detalhada a célula geradora escolhida no princípio, e fazer com que seja explicada a maneira como a sequência teve prosseguimento.

ATIVIDADE 57

Sequências recorrentes

Intenções pedagógicas
– saber dar prosseguimento a uma sequência recorrente gestual, auditiva ou visual;
– saber identificar uma célula geradora e a função de transformação de uma sequência recorrente;
– saber utilizar um algoritmo para construir a sequência recorrente engendrada por um motivo e uma transformação simples, sejam gestuais, auditivos ou visuais;
– saber produzir uma sequência recorrente.

Material
O mesmo da ficha anterior.

Aplicação

• **Etapa 1:** *sequências gestuais recorrentes*
Logo após um trabalho acerca das sequências gestuais, o professor produz uma sequência não repetitiva, mas recorrente; por exemplo, mãos sobre a cabeça, bater palmas, mãos sobre a cabeça, bater palmas, bater palmas, mãos sobre a cabeça, bater palmas, bater palmas, bater palmas.

Quando as crianças forem capazes de acompanhar corretamente este tipo de sequência, pedir-lhes que representem os seus gestos (ter papel cartaz à mão). Assim, se o código adotado para "mãos sobre a cabeça" for O e para "bater palmas" for /, a codificação da sequência precedente será
O / O / / O / / /.
A análise das codificações propostas por cada criança ou grupos de crianças fornece, conforme a necessidade e após discussão e correção, sequências recorrentes *visuais*.

- **Etapa 2**
  Análoga à etapa 2 da ficha de atividades nº 56.
- **Etapa 3:** *sequências sonoras recorrentes.*
  Mesmo procedimento adotado para as sequências sonoras repetitivas.
- **Etapas 4, 5, 6**
  Similar às etapas 4, 5 e 6 da ficha precedente.
  Não esquecer o algoritmo da numeração escrita, que merece que um período de tempo significativo lhe seja dedicado.

Sobre o bom uso dos quadros de conteúdos propostos neste livro

Estes quadros ou tabelas não constituem um programa, no sentido de um conjunto de objetivos que devam ser atingidos no final de cada ano de Escola Infantil. A divisão de acordo com os três anos corresponde a níveis médios, mas pode variar sensivelmente de uma classe para outra, em função das crianças, dos meios disponíveis, do efetivo da classe, do que foi feito nas classes anteriores...

Os temas foram escolhidos em função de sua capacidade de propor um panorama o mais amplo possível daquilo que se sabe hoje ser possível realizar na Escola Infantil, de sua validade para o desenvolvimento cognitivo das crianças e, portanto, no prosseguimento de seus estudos. A quantidade aparente não se destina a sobrecarregar as crianças, mas sim a enriquecer suas aulas práticas, ao sugerir temas que de outra forma provavelmente não seriam abordados, e levando a diversificar as atividades, isto é, a variar de um ano para outro os temas escolhidos (5).

QUADRO-RESUMO

Sequências

- Reprodução de uma sequência finita.
- Repetição de um motivo simples (sequência repetitiva).
- Repetição com transformação (sequência recorrente).
- Aplicações diversas: contas, etiquetas adesivas, faixas para colorir, encaixe de peças planas, recorte de fileiras de bonequinhos em uma dobradura de papel, ritmos sonoros.

Maternal	Jardim A	Jardim B
– **reproduzir** uma sequência finita de objetos; – **identificar** a célula geradora de uma sequência repetitiva; – **construir** a sequência infinita criada pela repetição de um motivo simples.	– **reproduzir** uma sequência finita visual (objetos diversos, colagens, grafismos, desenhos para colorir), auditiva, gestual; – **identificar** a célula geradora de uma sequência repetitiva; – **construir** a sequência infinita criada pela repetição de um motivo simples; – **memorizar** um motivo simples visual, auditivo, gestual, e dar prosseguimento à sequência infinita criada pela repetição deste motivo; – **construir** um motivo arbitrário visual, auditivo, gestual, e a sequência infinita criada pela repetição deste motivo.	– **reproduzir** uma sequência finita visual (objetos diversos, colagens, grafismos, desenhos para colorir), auditiva, gestual; – **identificar** a célula geradora de uma sequência repetitiva; – **construir** a sequência infinita criada pela repetição de um motivo simples; – **memorizar** um motivo simples visual, auditivo, gestual, e dar prosseguimento à sequência infinita criada pela repetição deste motivo; – **construir** um motivo arbitrário visual, auditivo, gestual, e a sequência infinita criada pela repetição deste motivo; – transformar uma sequência repetitiva; – rosáceas (sequências obtidas por rotação); – encaixes de peças planas (sequências obtidas por dupla translação).

QUADRO-RESUMO

Atividades lógicas

- Reconhecimento de critérios diversos.
- Comparação e formação de pares.
- Triagem e classificação.
- Seriações e organizações.
- Gráficos ramificados (árvores).
- Quadros de dupla entrada.

Os critérios escolhidos devem vincular-se aos campos sensoriais mais variados e, em especial, devem evitar referir-se exclusivamente ao domínio da visão.

Maternal	Jardim A	Jardim B
– **isolar, reconhecer e nomear** as propriedades de um objeto.	– **isolar, reconhecer e nomear** as propriedades de um objeto;	– **isolar, reconhecer e nomear** as propriedades de um objeto;
	– **codificar** uma propriedade de um objeto.	– **identificar e codificar** uma propriedade de um objeto.
– **formar uma coleção** em função de uma propriedade dada (triagem);	– **formar uma coleção** em função de uma propriedade dada; – dada uma coleção, saber reconhecer a "relação coletivizante"	– **formar uma coleção** em função de uma propriedade dada e representar esta ação; – dada uma coleção, saber reconhecer a "relação coletivizante";
– **realizar** uma classificação;	– **identificar** os valores de um critério de classificação; – **conquistar** a noção de critério de classificação; – **encontrar e reconhecer** diversos atributos (valores) de um mesmo critério de classificação, e realizar a classificação correspondente (critério simples ou duplo); – **determinar** um critério de classificação.	– **identificar** os valores de um critério de classificação; – **conquistar** a noção de critério de classificação; – **encontrar e reconhecer** diversos atributos (valores) de um mesmo critério de classificação; – **determinar** um critério de classificação e realizar esta classificação conforme um critério simples ou duplo; – **compreender** a transitividade da equivalência.
– **comparar** dois elementos;	– **comparar** dois elementos	– **comparar** dois elementos;
– **distinguir** o "menor" e o "maior" em uma sequência ordenada por tamanho;	– **distinguir** o "menor" e o "maior" em uma sequência ordenada por tamanho;	– **distinguir** o "menor" e o "maior" em uma sequência ordenada por tamanho;
– **completar** sequências ordenadas de 3 ou 5 elementos (diversos tipos de critérios de arranjo: por tamanho uni-, bi- ou tridimensional, de massa segundo outros domínios sensoriais).	– **completar** sequências ordenadas; – **montar** sequências ordenadas; – **codificar** sequências ordenadas utilizando números ordinais (até 5); – **reestabelecer** a ordem de uma série desordenada.	– **completar** sequências ordenadas; – **montar** sequências ordenadas; – **codificar** sequências ordenadas utilizando números ou ordinais (até 5 ou mais); – **reciprocidade** de duas sequências ordenadas; – **reestabelecer** a ordem de uma série desordenada; – **compreender** a transitividade da ordem.

Nota histórica

A teoria dos conjuntos é relativamente recente, datando do século passado. Já no século XVI, Leibniz (1646-1716), matemático e filósofo alemão, buscava um sistema que permitisse formalizar a linguagem e o pensamento. Depois, vieram George Boole (1815 – 1864), matemático inglês e criador da lógica contemporânea, a álgebra de Boole e a teoria dos conjuntos.

Georg Cantor (1845-1918), matemático alemão de origem russa e Richard Dedekind (1831-1916), matemático alemão, tornaram mais precisa a noção de conjunto e trabalharam sobre a teoria dos conjuntos.

Augustus de Morgan (1806-1878), matemático inglês, introduziu a noção de relação em um conjunto, definindo as suas propriedades. A Giuseppe Peano (1858 –1932), matemático italiano, devemos a noção de relação de equivalência, de 1894.

A primeira tentativa de levantar as propriedades essenciais da relação de ordem deve-se a Charles Sanders Peirce (1839-1914), filósofo e lógico americano, em 1881, tema retomado por Cantor alguns anos mais tarde.

Em 1903, Bertrand Russel (1872-1970), filósofo e lógico britânico, levantou o problema da definição do que é ordem. Ele trabalhou também com o problema das notações. Seu primeiro texto, "Os Princípios da Matemática" (1903), constituiu uma primeira formulação da sua teoria do "logicismo", que admite a existência de objetos imaginários e fantásticos, tanto quanto a dos números.

Como vimos, a lógica e a teoria dos conjuntos interessaram tanto aos matemáticos quanto aos filósofos no decorrer dos séculos XIX e XX. Foi de sua contribuição comum que puderam ser extraídas as noções de que nos utilizamos atualmente.

NOTAS

1. Não entraremos aqui na distinção entre sensação, que designa o efeito produzido pela estimulação das células que constituem os receptores periféricos, e percepção, que "atribui uma significação à fonte responsável pela sensação", A. Weil-Barais *et al.*, *O Homem Cognitivo*, Gráficas Universitárias da França, 1993.
2. Weil-Barais, *op. cit.*
3. A. Tomatis, *O Ouvido e a Linguagem*, Seuil, Col. Pontos, 1978, p. 145.
4. L. Chambadal, *Dicionário de Matemática Moderna*, Larousse, 1969.
5. Estas tabelas foram elaboradas a partir das listas de objetivos estabelecidos por R. Palanque *et al.*, *Dossiês Pedagógicos PREPA-MATH*, Hachette, 1988.

3

Situando-se no Espaço

*E*sta parte trata da localização no espaço e também da espacialização. Diversas fichas permitirão conduzir o trabalho sobre o traçado de retas e de figuras simples no nível de Jardim B.
Materiais e jogos variados permitem numerosas atividades com figuras planas simples. Um trabalho específico com transformações geométricas (simetria, translação, etc.), apoiado em materiais encontrados no comércio, oferece uma progressão rumo aos sólidos. Todas estas atividades devem ser detalhadas de acordo com o nível ao qual se destinam.

SUMÁRIO
Conhecimento geral do espaço 116
Geometria 130

Conhecimento geral do espaço

> Uma representação simples do espaço topológico 116
> Modificar as representações da criança 117
> Notas acerca das diferentes geometrias 118
> A indispensável aplicação da imagem corporal 119

A Topologia é o estudo das propriedades do espaço que permanecem constantes por uma transformação contínua, isto é, de deformações que conservam nos elementos do conjunto as noções de interior, exterior, de aberto e fechado, de proximidade, e que conservam o mesmo número de "buracos" de um elemento, assim como o mesmo número de pontos de interseção entre duas linhas.

Na Escola Infantil trata-se somente do estudo intuitivo destas noções. Contudo, mesmo que outras matérias tratem do conhecimento do espaço, as atividades geométricas permitem às crianças uma abordagem do espaço diferente da que ocorre em Educação Física ou em Geografia. As atividades propostas preparam a criança para a abstração, generalizando as noções abordadas e apresentando-as sob outro ângulo. Além disso, permitem uma iniciação ao raciocínio e à formulação de hipóteses. É importante utilizar as experiências adquiridas pelas crianças no decorrer de outras atividades não matemáticas, mas o ensino da Matemática tem uma determinada especificidade e exigências particulares. As outras disciplinas não podem substituir este tipo de atividades, mesmo quando são igualmente necessárias e úteis para a formação da criança.

Transformação geométrica

> Define-se uma transformação no espaço:
> – quando se estabeleceu uma correspondência que associa a cada ponto do espaço uma imagem, e somente uma;
> – quando qualquer ponto do espaço pode, por sua vez, ser imagem de um ponto deste espaço, e somente de um.
> Certas transformações conservam as formas e as medidas (são isometrias); outras conservam somente as formas; e outras modificam formas e medidas.

Uma representação simples do espaço topológico

A fim de formar uma ideia para nós mesmos deste espaço, podemos imaginar o plano como um pedaço de tecido elástico. Desenha-se, por exemplo, sobre este pedaço a seguinte figura (parte do espaço):

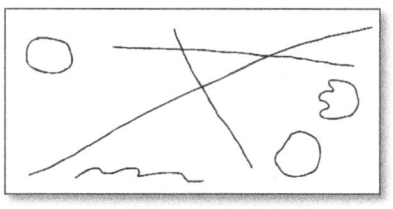

Figura nº 1

e dentro dele fazemos dois orifícios, como indicado no esquema. Então, puxa-se o tecido elástico em todas as direções. De cada deformação se obtém uma figura equivalente à figura 1 do ponto de vista topológico. Continuamos tendo o mesmo número de orifícios, o mesmo número de pontos de interseção entre os traços, as linhas abertas e fechadas se conservam assim, a proximidade dos dois orifícios é igualmente conservada, etc. Mas as retas podem se transformar em curvas, e as curvas parecerem retas.

Modificar as representações da criança

Piaget demonstrou que a criança pequena estabelece a princípio uma abordagem topológica do espaço. Se, por exemplo, pede-se a ela que represente a figura nº 1, ela fará aproximadamente o seguinte desenho:

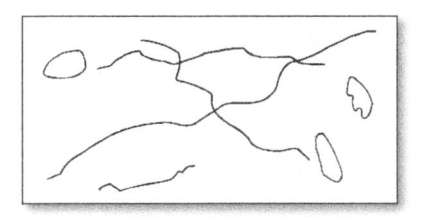

As propriedades topológicas da figura são conservadas, mas não as retas e nem os paralelismos, nem as medidas, e nem mesmo as relações entre as medidas.

No decorrer da escolaridade, será preciso levar a criança a gradualmente integrar todas as outras geometrias, tais como a de projeção, a mais sofisticada, a euclidiana e finalmente a métrica. Isto se fará mediante a utilização de diferentes representações do espaço. É importante que as crianças compreendam que uma representação não é boa ou má em si, mas que sua validade depende das informações que se deseja transmitir.

Notas acerca das diferentes geometrias

Recordemos brevemente as definições das diferentes geometrias, além da topologia.

Diversas geometrias são atualmente definidas. Uma geometria é formada por um conjunto e por um grupo de transformações que atuam sobre este conjunto.

Cada uma destas geometrias caracteriza-se pelos elementos que permanecem constantes devido às transformações definidas sobre o conjunto.

No espaço projetado, definem-se transformações que deformam os elementos, conservando o alinhamento dos pontos.

Esta é a geometria projetada. Quando tratamos somente de linhas retas, superfícies planas e traçado de retas, em geral se está falando de espaço projetado (geometria projetada).

Imagem

É a sombra de um objeto no chão. É também a geometria natural do olho e a da câmera fotográfica. Mas estamos tão acostu-	mados a reconstruir as nossas percepções, que já não nos damos conta disso.

No **espaço afim** definem-se as transformações que "esticam" ou "comprimem" os elementos, mas conservam o paralelismo das retas e a relação dos comprimentos dos segmentos cortados por paralelas nas retas secantes (axioma de Tales). Trata-se da geometria afim.

Quando nosso interesse é o paralelismo (quadriculado) e os valores das relações de comprimento (meio de um segmento), estamos dentro do espaço afim (geometria afim).

No **espaço euclidiano** definem-se semelhanças que aumentam ou diminuem os elementos conservando a sua forma, seus ângulos e as relações de comprimento dos segmentos. Trata-se da geometria das semelhanças.

Quando nosso interesse é a conservação dos ângulos e das relações de comprimento (plano em escala, ampliação e redução de figuras), encontramo-nos no espaço euclidiano (geometria das semelhanças).

No **espaço cartesiano** definem-se as isometrias que conservam as formas e as medidas. É a geometria métrica. Somente são alteradas a orientação, a posição e eventualmente o sentido das figuras.

Quando nosso interesse é a conservação das figuras e transformações tais como as translações (simetrias) e rotações (isometrias) que conservam formas e medidas, estamos no espaço cartesiano (geometria métrica).

Quando trabalhamos com figuras planas e sólidos estamos tratando de diversas geometrias, segundo o ponto de vista que estiver em foco.

A indispensável aplicação da imagem corporal

Todas estas noções são abordadas de forma simples na Escola Infantil, sempre partindo de atividades vivenciadas pelas crianças. De fato, a estruturação do espaço pela criança pequena somente poderá se formar de maneira adequada quando ela houver adquirido uma imagem mental correta de seu próprio corpo. Ora, para chegar a isto, se passa necessariamente por atividades pluridisciplinares referentes, entre outras coisas, pela motricidade, pelos trabalhos manuais e pelas atividades extraescolares realizadas no âmbito familiar. As atividades matemáticas propriamente ditas permitem à criança adquirir uma linguagem mais precisa e simbólica e utilizar diversas representações e códigos. Abordaremos a seguir a localização no espaço e no plano, após os deslocamentos dentro de grades, além de uma abordagem das formas geométricas simples no plano e no espaço. Por fim, iremos propor atividades com as transformações geométricas. A noção de medida somente será abordada após as atividades numéricas, para que as crianças já tenham algum conhecimento acerca de número. É evidente que certas noções podem ser abordadas paralelamente ou antes de outras. As fichas que se seguem fixam os conhecimentos prévios necessários à introdução das noções propostas, e o professor tem toda a liberdade para escolher qual ordem de introdução lhe é mais conveniente. Assim como nos outros capítulos, um quadro-resumo recapitula as noções a desenvolver de acordo com os diferentes níveis de Escola Infantil. Todas as atividades propostas para o Maternal são destinadas a crianças que tenham ao menos dois anos e meio.

ATIVIDADE 58

Topologia

Maternal — Jardim A — Jardim B

Intenções pedagógicas
Conscientizar acerca das noções de "sobre, sob, acima, abaixo, dentro, no alto, em baixo".

Para todas estas atividades e para qualquer dos níveis, se parte das vivências das crianças, utilizando amplamente as atividades motoras. A passagem para a escrita somente se dará com as crianças maiores e após a certeza de que as noções foram adquiridas efetivamente em situações vividas.

Aproveitar todas as oportunidades possíveis oferecidas em sala de aula para utilizar as noções de espaço e de localização no plano. Naturalmente, utilizar também todo o vocabulário ligado à espacialidade, a fim de que as crianças se familiarizem com ele; por outro lado, não exigir dos pequenos o domínio de todas estas palavras.

Informar os pais do trabalho em andamento, a fim de que eles também possam participar da aquisição destas noções por parte de suas crianças.

Aplicação

- **Etapa 1** *(Maternal – classe inteira)*
  Partir de um conto no qual sejam utilizadas marcações no espaço e diversos deslocamentos no plano. O professor narra a história utilizando, por exemplo, uma marionete para simular os deslocamentos e as posições do personagem do conto.
  Para as crianças menores, o professor pode utilizar revistinhas infantis. Olhando as ilustrações do livro, analisar as diferentes posições do personagem e utilizar o vocabulário adaptado: "sobre, sob, dentro, no alto, em baixo, etc.".

- **Etapa 2** *(Maternal – classe inteira)*
  Material: bancos, tamboretes, aros, etc.
  Na sala de motricidade, pede-se às crianças que representem o conto, que o professor narra novamente. Ele também pode representá-lo, juntamente com as crianças. A imitação feita pelo professor é uma forma de "impregnação" que pode ser necessária para as crianças com maiores dificuldades.
  Deixar bem claro o que representam os diferentes materiais utilizados (o aro representa a casa, etc.).
  Repetir este tipo de atividade em ateliê até que as crianças tenham realmente adquirido as noções citadas, isto é, até que elas possam representar sem qualquer ajuda as diferentes situações de espacialização.

Para os alunos do Jardim A

Intenções pedagógicas
Acrescentar às noções precedentes também as de atrás, à frente, mais próximo, mais distante...
Procede-se exatamente da mesma maneira que a anterior.

Para os alunos do Jardim B

Intenções pedagógicas
Acrescentar às precedentes as noções de *no interior, no exterior, entre, ao lado de, à direita, à esquerda*. A criança deve ser capaz de agir sem se sentir como referência central (em relação a algo, e não somente diante de si mesma) e de representar por escrito situações de espacialização. Repetir as etapas 1 e 2 mais rapidamente do que com o Maternal e o Jardim A.

Certificar-se de que as crianças distinguem bem a diferença entre sobre e sob, pois estas duas palavras diferem pouco quanto à sua sonoridade. O som que em francês diferença "dessus" e "dessous" inexiste em diversas línguas, tais como o italiano, o espanhol e o árabe, entre outras. Crianças que não falam francês em casa muitas vezes têm grande dificuldade para distinguir estas duas palavras. Podem conhecer muito bem a diferença entre as noções que elas exprimem, mas não conseguem pronunciar convenientemente as palavras correspondentes.
Neste caso, será preferível trabalhar estas noções associadas a elas gestos, no caso das crianças pequenas, e palavras escritas, no caso das maiores.

- **Etapa 3** *(Jardim B, em ateliê)*

Intenções pedagógicas
Representar uma situação de posição relativa no plano.
Após haver narrado e depois representado o conto, o professor pede às crianças que representem com um desenho as diferentes posições do personagem.
Pode-se utilizar a colagem de desenhos já feitos pelo professor, ou permitir que as crianças façam sua própria representação (a massa de modelar também pode ser utilizada). Uma ideia é fazer com que as crianças comentem as suas representações, para garantir que compreenderam de maneira correta o desenho.

ATIVIDADE 59

Aberto, fechado, interior, exterior, limite

Intenções pedagógicas *(Maternal, Jardim A e Jardim B, com toda a classe)*
Adquirir as noções de aberto e de fechado em situação vivida. (Estas noções não correspondem às noções de aberto e de fechado topológicas, mas servem para o conhecimento do espaço e em particular são muito úteis para o aprendizado da escrita).

Aplicação
Variar os tempos das sequências e o seu número em função da turma para a qual as atividades são propostas. Também aí, como precedentemente, aproveitar todas as situações do cotidiano para empregar o vocabulário. Quando as crianças estiverem bem acostumadas, organizar jogos no pátio, na sala de motricidade ou na sala de aula, que permitam ver se as crianças sabem distinguir uma linha aberta de uma fechada, além das noções de interior, de exterior e de limite.

- **Etapa 1** *(Maternal, Jardim A e Jardim B)*
  Material: folhas grandes de papel e canetas hidrográficas grossas de diversas cores.
  Traçar no chão e depois em folhas grandes que posteriormente poderão ser afixadas na sala de aula linhas abertas e fechadas (atentar para que as cores sejam empregadas indiferentemente para ambos os tipos de linhas). As crianças irão percorrê-las. O professor pergunta às crianças o que elas estão observando, e faz com que utilizem o vocabulário apropriado.

- **Etapa 2**
  Afixar na sala de aula os traçados de linhas abertas e fechadas já utilizados, assim como outros. Fazer com que as crianças os percorram com o dedo, aplicando o vocabulário adaptado à situação. Desta vez, as crianças não utilizam mais todo o corpo para conscientizar-se das noções transmitidas. Trata-se de uma primeira familiarização com a abstração, que permite às crianças começar a criar para si próprias evocações mentais para identificar as famílias de linhas a que chamamos de abertas ou de fechadas.

- **Etapa 3** *(Jardim A e Jardim B)*
  Esta etapa pode ser proposta a certas crianças de Maternal, sem contudo exigir delas o reconhecimento imediato das diversas linhas.
  Retomar o mesmo tipo de material e pedir que sejam identificadas as linhas abertas ou fechadas, simplesmente observando os desenhos. Desta vez, as crianças vão somente percorrer as linhas com os olhos. Terão então necessidade de fazer referência à evocação mental por elas criada. No Maternal e no Jardim A deve-se insistir para que as crianças primeiramente observem os desenhos, sem tocá-los. Assim que elas considerarem que reconheceram a figura, deixar-lhes a possibilidade de verificar, seguindo seu traçado com o dedo (ou com um objeto). No Jardim B, reservar a verificação com o dedo para as crianças com mais dificuldades, ou como modo de correção. Solicitar às demais uma justificação verbal.

- **Etapa 4** *(Jardim B)*
  Pedir às crianças que tracem (em ateliê) linhas abertas e fechadas utilizando o desenho, a colagem, o recorte, etc., para ilustrar uma situação vivida ou que lhes foi narrada.

ATIVIDADE 60

Interior, exterior, limite

Maternal — Jardim A — Jardim B

Intenção pedagógica
Adquirir as noções de interior, de exterior e de limite (somente Jardim A e Jardim B).

Aplicação

• **Etapa 1:** dentro de uma situação vivenciada *(Maternal, Jardim A e Jardim B, com a classe completa).*
Propor jogos de motricidade nos quais as crianças deverão se posicionar no interior ou no exterior de caixas de papelão, de cercados ou de qualquer outra linha fechada materializada.
Um exemplo é o jogo do peixe e da rede: algumas crianças formam a rede e materializam com seus corpos e braços estendidos uma linha fechada (roda). As outras crianças são os peixinhos.
Se a rede se rasga, a linha deixa de ser fechada, e os peixes podem escapar.
Terminar retomando as mesmas atividades com traços no chão.
Numa atividade assim deve-se distinguir bem com as crianças, dando os devidos descontos no emprego do horário escolar, a parte motora (o tempo de jogo) e a parte matemática (na qual se reflete e se verbaliza o que foi vivenciado).
Para as crianças do Jardim A e do Jardim B, utilizando cercadinhos e linhas fechadas, pode-se pedir que se posicionem no limite (isto é, entre o interior e o exterior).

• **Etapa 2** *(Jardim A e Jardim B)*
Com os mesmos materiais, solicitar às crianças que coloquem um objeto no interior ou no exterior de caixas, cercados, linhas fechadas.
Com os cercados e as linhas fechadas, pedir também que sejam colocados objetos no limite entre o interior e o exterior.

Escolher de preferência dois objetos bem distintos que as crianças conheçam e identifiquem facilmente. Evitar oferecer referências de cores enquanto não se estiver efetivamente assegurado da discriminação eficaz das cores por parte das crianças. Isto significa não dizer "coloque o lego vermelho no interior e o lego verde no exterior da linha fechada";
– *utilizar formas variadas como linhas fechadas e não unicamente círculos, principalmente no Jardim A e no Jardim B;*
– *não ter receio de utilizar desde o Maternal um vocabulário preciso e completo, mesmo que os pequenos não tenham ainda condições de reutilizá-lo corretamente;*
– *ousar propor situações mais complexas às crianças, lembrando sempre que o importante é graduar as dificuldades.*

• **Etapa 3** *(Jardim A e Jardim B, em atelier)*
O professor coloca objetos no interior, no exterior ou no limite de cercados ou de linhas. As crianças devem dizer o nome do que está no interior, no exterior ou sobre o limite, sem manipular os objetos,
Permitir às crianças que não conseguem responder facilmente, ou que se enganam, a verificação de sua resposta, por exemplo, através de manipulação.

• **Etapa 4** *(Jardim B, em ateliê)*
Fazer com que as crianças representem situações relativas às diferentes noções. Utilizar o próprio desenho ou colagens de desenhos já realizados pelo professor.

ATIVIDADE 61

Posições relativas dos objetos

Intenções pedagógicas

Identificar e utilizar as posições relativas de objetos sobre uma reta ou uma linha (preparação para a cronologia).

Aplicação

• **Etapa 1** *(Maternal, Jardim A e Jardim B, com a classe inteira)*
Utilizar com frequência todas as situações da vida cotidiana.
– No pavilhão ou no pátio, traçar uma linha no chão (ou materializá-la com um barbante). Colocar sobre ela dois ou três objetos bem distintos para os pequenos (aumentar o número de objetos segundo o nível da Escola Infantil):
– Fazer com que as crianças percorram este caminho materializado. Muitas vezes é necessário fazer o percurso diversas vezes, citando na ordem os nomes dos objetos encontrados. Após o percurso, pedir às crianças que digam na ordem quais foram os objetos encontrados, sem olhar para o trajeto efetuado. Para as crianças que tiverem dificuldades para nomear os objetos, pedir que os apontem dentro de um conjunto de objetos.
– Fazê-las percorrer novamente o trajeto, se necessário. Pedir-lhes então que comparem dois trajetos em que somente o local dos objetos é diferente.

• **Etapa 2** *(Jardim A e Jardim B)*
Reproduzir em folhas grandes de papel os traçados e voltar a fazer o mesmo tipo de atividade anterior. As crianças poderão utilizar um carrinho de brinquedo para percorrer o trajeto *(Jardim A)* ou somente segui-lo com os olhos *(Jardim B)*.

• **Etapa 3** *(Jardim B, em ateliê)*
Pode-se utilizar um conto. As crianças representam as diferentes etapas de um percurso e as posições relativas de objetos (diante da casa, atrás da árvore, etc.). Também aí, planejar de forma a que o trabalho se torne diferenciado, utilizando, para certos grupos, a colagem de objetos ou de personagens já desenhados pelo professor.

Desdobramentos *(Maternal, Jardim A e Jardim B)*
Sempre que possível, chamar a atenção, no decorrer dos trajetos cotidianos orientados, dentro da escola, a posição do pavilhão, dos banheiros, do refeitório, do pátio... Agir da mesma forma para situar os diferentes "cantinhos" da sala de aula.
Retomar este tema nos momentos de reunir toda a classe, fazendo com que as crianças verbalizem os percursos por elas efetuados.

• **Etapa 2** *(Jardim A e Jardim B, em ateliê)*
Quando a imagem do trajeto e a situação dos diferentes locais, uns em relação aos outros, estiverem devidamente adquiridas, utilizar uma primeira planta baixa da escola ou da sala de aula (não necessariamente em escala), com a qual serão retomadas as atividades precedentes.

• **Etapa 3** *(Jardim B)*
Fazer com que as crianças desenhem um esquema da classe com os diferentes *cantinhos* (de pintura, das bonecas, de reunião, etc.), tornando mais concreta a representação destes locais mediante o desenho de um objeto significativo para cada um deles.

Na Escola Infantil, obviamente não se trabalha com a noção de mapa em escala; simplesmente se pretende que as crianças se conscientizem das posições relativas dos diferentes locais. No Jardim B, se poderá, no entanto, abordar as noções de espaço maior e de trajeto mais longo, ligado ao tempo de deslocamento.

ATIVIDADE 62

Labirintos

Jardim A – Jardim B

Esta atividade se apoia sobre o conhecimento anterior de linhas abertas e fechadas.

Intenções pedagógicas
Saber se deslocar dentro de um labirinto – *Jardim A e Jardim B (em ateliê)*.

Aplicação

* **Etapa 1**
– materializar o labirinto por intermédio de painéis, bancos ou qualquer outro elemento de mobiliário dificilmente transponível; depois, utilizar blocos de madeira ou plástico e por fim desenhar no chão os labirintos (utilizar folhas grandes de papel, de maneira a poder utilizá-las em aula). Podem-se também materializar as "paredes" com blocos plásticos, principalmente no início. Após um certo tempo reservado para que as crianças observem o material, fazer com que se desloquem no interior dos diferentes labirintos. Assegurar-se de que todas as crianças compreenderam bem a convenção do traçado ou da materialização, e que não se trata de sair do labirinto, por exemplo, pulando os traços ou os blocos. Recordar as primeiras situações, nas quais a materialização do labirinto era mais dissuasiva.
– em grande grupo, expor as diferentes tentativas das crianças.

* **Etapa 2**

Intenções pedagógicas
Localizar-se dentro de um labirinto sem deslocar-se efetivamente em seu interior – *Jardim A e Jardim B (em ateliê)*.

Material
Traçados de labirinto, flechas recortadas em papelão, fita adesiva.

Aplicação
Retomar os traçados utilizados anteriormente e pedir às crianças que representem o trajeto para sair do labirinto. Fazer com que fixem as flechas de papelão com fita adesiva para que possam corrigir o trajeto com facilidade.

Etapa 3

Intenções pedagógicas
Representar um deslocamento dentro de um labirinto – *Jardim B (em ateliê)*.

Aplicação
Propor às crianças traçados de labirinto cujos trajetos devem ser percorridos a lápis. Inúmeros exercícios deste gênero podem ser encontrados nas revistinhas para crianças. Como desdobramento, utilizar *softwares* de labirinto, se se dispõe de computadores. Estes programas são, em geral, muito bem concebidos e permitem às crianças numerosas experiências.

Assegurar-se de que os exercícios escritos propostos não contenham "parasitas" que atrapalhem as crianças na realização dos traçados. Um espaço demasiado grande entre o bonequinho que percorrerá o labirinto e a entrada deste, em especial, é considerado por diversas crianças um obstáculo intransponível.

ATIVIDADE 63

Quebra-cabeças figurativo

Intenções pedagógicas *(Maternal, Jardim A e Jardim B)* Identificar as formas, situar e identificar os objetos.

Aplicação
As crianças menores podem fazer encaixes com elementos figurativos ou geométricos simples. Permitir que manipulem livremente o material a fim de tomarem suas próprias **referências**.

- **Etapa 1** *(Jardim A e Jardim B)*
Trabalho com modelo em tamanho natural sobre o qual serão posicionadas as peças. Se possível, começar por um quebra-cabeças cujas peças tenham formas bem distintas. Isto facilita a busca das crianças. Fazer um resumo comparando os métodos utilizados pelas crianças para conseguir montar o quebra-cabeças.

- **Etapa 2**
Mesmo exercício, porém agora com o modelo colocado verticalmente (utilizar um quebra-cabeças diferente do anterior, ou não).

- **Etapa 3**
Mesmo exercício, porém com um modelo reduzido ou ampliado (quebra-cabeças diferente do anterior, ou não).

- **Etapa 4**
Trabalho sem modelo (com um quebra-cabeças já utilizado, e depois com outro, desconhecido das crianças).
Utilizar também os quebra-cabeças de cubos, cuja percepção de indícios é diferente, uma vez que todas as peças têm a mesma forma e que é preciso administrar peças de seis quebra-cabeças diferentes. Trabalhar também com quebra-cabeças circulares.
Este desenvolvimento permite às crianças aplicar diferentes estratégias para cada um dos casos.
No Jardim B, encerrar a atividade realizando com as crianças um plano de trabalho eficaz para montar um quebra-cabeças, em qualquer circunstância.

Exemplos:
– colocar todas as peças com a face voltada para cima;
– separar as peças com uma borda reta;
– procurar os quatro cantos;
– separar as peças por cor ou as que têm um motivo reconhecível;
– reunir as bordas retas formando as margens, ou reunir os personagens e objetos reconhecíveis, etc.;
– colocar no lugar as porções formadas.
Esta atividade será complementada por outra, com quebra-cabeças geométricos, que será apresentada em outro capítulo.

ATIVIDADE 64

Caminhos orientados e deslocamento sobre grades

Intenção pedagógica
Seguir caminhos, orientados ou não *(Maternal, Jardim A e Jardim B)*.

Aplicação
Começar com atividades de motricidade nas quais seja necessário seguir um caminho para ir de um local fixo para outro.
Exemplos:

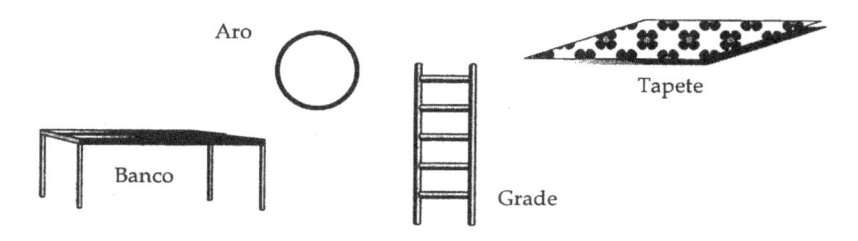

Ir do banco ao tapete.
Permitir que as crianças escolham os caminhos que desejarem, e depois comparar as diversas proposições (pode-se passar pelo aro ou pela grade, etc.).
Jardim A e Jardim B: Fazer com que elas descrevam com mais precisão estes caminhos.

- **Etapa 2** *(Jardim A e Jardim B, em sala de aula)*
Pedir que sejam representados (por escrito ou por meio de objetos de substituição) os diferentes caminhos percorridos pelas crianças. Na hora do relatório oral ao grande grupo, compará-los e verificar a sua exatidão.

Colocar as folhas no chão (ou sobre uma mesa) para comentá-las, a fim de que as crianças não sejam perturbadas pela passagem do plano horizontal ao plano vertical. Somente depois, afixá-las na parede ou no quadro.

- **Etapa 3** *(Jardim A e Jardim B, em ateliê)*

Intenção pedagógica
Seguir um caminho orientado sobre uma grade (quadriculado).

Material
Traçar no chão uma grande grade com fita adesiva colorida.

Aplicação
Permitir que as crianças se desloquem livremente sobre a grade, e depois estabelecer um código preciso de deslocamento: é necessário escolher uma linha e virar somente no encontro entre linhas. Colocar então objetos nas bordas da grade, mas não os que são afetivamente importantes, pois isso poderia "parasitar" a atividade, com a criança preferindo apanhar o objeto que lhe agrada em vez de seguir o caminho indicado.
Pedir às crianças que efetuem um trajeto a fim de apanhar um determinado objeto.

• **Etapa 4**

Intenção pedagógica (Jardim B)
Codificação e decodificação de uma mensagem referente ao deslocamento sobre uma grade.

Material
– grandes tiras de papel legíveis por todos, nas quais serão escritas as mensagens;
– tiras menores de papel, nas quais serão escritas as mensagens individuais;
– uma flecha do tamanho do lado de um dos quadrados da grade, recortada em papelão.

Aplicação
Cada criança realiza um trajeto sobre a grade respeitando a mensagem que o professor vai indicando à medida que a atividade se desenvolve. A flecha é colocada no chão, de maneira que a mensagem e o deslocamento ocorram no mesmo plano. Se necessário, colocá-la diretamente sobre a grade.

Pedir às crianças que digam qual é a posição da flecha (à direita, à esquerda, na frente, atrás, etc.).

Quando se está seguro de que todas as crianças sabem seguir uma mensagem passo a passo, propor uma completa, escrita em uma grande tira de papel. A criança deverá se deslocar sobre a grade, tendo na mão uma cópia da mensagem. A tira grande será colocada no chão, a fim de que o resto do grupo possa verificar a exatidão do trajeto.

Exemplo:

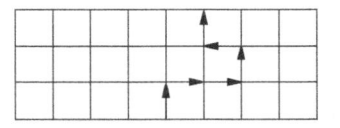

Em seguida, codificar um trajeto realmente efetuado pelas crianças. Se se propõe um trabalho escrito, começar pela decodificação de uma mensagem (o trajeto será traçado pelas crianças sobre uma grade dada) e depois a codificação de um caminho já traçado pelo professor em uma folha.

Não propor no princípio um trajeto codificado que comece por uma flecha para a direita ou para a esquerda, pois as crianças que se encontram em dificuldades não compreendem o que é preciso fazer, uma vez que estão habituadas a se colocar voltadas para a direção para a qual devem se deslocar.

QUADRO-RESUMO

Conhecimento geral do espaço

• Estudo intuitivo das noções elementares de topologia, isto é, das propriedades que permanecem constantes em uma transformação contínua do plano: proximidade relativa dos elementos, curva fechada, curva aberta, área em que algo se situa, número destas áreas, pontos de contato, margens, interior, exterior...

• O estudo geral do espaço é o momento adequado para trabalhar as noções próximas daquelas abordadas em topologia, mas que somente ganham significação devido às características particulares do referencial considerado: à direita/à esquerda, sobre/sob...

• Deslocamento de acordo com marcos referenciais, deslocamento sobre grades, identificação de casas dentro de uma grade quadriculada.

Maternal	Jardim A	Jardim B
– respeitar uma indicação que se utiliza de termos de localização espacial (vivência individual, e depois situação transposta); – reconhecer a linha aberta e a fechada em situações efetivamente vividas;	– respeitar uma indicação que se utiliza de termos de localização espacial (vivência individual, e depois situação transposta); – reconhecer a linha aberta e a fechada em situações efetivamente vividas;	– respeitar uma indicação que se utiliza de termos de localização espacial (vivência individual, e depois situação transposta); – reconhecer a linha aberta e a fechada em situações efetivamente vividas; – reconhecer a delimitação de dois domínios por uma linha fechada;
– reconhecer a delimitação de dois domínios por uma linha fechada; – reconhecer interior e exterior (dentro e fora).	– reconhecer a delimitação de dois domínios por uma linha fechada; – reconhecer interior, exterior e limite: (dentro, fora e entre);	– reconhecer interior, exterior e limite: (dentro, fora e entre); – representar uma situação de localização espacial de uma área; – deslocar-se dentro de um labirinto (vivência individual e após situação transposta).
	– deslocar-se dentro de um labirinto (vivência individual e após situação transposta).	
– respeitar uma instrução empregando o vocabulário de posições relativas no plano (vivência individual e situação transposta); – identificar e utilizar as posições relativas de dois ou três objetos sobre uma linha ou uma reta, e de duas áreas no plano.	– respeitar uma instrução empregando o vocabulário de posições relativas no plano (vivência individual e situação transposta); – identificar e utilizar as posições relativas de diversos objetos sobre uma linha ou uma reta, e de duas ou três áreas no plano; – situar, identificar e deslocar objetos em relação a si ou em relação a pontos fixos.	– respeitar uma instrução empregando o vocabulário de posições relativas no plano (vivência individual e situação transposta); – identificar e utilizar as posições relativas de diversos objetos sobre uma linha ou uma reta, e de várias áreas no plano; – representar uma situação de posições relativas no plano; – situar, identificar e deslocar objetos em relação a si ou em relação a pontos fixos (vivência individual e depois situação transposta).
– seguir caminhos, orientados ou não, no espaço familiar ou sobre linhas.	– seguir caminhos, orientados ou não, sobre linhas ou grades.	– codificar e descodificar caminhos orientados ou não sobre linhas e grades; – representar caminhos, orientados ou não, no espaço familiar, sobre linhas ou sobre grades.

– respeitar uma instrução que utilize vocabulário ligado à verticalidade (vivência individual, e depois situação transposta);	– utilizar com propriedade o vocabulário espacial ligado à verticalidade: em cima/ embaixo, acima/ abaixo, no mesmo nível que;	– utilizar com propriedade o vocabulário espacial ligado à verticalidade: em cima/ embaixo, acima/abaixo, no mesmo nível que;
		– utilizar a codificação escolar relativa à folha de papel (na emissão e na recepção);
– utilizar com propriedade o vocabulário espacial ligado à verticalidade: em cima/ embaixo, acima/abaixo.	– utilizar com propriedade o vocabulário espacial ligado às posições relativas a si próprio ou em relação a um outro indivíduo: na frente/ atrás, entre, perto/longe, mais perto...).	– utilizar com propriedade o vocabulário espacial ligado às posições relativas inclusive com descentralização: na frente/atrás, entre, perto/longe, (mais perto, o mais perto...).
		– utilizar com propriedade o vocabulário espacial direita/ esquerda (com relação a si mesmo).

Geometria

> O real e a imagem 130
> Glossário 131
> Familiarizar-se com figuras 143

As figuras geométricas são objetos abstratos, imateriais: fazem puramente parte do imaginário. Suas representações sobre papel ou por qualquer outro procedimento são imperfeitas uma vez que os elementos (linhas, pontos...) que as determinam têm uma certa espessura.

Da mesma maneira que o pintor Magritte, podemos escrever sobre o desenho abaixo: "Isto não é um quadrado".

De fato, trata-se da representação de um quadrado e não do objeto geométrico "quadrado", que não tem espessura.

O real e a imagem

Na maior parte das vezes, não precisamos de um objeto ou de sua representação se falamos deles: assim o fazemos também quando olhamos junto com as crianças um álbum sobre os gatos; não nos obrigamos a indicar que "isto é a imagem (o desenho, a fotografia) de um gato preto, de um gato siamês", pois as crianças têm a experiência do gato verdadeiro, em pelo e unhas; da mesma maneira, se adota a mesma forma resumida de expressão para animais mais exóticos, como leões, elefantes ou girafas, ainda que não haja muitas vezes a experiência efetiva com estes animais, salvo se está prevista uma visita ao zoo ou a um circo. Através da televisão, do cinema ou do vídeo, não se tem um conhecimento real, mas sim o da imagem: perde-se, por exemplo, o cheiro característico destes animais! No caso dos objetos geométricos, é preciso estar bem consciente de que é impossível apresentar os objetos em si próprios às crianças – contrariamente aos animais de que falamos anteriormente –; no entanto, a partir do Jardim B, as crianças já são capazes de perceber, e mesmo de utilizar a distinção entre objeto real e objeto geométrico. Forneceremos alguns exemplos disto na parte de "atividades". Se há vários séculos antes de nossa era esta imaterialidade das figuras geométricas já era reconhecida, foi somente no século passado que os matemáticos conseguiram tornar clara a parte da geometria que se apoia na nossa experiência sensível e a que tem origem puramente no raciocínio: mas este estabelecimento de axiomas ultrapassa amplamente o que pode ser abordado dentro da escola obrigatória, e não iremos desenvolver esta abordagem. Consideraremos os termos geométricos em sua acepção corrente; veremos adiante, nas tentativas de tornar a terminologia mais precisa, que não é fácil tentar dar sentido a estes termos que, no entanto, são muito familiares, sem supor como conhecidos muitos outros termos cuja significação raramente nos damos ao trabalho de precisar. É isto que torna tão perigosa a utilização de "definições" nas classes do Ensino Fundamental, pois, na maior parte das vezes, não se pode realmente dar uma definição, mas somente uma perífrase que não contribui com informações realmente precisas (pseudodefinições). De fato, as definições somente têm lugar dentro de uma exposição racional, na qual estes enunciados figuram ao lado de axiomas, de teoremas e de suas demonstrações.

Glossário

O ponto é o elemento de base da Geometria. Ele não tem nem comprimento, nem largura, nem espessura. É, portanto, necessariamente imaterial, uma vez que todo objeto material, constituído de átomos, tem forçosamente uma dimensão, mesmo que muito pequena: o ponto geométrico, portanto, somente existe em nossa mente. No momento em que o representamos em uma folha de papel, obrigatoriamente estamos lhe conferindo uma largura e um comprimento. Convencionalmente, ele é representado por uma pequena cruz, de preferência a uma simples mancha.

$$\times A$$

Retas, semirretas e segmentos

Reta: trata-se de um termo primitivo, isto é, de uma palavra da qual não se pode dar definição, mas que é caracterizada pelas relações existentes entre este termo e outros termos primitivos. A ideia ingênua de uma "linha não torta" pode ser traduzida para "um conjunto de pontos que têm a propriedade de encontrar-se alinhados, completamente determinado por dois destes pontos, que são dados". No sentido usual, uma reta tem uma infinidade de pontos, o que significa, por um lado, que sempre se pode prolongá-la nos dois sentidos, e, por outro, que entre dois pontos de uma reta, por mais próximos que estejam entre si, sempre existe uma infinidade de outros pontos da reta. Convencionalmente, uma reta se representa por um risco obtido ao seguir-se a borda de uma régua. Quando se traça uma reta sobre uma folha de papel, ela passa obrigatoriamente a ter uma espessura e não se prolonga indefinidamente (se não por outro motivo, pelo menos devido aos limites do papel). No Ensino Fundamental, é muito importante insistir neste ponto. Já na Escola Infantil, trata-se simplesmente de uma sensibilização. É importante conscientizar as crianças de que as retas podem ter qualquer direção, isto é, ser também oblíquas, pois os pequenos dão preferência mais frequentemente às direções verticais e horizontais.

Uma reta pode também ser representada pela dobra de uma folha de papel.

(R)

- **Semirreta:** um ponto de uma reta determina sobre esta duas semirretas; ele é a origem das semirretas. Uma semirreta é, pois, limitada em um sentido por um ponto (sua origem), e pode ser indefinidamente prolongada no outro sentido. Assim como a reta, a semirreta tem uma infinidade de pontos.

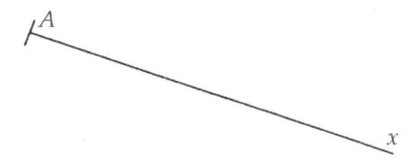

- **Ângulo (ou setor angular):** duas semirretas de mesma origem determinam duas porções do plano que são dois ângulos. Estas duas semirretas são os lados do ângulo; sua origem comum é o vértice do ângulo. Os lados de um ângulo podem pois ser indefinidamente prolongados no sentido oposto ao vértice do ângulo.
- **Segmento de reta:** mais um termo primitivo, que designa uma parte de reta, compreendida entre dois pontos, extremidades do segmento. Ainda que não seja possível prolongar um segmento para além de suas extremidades sem modificá-lo, ele contém, no entanto, uma infinidade de pontos, todos os da reta situados entre as suas extremidades.

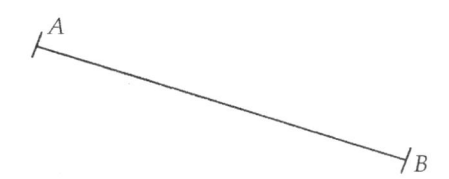

- **Meio:** o meio de um segmento designa o único ponto deste segmento equidistante das extremidades deste segmento.

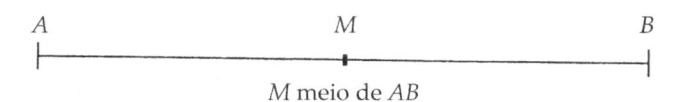

M meio de AB

- **Retas concorrentes:** retas que têm um único ponto comum. Diz-se habitualmente de *duas* retas concorrentes que elas são secantes (ou que elas se cortam, o que, por vezes, pode ser incômodo: assim, as retas (R1) e (R2) são secantes, ainda que as suas representações não se "cortem"!

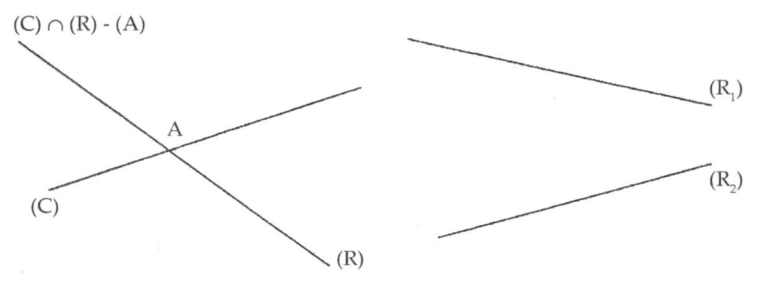

- **Retas paralelas:** retas não secantes de um mesmo plano. Elas são, pois, ou absolutamente sobrepostas, ou sem ponto comum. Por um ponto dado passa uma reta e uma única paralela a uma reta dada.

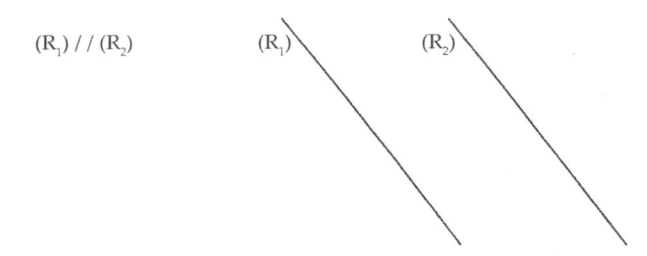

Retas perpendiculares (termo primitivo): retas secantes que formam quatro ângulos, todos superponíveis (ângulos retos). Por um ponto dado passa uma reta e uma única perpendicular a uma reta dada. Duas retas perpendiculares a uma mesma terceira reta são paralelas entre si. Pode-se obter uma representação de retas perpendiculares pela dobradura dupla de uma folha de papel.

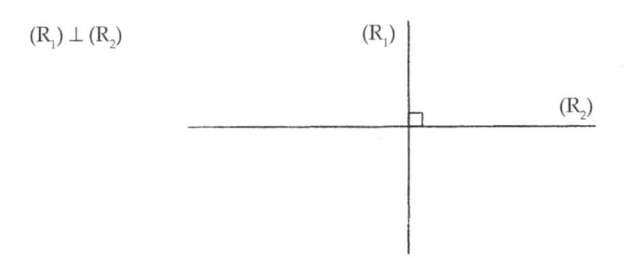

• **Círculo:** conjunto dos pontos de um plano equidistantes de um ponto dado. Este ponto se chama o centro do círculo, e não é um dos pontos do círculo. Pode-se também definir o círculo como uma curva plana, diferente da reta, e admitindo uma infinidade de eixos de simetria.

O: centro do círculo
OA: raio
AB: diâmetro

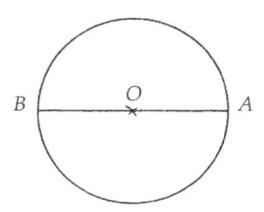

• **Raio:** segmento que tem por extremidades o centro e outro ponto qualquer do círculo. Este termo designa ainda a distância do centro a um ponto qualquer do círculo, ou, em outras palavras, a medida do comprimento do segmento "raio".
• **Diâmetro:** segmento de reta que passa pelo centro do círculo e que tem por extremidades os dois pontos de intersecção do círculo com esta reta. Este termo designa também a medida do comprimento do segmento "diâmetro" (e neste sentido é o dobro do raio).
• **Circunferência:** conjunto dos pontos do plano cuja distância a um ponto é inferior ou igual a um número dado. O círculo é pois a borda de uma circunferência. O centro, um raio ou um diâmetro da circunferência são, pois, o centro, um raio, um diâmetro do círculo que constitui a borda desta circunferência.

Observação: o círculo e a circunferência são as únicas figuras para as quais existe um termo específico para designar a superfície e um outro para o perímetro; pode-se eventualmente, na Escola Infantil, utilizar o termo "redondo" para designar indiferentemente um e outro, como se utiliza quadrado, triângulo, losango, retângulo, para designar indiferentemente o perímetro ou a superfície. Por outro lado, no momento em que se introduz os dois termos, "círculo" e "circunferência", é preciso que nos atenhamos a utilizá-los sempre em sua significação precisa, e, por exemplo, não pedir que "se colora o interior do círculo!"...

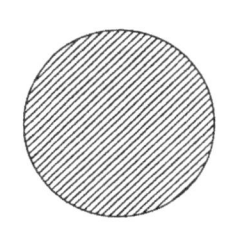

Polígonos

- **Polígono:** em um plano, um polígono é determinado por uma sequência finita de pontos (seus vértices); pode-se também considerá-lo como algo determinado por uma sequência finita de segmentos (seus lados) de tal forma que dois segmentos que se seguem têm uma extremidade comum, e que a segunda extremidade do último segmento é a primeira extremidade do primeiro segmento. Etimologicamente, trata-se de uma figura de diversos ângulos. Às vezes, se diz que é uma linha quebrada e fechada, o que supõe que se tenha definido anteriormente os termos "linha", "quebrado" e "fechado".

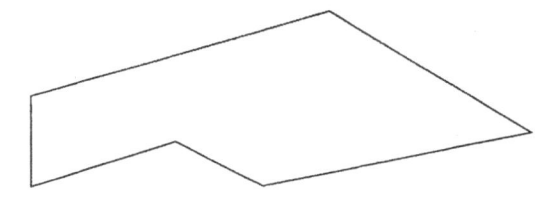

- **Triângulo:** polígono com três vértices e três lados.
- **Triângulo isósceles:** triângulo que tem ao menos dois lados de mesmo comprimento (ou dois setores angulares de mesma amplitude). Ele também tem ao menos um eixo de simetria. Isto significa que um triângulo equilátero tem todas as características essenciais (1) do triângulo isósceles, e que consequentemente faz parte da família dos triângulos isósceles.

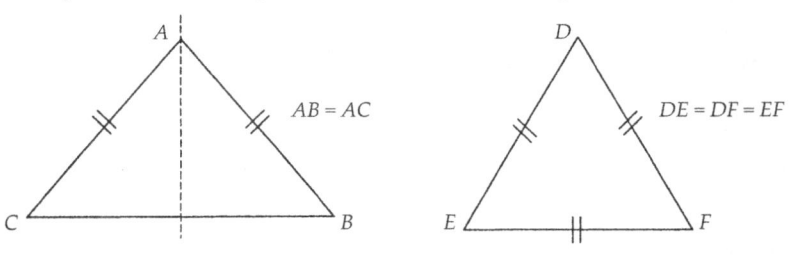

- **Triângulo equilátero:** é um triângulo que tem três lados de mesmo comprimento (ou três setores angulares de mesma amplitude).

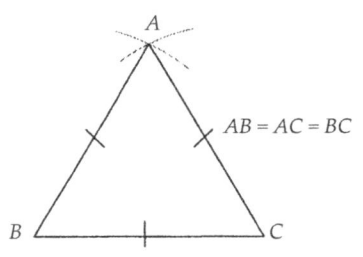

• **Triângulo retângulo:** triângulo que tem um ângulo reto.

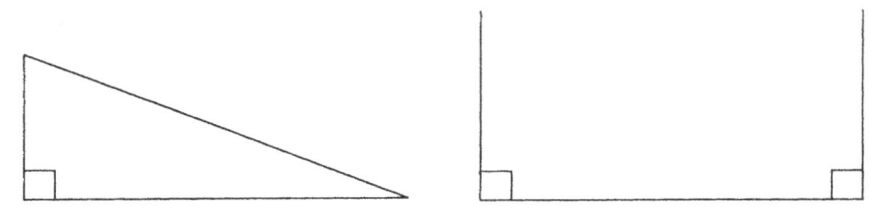

Não é possível que um triângulo tenha dois ângulos retos, pois neste caso a figura obtida seria aberta.

• **Triângulo retângulo isósceles:** triângulo que tem um ângulo reto e os dois lados deste ângulo com o mesmo comprimento.

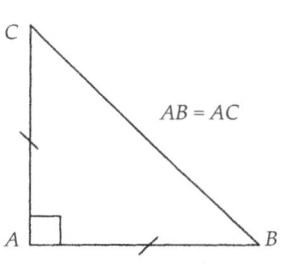

AB = AC

• **Gráfico de organização dos triângulos**

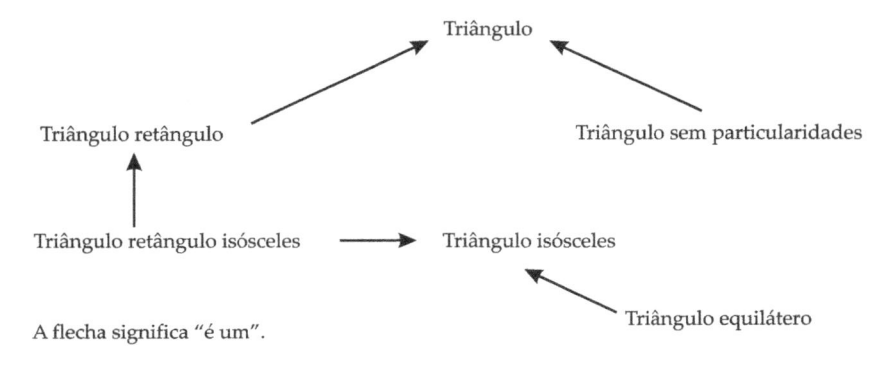

A flecha significa "é um".

Quadriláteros

• **Quadrilátero:** polígono com quatro vértices e quatro lados.
• **Trapézio:** é um quadrilátero que tem no mínimo dois lados paralelos. Ele pode ser cruzado.

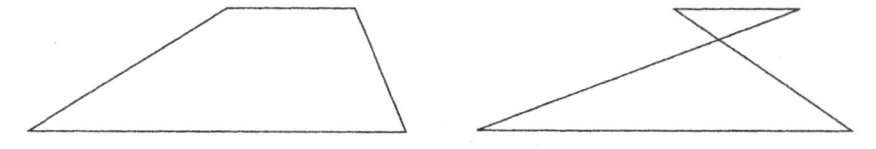

O Ensino da Matemática na Educação Infantil **137**

- **Trapézio retângulo:** é um trapézio com no mínimo um ângulo reto.

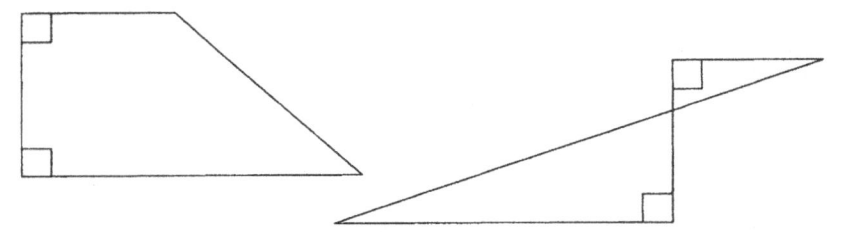

- **Trapézio isósceles:** é um trapézio que tem ao menos dois lados opostos não paralelos e de mesmo comprimento. Tem pelo menos um eixo de **simetria**.

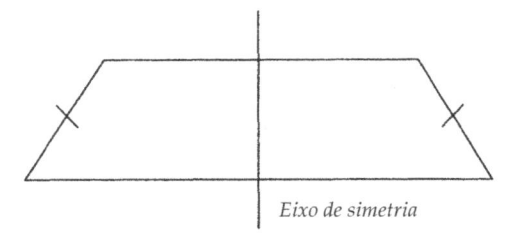

Eixo de simetria

- **Paralelogramo:** é um quadrilátero cujos lados opostos são paralelos dois a dois. Em consequência, um paralelogramo é um trapézio.
Seus lados opostos têm o mesmo comprimento dois a dois.
É também um quadrilátero que tem dois lados opostos paralelos e de mesmo comprimento. Suas diagonais cortam-se no meio delas próprias.

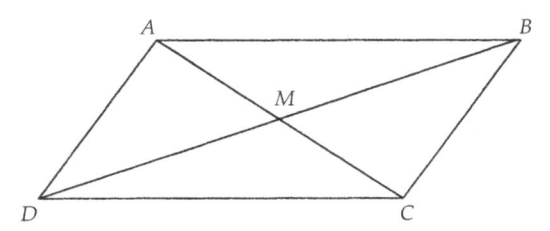

- **Losango:** é um paralelogramo que tem seus quatro lados de mesmo comprimento. As suas diagonais se cortam no meio e são perpendiculares.

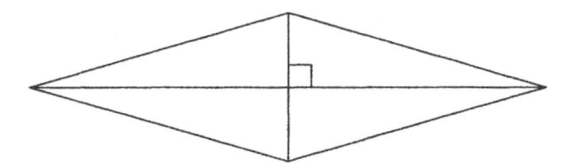

• **Retângulo:** é um paralelogramo que tem um ângulo reto. Suas diagonais têm o mesmo comprimento.

$AC = BD$

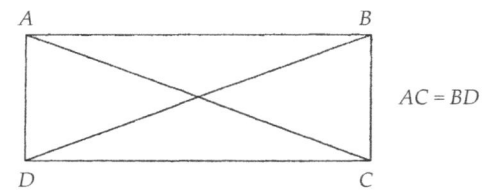

• **Quadrado:** é um losango que tem ao menos um ângulo reto. É também um retângulo que tem os quatro lados de mesmo comprimento. Suas diagonais têm o mesmo comprimento, se cortam no meio e são perpendiculares.

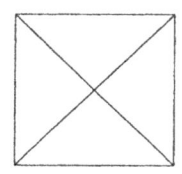

• **Gráfico de organização dos quadriláteros**

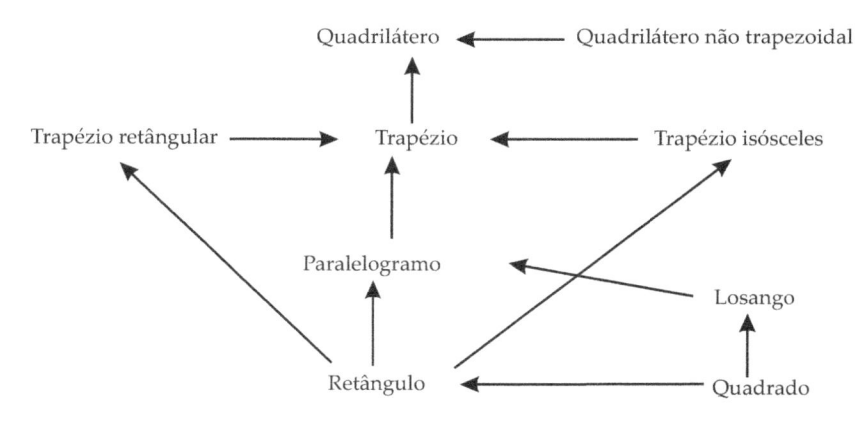

Quadrilátero ← Quadrilátero não trapezoidal

Trapézio retângular → Trapézio ← Trapézio isósceles

Paralelogramo

Losango

Retângulo ← Quadrado

Na vida cotidiana, fazemos divisões quando, por exemplo, classificamos documentos. As crianças têm a tendência natural de fazer repartições, isto é, montes em separado, quando classificam figuras geométricas: o monte dos quadrados, o dos retângulos, o dos losangos, etc. Ora, a classificação das figuras geométricas se faz por inclusão, como é o caso em todas as ciências (Biologia, Zoologia, etc.). O conjunto dos losangos compreende os quadrados, o conjunto dos retângulos também os inclui, o conjunto dos trapézios compreende os paralelogramos e, portanto, também os retângulos, etc.

Já na Escola Infantil, é preciso atentar para a maneira como apresentamos as figuras geométricas, de forma que as crianças compreendam que não há incompatibilidade em ser ao mesmo tempo quadrado e quadrilátero, ou quadrado e retângulo. Para tanto, é necessário distinguir a linguagem matemática da linguagem corrente. Em francês, sempre se fornece o máximo de informações concernentes, por exemplo, à forma de um objeto. Se se sabe que uma mesa é quadrada, não se dirá que ela é retangular, sob pena da informação ser vista como falsa. Já em Matemática, é lícito dizer que um quadrado é um retângulo. Esta distinção é demasiado sutil para a Escola Infantil; todavia, empregando-se no princípio os termos "triângulos" e "quadriláteros" para designar os polígonos de três e de quatro lados, não se fixam de imediato noções demasiado restritivas.

Da mesma maneira, não é necessário privilegiar figuras regulares no momento em que se fixam as noções geométricas. Se a criança lida, por exemplo, somente com triângulos equiláteros, a noção de triângulo não poderá ser construída corretamente, pois será a igualdade dos comprimentos dos lados que prevalecerá.

Transformações geométricas planas

Uma definição rigorosa das diferentes transformações geométricas exige um nível que ultrapassa as nossas intenções. Vamos nos contentar em fornecer indicações que permitam a formação de uma ideia intuitiva de cada uma delas.

- **Simetria em relação a uma reta** (simetria axial ou ortogonal)

Duas figuras são simétricas em relação a uma reta (R) se elas podem ser superpostas exatamente e com uma única dobra ao longo desta reta (R).

A reta (R) é um eixo de simetria.

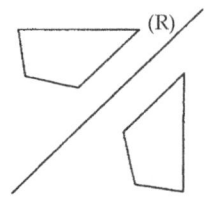

- **Eixo de simetria de uma figura**

É uma reta que divide uma figura em duas partes iguais e superpostas com exatidão, por uma dobra ao longo desta reta.

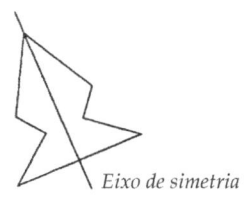

Eixo de simetria

Na vida corrente, não existe objeto realmente simétrico no sentido matemático do termo, uma vez que a materialidade destes objetos não permite a perfeição da simetria matemática. Alguns, contudo, lembram-na muito.

Não apresentar as atividades acerca da simetria baseando-a em colorações. De fato, duas figuras podem ser simétricas sem serem da mesma cor. O que conta é somente a posição dos pontos em relação ao eixo de simetria e sua superposição exata na dobradura. Utiliza-se a simetria em relação a uma reta quando se fazem dobraduras para recortar fileiras de bonequinhos em papel, por exemplo.

Da mesma forma, não há nenhum interesse em completar à mão livre desenhos "simétricos", uma vez que neste caso nos afastamos muito da ideia de simetria. Este trabalho pode ser feito em artes plásticas, mas, neste caso, não apresenta características matemáticas.

- **Simetria em relação a um ponto** (ou simetria central)

Duas figuras são simétricas em relação a um ponto O se puderem superpor-se exatamente por uma dupla dobradura segundo duas retas perpendiculares que passam pelo ponto O. O ponto O é centro de simetria. Isto corresponde a uma meia-volta.

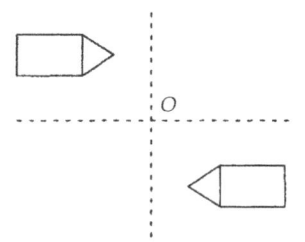

- **Centro de simetria de uma figura**

Uma figura tem um centro de simetria O se, por uma dupla dobradura ao longo de duas retas perpendiculares que passam por este ponto, cada ponto da figura se encontrar recobrindo um outro ponto da mesma figura.

Não existe objeto na vida cotidiana que tenha realmente um centro de simetria no sentido matemático do termo. Alguns objetos, como as cartas de baralho, evocam figuras simétricas em relação a um ponto.

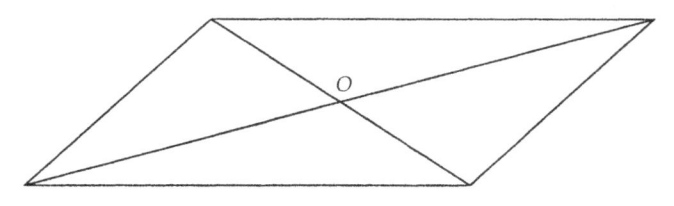

- **Translação**

Duas figuras são transladadas uma de outra se uma delas for obtida pelo deslocamento da outra em uma determinada direção, em um determinado sentido e numa determinada distância, sem modificação de tamanho ou de orientação.

Duas figuras transladadas são superponíveis.

A translação vale-se de um movimento que não se vê. Ocupamo-nos unicamente da figura de partida e de sua transformação através da translação.

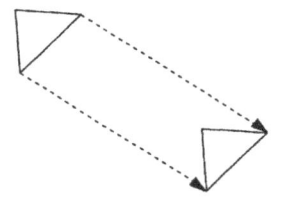

- **Rotação**

Associa a qualquer figura a sua imagem obtida por rotação em torno de um ponto fixo O (centro da rotação) de um ângulo A dado. Cada ponto imagem M' é obtido pelo deslocamento do ponto M sobre um círculo de centro O e de raio OM, de acordo com um ângulo. A figura inicial e sua imagem por rotação são superponíveis.

$\widehat{ABM} = \widehat{A'B'M'}$

$OM = OM'$

$OA = OA'$

$OB = OB'$

$\widehat{MOM'} = \alpha = \widehat{AOA'} = \widehat{BOB'}$

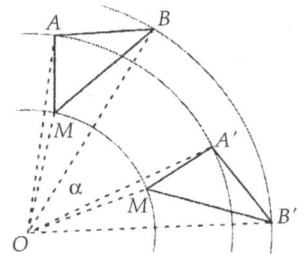

A rotação também se utiliza de um movimento que não é visível.

Interessamo-nos somente pela figura inicial e por sua imagem, obtida pela rotação.

As transformações geométricas que acabamos de descrever são isometrias, pois conservam as medidas das figuras transformadas.

Existem outras transformações geométricas que não são isometrias, mas estas não são abordadas na Escola Infantil.

Os sólidos

Em Geometria chamamos sólido toda porção do espaço que tenha três dimensões.

Chamamos poliedros os sólidos limitados por superfícies planas. Estes são caracterizados pelo número de suas faces, de seus vértices e de suas arestas.

Aresta: lado de um polígono que constitui uma face de um poliedro.
Vértice: ponto de intersecção de diversas arestas.

- **Classificação dos sólidos simples**

Os sólidos simples dividem-se em três grupos: os cones, os cilindros e os sólidos delimitados unicamente por superfícies curvas.

A partir destes sólidos simples, constituímos outros, reunindo vários deles.

Podemos também truncar certos sólidos simples, cortando-os com um plano.

Cones: são constituídos por uma superfície de base plana qualquer, um vértice A e o conjunto de retas que unem A a cada ponto da superfície de base.

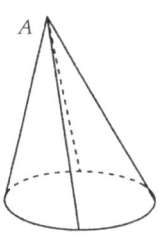

Na linguagem corrente, a palavra cone designa unicamente os cones de revolução, isto é, aqueles cuja superfície de base é um círculo, e que são formados por um triângulo retângulo girando em torno de um dos seus lados de ângulo reto.

Os cones compreendem, pois, os cones de base circular e as pirâmides, incluindo os tetraedros.

- **Tronco de cone**

É a parte de um cone situada entre o plano da base e um plano que corta o cone. Este plano não precisa ser necessariamente paralelo ao da base.

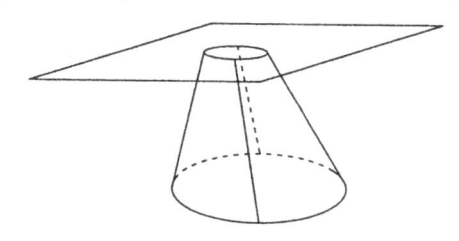

- **Cilindros**

São constituídos de duas superfícies planas paralelas que podem ser superpostas e do conjunto dos segmentos unindo um ponto de uma superfície de base a um ponto da outra superfície de base.

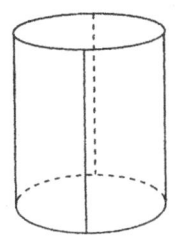

Na linguagem usual, a palavra cilindro designa unicamente os cilindros de revolução, isto é, os cilindros cujas duas bases são circulares e que são formados por um retângulo girando em torno de um de seus lados.

Os cilindros compreendem particularmente os cubos, os paralelepípedos retângulos e os prismas.

Sólidos limitados unicamente por superfícies curvas

– *Esfera:* é o conjunto dos pontos do espaço situados a uma mesma distância de um ponto fixo O, chamado centro da esfera. É gerada pela rotação de um semicírculo em torno de seu diâmetro. Ao interior de uma esfera chamamos bola.

– *Elipsoide:* é um sólido gerado pela rotação de uma elipse em torno de um de seus eixos.

– *Ovoide:* é um sólido em forma de ovo.

Familiarizar-se com figuras

Podemos abordar facilmente três áreas da Geometria: *as figuras planas, as transformações planas* e *as figuras tridimensionais*. Uma grande quantidade de vocabulário pode ser adquirida pelas crianças, que o memorizarão melhor se o apresentarmos dentro de uma situação na qual ele facilite – torne mais precisa – a comunicação, isto é, na qual ele se mostre útil. Assim, desde o Maternal, no momento em que estamos arrumando um jogo de construção, por exemplo, é tão fácil pedir "alcance-me o cilindro amarelo que está sob o banco" quanto dizer "alcance-me aquele bloco amarelo" (ou até mesmo aquela "coisinha" amarela)!

Na familiarização com as figuras, o mais importante é evitar que as imagens mentais se formem de maneira estereotipada. Esta é a razão pela qual propomos uma quantidade de atividades nas quais as representações materiais das figuras devem ser manipuladas, podendo, pois, mudar de orientação. Privilegiamos igualmente os materiais que permitem variar os pontos de vista, mostrando, por exemplo, uma figura plana alternativamente como um espaço vazio em um quadro, ou, ao inverso, como uma superfície, ou ainda como um contorno, e até mesmo como uma coleção de pontos desempenhando um papel privilegiado na determinação desta figura. Esta capacidade de variar as formas de apreensão perceptiva se desenvolve facilmente – e por vezes é utilizada para jogos visuais em algumas publicações voltadas para crianças – sem que nesta idade seja necessário recorrer a instrumentos mais sofisticados (por exemplo, o trabalho realizado em computador no Liceu com Cabri-Geômetra no Mac, ou O Geômetra no PC, Colette Laborde).

Confeccionar os seus próprios materiais

Os materiais nos quais se baseiam as atividades propostas neste capítulo estão em sua maior parte disponíveis no comércio. Mas, como poucos fornecedores trabalham com eles, procuramos indicar aqueles junto aos quais é possível obtê-los. Também é possível confeccionar estes materiais, especialmente quando são constituídos por elementos poligonais. Para tanto, podemos utilizar papelão, lâminas de madeira, compensado, cortiça, ou placas de espuma. Mas é preferível escolher um material:
– rígido ou pouco deformável (que recupera totalmente sua característica de plano quando é colocado sobre o tampo de uma mesa);
– não demasiado espesso (somente alguns milímetros) de maneira a facilitar a formação de imagens mentais de *figuras planas,* sem risco de confusão com os prismas.

No caso dos quebra-cabeças geométricos e das decomposições de figuras clássicas, é interessante dispor de alguns exemplos de tamanhos diferentes, e de diversos de mesmo tamanho, alguns cujas duas faces sejam iguais (mesma cor e mesma textura), e outros cujas duas faces sejam nitidamente diferenciadas (por exemplo, cartão preto de um lado e branco do outro). Os "brinquedos" confeccionados com um material que torne indistintas as duas faces são utilizados para as atividades nas quais as crianças devem ter a liberdade de virar as peças durante uma pesquisa não dirigida: de fato, a diferença de cor entre as duas faces pode constituir para certas crianças um obstáculo para este ato de virar as peças. Os materiais cujas duas faces são claramente diferentes são reservados para as atividades nas quais a instrução induz explicitamente a virar as peças organizando-as com a ajuda da cor.

Atenção: a confecção e o recorte devem ser realizados com muito cuidado.

Para os quebra-cabeças e as decomposições com contorno poligonal, é desejável confeccionar ao menos um exemplar em compensado ou em papelão espesso e bem rígido, acompanhado por um painel de arranjo constituído por um polígono de compensado. De fato, é muito mais fácil reconstituir um quebra-cabeças encaixando-o em um quadro material que delimite seus bordos.

Além disso, se desejamos conservar registros feitos pelas crianças de suas realizações, é preciso prever a existência de exemplares em papel previamente recortado, do mesmo tamanho que os materiais utilizados. Escolher o papel de acordo com o tipo de material empregado para os elementos a serem manipulados: papel colorido para aqueles cujas duas faces têm a mesma aparência, papel cartaz (que tem uma face colorida e o verso branco) para aqueles cujas duas faces são distintas, e, neste caso, realizar as colagens sobre papel de outra cor, de grande formato (por exemplo, papel *kraft* claro).

ATIVIDADE 65

Encaixe de figuras simples planas

Maternal – Jardim A

Intenções pedagógicas
 – discriminação de formas;
 – familiarização com as figuras clássicas por meio de uma apreensão multissensorial que não privilegie nenhuma disposição da figura em particular;
 – formação de pares de formas convexas e de formas côncavas de mesmo contorno;
 – enriquecimento do vocabulário de Geometria;
 – descoberta de certas propriedades destas figuras, especialmente o número de vértices e de lados no caso dos polígonos;
 – reconhecimento de uma mesma figura sob aparências perceptivas diferentes (particularmente figura de "superfície", figura "vazada", e figura de "contorno").

Material
• *encaixe de formas geométricas:* um painel com concavidades destinadas a receber peças móveis (triângulo, quadrado, retângulo, pentágono, trapézio, losango,etc) dotadas de botão de pressão;

• *encaixes geométricos* de contornos retilíneos ou curvilíneos de Montessori, comercializados na França por diferentes fornecedores de materiais didáticos (dentre os quais CAMIF).
 Este material é constituído de:
 – dez peças de matéria plástica rígida, munidas de botão de pressão, de formas geométricas clássicas (quadrado, retângulo, circunferência, triângulo equilátero, regular, trapézio isósceles) ou menos corriqueiras (triângulo curvilíneo, ovoide, elipse, "flor", ou "nuvem");
 – dez peças de plástico rígido nas quais podem ser encaixadas as formas correspondentes.

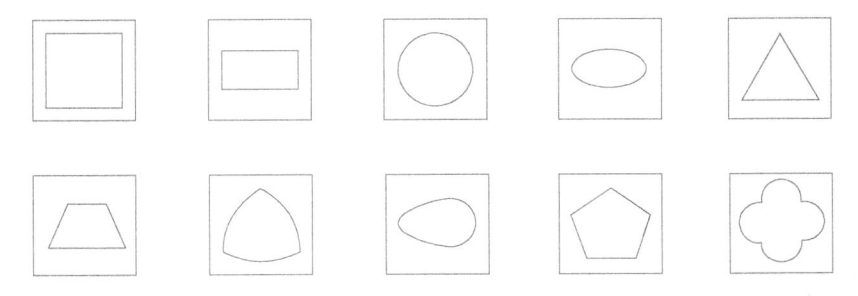

* **triângulos:** mesmo princípio que para os encaixes geométricos de Montessori, mas as formas são triângulos de aspecto variado (isósceles "pontudo", isósceles "achatado", retângulo isósceles, outros triângulos retângulos, equilátero, acutângulo* escaleno, obtusângulo, escaleno...)

* **retângulos:** mesmo princípio que para os encaixes geométricos de Montessori, mas as formas são retângulos de aspecto variado (a variação refere-se ao comprimento dos dois lados, que podem ser iguais, aproximados ou bem diferentes, e à posição em relação ao quadro...).

* **quadriláteros:** mesmo princípio dos encaixes geométricos de Montessori, mas as formas são quadriláteros de aspecto variado (convexos ou côncavos, diferentes dos clássicos quadrado, retângulo, losango e trapézio isósceles).

Aplicação

Para a criança, o desafio consiste em colocar no lugar devido diversos elementos. Atividade de encaixe, em um *cantinho* de materiais de Matemática.

As crianças se familiarizam rapidamente com as atividades de encaixe, não havendo necessidade de enunciar qualquer instrução; a observação de outras crianças ocupadas nesta tarefa frequentemente é impulso suficiente. Esta é a idade na qual a criança gosta de colocar juntas coisas que combinam, e colocar no lugar aquilo que foi desarrumado.

Algumas crianças acompanham com o dedo indicador ou com todos os dedos de uma mão a borda (exterior) da forma encaixável que está segura na outra mão, e então fazem o mesmo com a borda interior da concavidade onde a forma deve ser encaixada. Este contato enriquece as evocações (cinestésicas, visuais ou auditivas) que elas associam a estas formas.

O aprendizado dos nomes das formas ocorre por impregnação durante situações que conferem sentido a estes termos, como comentar a peça que está faltando no momento de encaixá-la (é importante que a criança ouça que deve procurar *o losango* ao se mostrar o espaço vazio a ele destinado, em vez de "a peça verde", informação que não pode ser deduzida daquilo que resta e que somente pode ser memorizada por alguém que conheça muito bem o material); ou ainda, quando uma criança chama a atenção para uma analogia pertinente de forma entre peças de dois materiais diferentes, ou entre uma peça do material e um objeto usual da sala de aula, como mesas hexagonais ou octogonais.

No entanto, é inútil insistir que as crianças do Maternal (e mesmo do Jardim B) empreguem sistematicamente o termo próprio para designar cada uma das formas!

É recomendável dispor de diversos materiais de origem diferente, de maneira a variar as apresentações, e, em particular, a forma das figuras clássicas (não limitar os triângulos somente aos equiláteros ou aos retângulos), a disposição da figura em seu suporte, a cor e o tamanho da figura...

Algumas etapas da apropriação do material por parte das crianças (assim como para os encaixes figurativos):
– formação de pares pelo método de tentativa e erro;
– formação de pares por aproximação de uma forma e de um quadro, sem tentativa de encaixe enquanto o quadro ou a posição forem inapropriados, com deslocamentos sucessivos até o quadro conveniente e a posição adequada;
– formação de pares diretamente, após uma observação de duração variável.

---

* Acutângulo – triângulo no qual todos os ângulos são agudos
  Obtusângulo – triângulo no qual um ângulo é obtuso
  Escaleno – triângulo no qual os lados têm comprimentos diferentes dois a dois

ATIVIDADE 66

Utilizando encaixes planos como formas para desenhar

Jardim A – Jardim B

Intenções pedagógicas
– sensibilização para a possibilidade de "pavimentar" uma superfície;
– sensibilização para a constância de figuras sob certas isometrias;
– refinamento da motricidade manual: flexibilidade do pulso, precisão do gesto gráfico.

Material
Encaixes geométricos planos Montessori (ver atividade 65).

Aplicação
D*esafio:* criação gráfica submetida a um obstáculo implícito

A utilização do quadro, com exceção do caso da "flor", permite a um iniciante traçar uma figura nítida com mais facilidade do que empregando a forma encaixável correspondente, que leva a inúmeras "derrapagens" enquanto os gestos não estão suficientemente dominados (o caso da "flor" é o inverso; o quadro é mais difícil de ser explorado convenientemente).

Depois de haver desenhado um contorno, a criança põe de lado a peça de que se utilizou, e começa a enfeitar o desenho. Este trabalho pode ser organizado como a aquisição espiralar de uma competência: "decorar uma forma", produzindo por impulso, sem instrução específica anterior, avaliação diagnóstica conduzida pelas crianças ou feita juntamente com elas, estabelecimento de uma lista de necessidades de aprendizagem – em particular as técnicas –, e aperfeiçoamentos sucessivos.

A decoração pode ser feita diretamente com um ou mais dos materiais habituais (lápis, canetas hidrográficas, pincel e tinta, cotonete e tinta, etc.), com etiquetas adesivas, ou ser precedida de uma manipulação com a ajuda de elementos móveis (fichas circulares, quadradas, triangulares; tiras, elementos de papel recortado, etc.). Ela pode resultar de um preenchimento completo – mono ou policromático – da superfície, ou de sua ocupação por superfícies menores, ou ainda por traços.

Algumas etapas da apropriação do material por parte das crianças:
– elas colorem grosseiramente com os lápis ou canetas, deixando aparentes os traços;
– passam a controlar a pressão do lápis, obtendo uma coloração mais uniforme;
– deixam algumas partes a descoberto e/ou transbordam dos contornos;
– seguem cuidadosamente o contorno;
– preenchem sem organização precisa;
– organizam a superfície de acordo com as simetrias por eixo, por ponto central, das rotações...;
– utilizam diversas figuras encaixáveis para determinar por combinação novas formas.

ATIVIDADE 67

Famílias de figuras

Jardim A - Jardim B

Intenções pedagógicas
– familiarização com diferentes figuras geométricas sob o seu aspecto "superfície" e sob o seu aspecto "linha";
– distinção entre um objeto geométrico (imaterial) e a sua representação (material);
– enriquecimento das evocações visuais e/ou verbais associadas a uma figura dada;
– utilização do quadro de dupla entrada como um instrumento de classificação.

Material
– encaixes sem painel da ficha 65;
– material complementar (muito fácil de fazer): se compõe, para cada encaixe, de quatro placas com o formato do exterior dos quadros quadrados. Em uma das faces de cada uma destas placas, está reproduzida a figura correspondente à figura encaixável: num caso, o contorno da forma, correspondente ao quadro, é colorido; no outro caso, esta forma é cheia, inteiramente colorida; em um terceiro caso, a forma somente é materializada por um contorno largo (de meio a um centímetro de largura); no último dos casos, a forma é concretizada somente graças a um traço fino. *Observação:* para todos os polígonos, pode-se igualmente confeccionar uma quinta série de cartões com as figuras representadas somente por seus vértices.

Aplicação: atividade do tipo "jogo familiar", a ser trabalhada individualmente ou em ateliê. Algumas crianças fazem triagens e classificações, seja procedendo simplesmente a uma seleção visual, seja colocando as formas encaixáveis sobre as formas dos cartões. Sem dúvida, outro tipo de classificação é possível: classe das figuras encaixáveis propriamente ditas, classe dos enquadramentos desenhados em fichas (enquadramentos sem concavidade), classe das formas cheias desenhadas sobre fichas, classe das formas de bordas largas, classe das formas de bordas estreitas. A primeira classe pode eventualmente ser dividida em duas: por um lado as formas cheias (encaixáveis), e por outro as formas vazadas (os quadros).

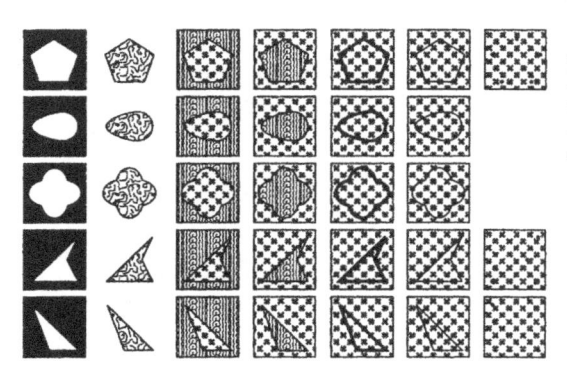

Levando em consideração dois critérios de classificação (por um lado a natureza da forma e por outro o tipo de representação), pode-se constituir um quadro de dupla entrada.

Algumas etapas da apropriação do material por parte das crianças:
– formação de pares não estruturados;
– trabalho com duas classes (por exemplo, a figura encaixável e um tipo de formas em cartão);
– trabalho simultâneo com todas as classes;
– organização em quadro de dupla entrada.

O Ensino da Matemática na Educação Infantil 149

ATIVIDADE 68

Transformação mantendo constante uma figura

Jardim B

Intenções pedagógicas
 – procura de isometrias diretas ou indiretas conservando constante uma determinada figura;
 – enfrentamento de um problema aberto (situação-problema);
 – constituição de uma coleção de exemplos;
 – busca de um método capaz de esgotar todas as possibilidades.

Material
 – encaixes sem painel da ficha de atividades nº 65,
 – fotocópias (em grande número) das formas e dos enquadramentos, ou de reproduções das figuras "cheias" e "vazadas", com a indicação dos pontos de referência (ver abaixo).

Aplicação

* **Etapa 1:** *apresentação coletiva do problema*
No momento da reunião de toda a turma, pedir a uma das crianças que coloque uma determinada forma em seu lugar. Perguntar se é possível fazer de outra maneira: trata-se de mostrar que eventualmente é possível, após haver encaixado a forma em seu quadro, realizar o encaixe invertendo ou fazendo girar a forma. Se as crianças não se aperceberem de que se trata de duas maneiras diversas de realizar o encaixe, chamar a sua atenção para os detalhes das formas e dos quadros que permitem uma identificação mais aperfeiçoada de sua posição (marca ou outro ponto de referência na forma encaixável e no quadro), se for necessário colando uma etiqueta adesiva em um ponto dado da figura encaixável e outra no quadro, em frente à primeira.

Em caso de desinteresse persistente, renunciar a esta atividade, que somente será eficaz se as crianças se apropriarem rapidamente da pesquisa.

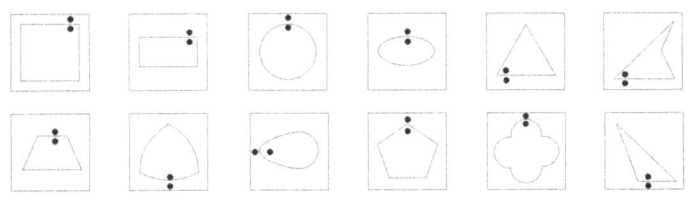

Trata-se de encontrar o maior número possível de maneiras diferentes de realizar o encaixe. Quando for lançado coletivamente este "desafio", confeccionar um cartaz que permita conservar o registro da ou das soluções já encontradas, com a ajuda das fotocópias das formas.

* **Etapa 2:** *ateliê ou atividade livre*
As crianças têm à sua disposição os encaixes, as fotocópias, cola e papel cartaz.
Algumas crianças, trabalhando às vezes na vertical e não sobre uma mesa, mostram que se podem realizar encaixes apresentando a forma encaixável seja sobre um lado, seja sobre outro em relação ao quadro. Pode-se chegar ao mesmo resultado deixando no lugar a figura encaixável, enquanto o quadro é girado sobre a mesa.
Se se constatar que algumas crianças se sentem incomodadas pela ausência de etiqueta adesiva na segunda face (o verso) da forma a encaixar e do quadro, colar algumas também nestas segundas faces, tendo o cuidado de:

– adotar para o verso uma cor ou uma etiqueta adesiva diferente da utilizada para a frente;
– posicionar as segundas etiquetas adesivas no mesmo local que as primeiras (isto é, se imaginarmos um alfinete atravessando a placa, ele atravessaria também ambas as etiquetas, uma na frente e outra no verso da figura).

Em intervalos regulares, voltar a propor esta pesquisa, observando os cartazes que já foram produzidos. A comparação de diversas soluções propostas deve mostrar:
– que se pode proceder a uma rotação, com a figura encaixável girando sobre o quadro colocado sobre a mesa, ou por simetria axial, com o quadro sendo girado e tendo como referência a forma cheia;
– que é necessário precisar como determinar um meio de reconhecer se duas proposições são idênticas ou diferentes: uma criança que faz girar ao mesmo tempo o quadro e a forma na mesma velocidade e no mesmo sentido encontra uma nova solução? Na verdade, uma figura geométrica não é "orientada", e consequentemente, se giramos simultaneamente o quadro e a figura encaixável, a situação não é alterada:

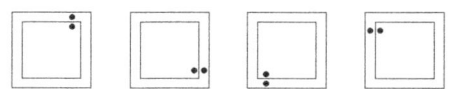

Assim, estamos em presença da mesma transformação nos quatro casos seguintes:

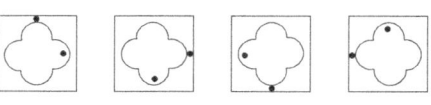

O mesmo acontece se viramos ao mesmo tempo a figura encaixável e o seu quadro:

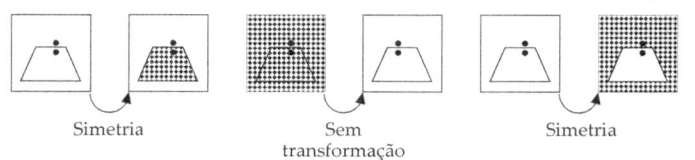

Simetria Sem transformação Simetria

Representamos convencionalmente por hachurados o verso da figura encaixável ou de seu quadro, com a etiqueta adesiva posicionada no mesmo local que na face frontal.

Sem dúvida, justificar que todas as soluções possíveis tenham sido descobertas é algo além do alcance da Escola Infantil. Contudo, recapitulamos abaixo *todas* as transformações.

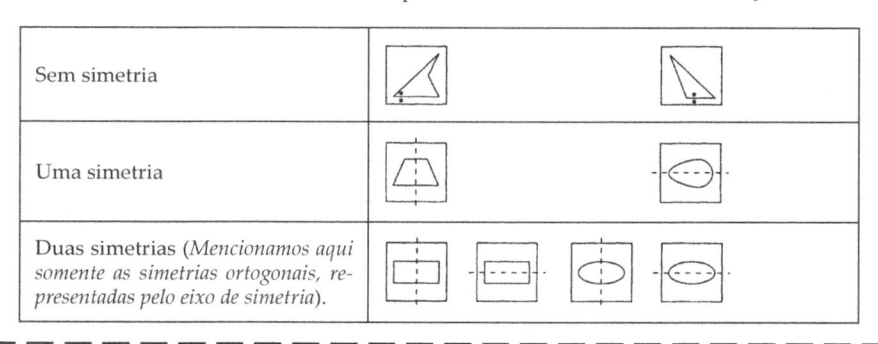

Sem simetria		
Uma simetria		
Duas simetrias (Mencionamos aqui somente as simetrias ortogonais, representadas pelo eixo de simetria).		

Três simetrias	
Quatro simetrias	
Cinco simetrias	
Uma infinidade de simetria	*Todos os diâmetros são eixos*

Sem rotação ou com uma rotação de 360°	
Uma rotação de 180° (que é também uma simetria central)	
Duas rotações de 120° e 240°	
Três rotações de 90°, 180° e 270°	
Quatro rotações de 72°, 144°, 216° e 288°	
Uma infinidade de rotações	

ATIVIDADE 69

Quebra-cabeças geométricos: o "meli-melô"*

Maternal - Jardim A - Jardim B

Intenções pedagógicas
- reconhecimento de uma figura geométrica independentemente de sua posição;
- construção de figuras por montagens de peças;
- equivalência de comprimentos, propriedades de simetria e de transitividade da igualdade;
- lateralização e espacialização;
- abordagem intuitiva da noção de setor angular (etapa 2);
- abordagem intuitiva da noção de área (etapa 2);
- primeira abordagem da simetria ortogonal e da translação.

Material
O "meli-melô", brinquedo criado por Mitsumasa Anno**, é um quebra-cabeças composto de cinco peças: três triângulos retângulos isósceles que podem ser superpostos, um quadrado cujo lado tem o mesmo comprimento que os lados do ângulo reto dos triângulos, e um trapézio retângulo cujos ângulos não retos são de 45 e 135 graus. Estas duas soluções, feitas com um material cujas duas faces são diferentes, não são idênticas, ainda que possam ser superpostas: para superpor os dois trapézios, é preciso colocar as duas faces de mesma cor uma contra a outra.

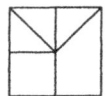

Frente em preto / Verso em branco
Frente em branco / Verso em preto

Aplicação
- **Etapa 1:** *Jogo dos comprimentos com as peças do "meli-melô"*
(Maternal, Jardim A e Jardim B).
Cada jogador tem um jogo completo (cinco peças); os conjuntos utilizados têm peças todas de mesmo tamanho, podendo ser de cores diferentes; ambas as faces são indistintas.
Determina-se quem é o primeiro jogador e o sentido de rotação do jogo. O primeiro jogador coloca uma peça. O seguinte deve colocar uma das suas de tal maneira que um de seus lados toque em um lado de mesmo comprimento da peça já colocada. O jogador seguinte faz o mesmo. Se alguém não pode seguir esta regra, passa a sua vez.
Vence quem for o primeiro a colocar todas as peças de seu "meli-melô". Ver abaixo o desenho de um desenvolvimento possível para o início de uma partida.

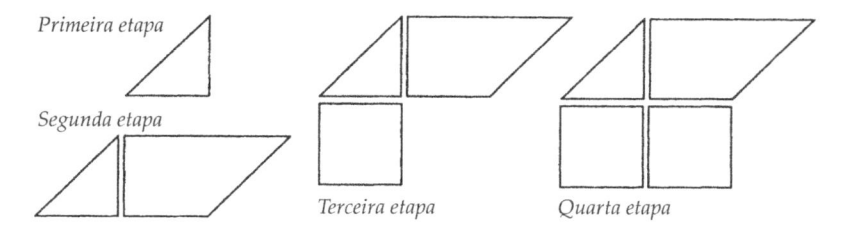

Primeira etapa

Segunda etapa

Terceira etapa   *Quarta etapa*

---

* N. de T.: *Méli-mélo* - gíria francesa para confusão, bagunça, mistura de objetos díspares.
** Mitsumasa Anno, *Jogos Matemáticos*, volume 1, Coleção Père Castor, Flammarion.

O ENSINO DA MATEMÁTICA NA EDUCAÇÃO INFANTIL **153**

- **Etapa 2:** *Recobrindo peças (Maternal, Jardim A e Jardim B)*
  O "meli-melô" é complementado por outros dois quadrados e dois trapézios, ou então se utilizam dois ou três conjuntos.
  Escolher uma peça e cobri-la com a ajuda de uma ou de diversas outras peças.
  Pode-se conservar registro das realizações das crianças montando e afixando cartazes (Jardim B).

  Acima de tudo, evitar escritas aditivas, que aqui não têm qualquer sentido.

  Nada de: ☐ + ◿ = ▱

  A utilização do signo + está reservada em toda a escolaridade fundamental ao domínio numérico, no caso da escrita por algarismos dos números. De qualquer forma, ela é prematura no Ciclo 1.
  Observação: a etapa 2 pode ser dispensada se, paralelamente ao "meli-melô" for proposto às crianças o material de decomposição regular das figuras clássicas (ver ficha de atividades n° 72).

- **Etapa 3:** *Composições (Maternal, Jardim A e Jardim B)*
  Mesmo material da etapa 2, primeiramente com o brinquedo no qual ambas as faces são iguais, e depois com as peças cujas faces têm cores diferentes.
  Escolher duas peças (idênticas ou diferentes) e procurar o maior número possível de maneiras de reuni-las segundo um dos lados. Se utilizamos o material com faces de cores distintas, deve-se deixar claro que se podem montar composições de uma só cor ou bicolores.
  Observação: a etapa 3 pode ser omitida se, paralelamente ao "meli-melô" se propõe às crianças um dos dois materiais constituídos de triângulos (ver ficha de atividades 73).

- **Etapa 4:** O *"meli-melô" utilizado como quebra-cabeças (Maternal, Jardim A e Jardim B)*
  O conjunto de peças é acompanhado de ilustrações indicando o contorno externo de formas (preferencialmente figurativas, ou eventualmente geométricas), que podem ser reproduzidas com as peças. O livro de M. Anno propõe uma boa coleção destas figuras, mas sempre se pode inventar outras: um gato, um barco, uma casa... Para iniciantes, oferecer um modelo do mesmo tamanho que o quebra-cabeças a montar. Isto funciona como uma atividade tranquilizadora para as crianças pouco seguras de si próprias, que simplesmente colocarão as peças sobre o modelo. Se for necessário, propor um auxílio, indicando o contorno de uma ou de diversas peças: preparar diversas fichas diferentes.

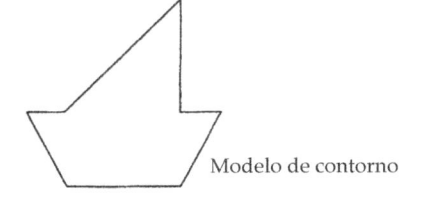

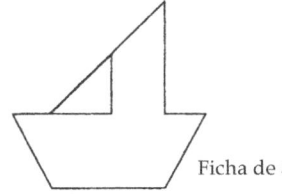

Modelo de contorno   Ficha de auxílio

Como no caso dos quebra-cabeças comuns, ocorre uma evolução espontânea em direção a uma reprodução ao lado do modelo, proveniente da familiaridade adquirida no decorrer de inúmeras manipulações. Se isto aparentemente tardar, pode-se conduzir o trabalho neste sentido – no Jardim B, pois antes de modo geral seria prematuro – fornecendo modelos de tamanho ligeiramente (mas claramente) inferior ou superior ao quebra-cabeças a manipular.
Quanto mais recortado for o contorno da figura, tanto mais fácil será reconstituir o quebra-cabeças. Posteriormente, o modelo será proposto reduzido à metade de sua dimensão, ou ao contrário, duplamente maior (atividade a ser reservada ao Jardim B Ciclo 2, e retomada no Ensino Fundamental).

- **Etapa 5:** *Montando figuras geométricas com o "meli-melô" (Jardim B)*
  Utilizando a cada vez as cinco peças do brinquedo, montar o maior número possível de formas geométricas, todas diferentes entre si.
  Algumas sugestões para facilitar o trabalho do professor (há diversas outras soluções):

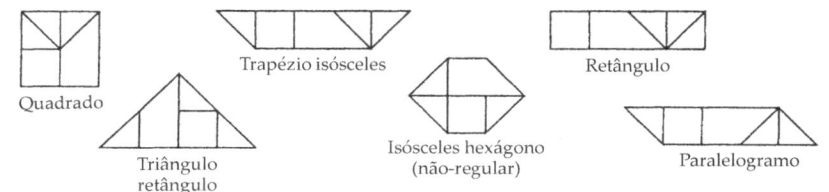

  Quadrado Trapézio isósceles Retângulo
  Triângulo retângulo Isósceles hexágono (não-regular) Paralelogramo

- **Etapa 6:** *Jogo de Kim com o "meli-melô" (Jardim B)*
  O uso das peças do quebra-cabeças geométrico como elementos de um jogo de Kim (jogo que, aliás, deve ser bem conhecido das crianças e praticado regularmente), permite a verbalização, seja por denominação, seja por descrição da forma retirada.

ATIVIDADE 70

Quebra-cabeças geométricos clássicos de peças poligonais

Jardim A – Jardim B

Intenções pedagógicas
– reconhecimento de uma figura geométrica independentemente de sua posição;
– construção de figuras por composição;
– enriquecimento do vocabulário geométrico: saber nomear as figuras e algumas de suas partes mais importantes (lado, vértice, meio, diagonal, ponto de intersecção, centro, etc.), e descrevê-las (propriedades características = atributos essenciais);
– compreensão da igualdade de comprimentos, propriedades de simetria e de transitividade da igualdade;
– compreensão de ângulo e amplitude de um ângulo;
– compreensão de lateralização e espacialização;
– sensibilização para a simetria ortogonal e a translação;
– compreensão da igualdade de áreas, conservação por deslocamento, propriedades de
– simetria e de transitividade, recobertura de uma superfície por outras;
– abordagem distante da noção de fração.

Somente introduzir o vocabulário que será útil, e não para simples memorização de termos cuja utilidade permanecer incerta.

Material

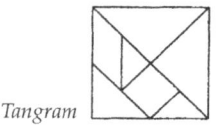

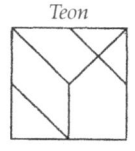

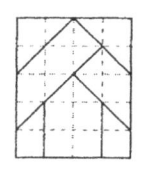

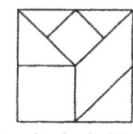

Tangram   Teon   to-dong   Quadrado de Pitágoras

O Ensino da Matemática na Educação Infantil 155

Se o "meli-melô" foi utilizado no Maternal, pode-se no Jardim A e no Jardim B realizar atividades similares com outros quebra-cabeças, evitando tornar tedioso o trabalho.

Destaquemos também que o tangram, devido à sua peça em forma de paralelogramo, é nitidamente mais difícil do que o "meli-melô". Tangram e quadrado de Pitágoras têm o mesmo nível de dificuldade; teon e to-dong podem ser destinados às crianças mais empreendedoras.

Aplicação
– manipulações livres *(Jardim A e Jardim B)*;
– jogo dos comprimentos – cf. "meli-melô" *(Jardim A e Jardim B)*;
– reconstituir o tangram dentro de um encaixe: com modelo dentro do encaixe; com modelo fora do encaixe; e depois sem modelo *(Jardim A e Jardim B)*;
– reconstituir o tangram sem encaixe: com modelo do mesmo tamanho; com modelo reduzido; sem modelo *(Jardim B)*;
– reconstituir uma forma figurativa a partir de um modelo em tamanho real mostrando o contorno de cada peça *(Jardim A e Jardim B)*;
– encontrar os tans, isto é, as peças que podem ser superpostas, primeiramente uma peça sobre uma peça, e depois diversas peças sobre uma. Para esta atividade, é interessante dispor de um tangram cujas duas faces tenham cores diferentes *(Jardim A e Jardim B)*;
– reconstituir uma forma figurativa a partir de um modelo reduzido que mostra o contorno de cada peça *(Jardim B)*;
– reconstituir uma forma figurativa a partir de um modelo reduzido que mostra somente o contorno externo *(Jardim B)*;
– reproduzir em espelho uma forma figurativa cujo modelo (contorno) é dado, e depois sem modelo para o contorno da figura simétrica *(Jardim B)*; utilizar para tanto dois tangrams recortados de um material bicolor;
– utilizando as sete peças de um tangram quadrado, montar um retângulo, um triângulo, um paralelogramo, um trapézio, etc. *(Jardim B, Ciclo 2)*.

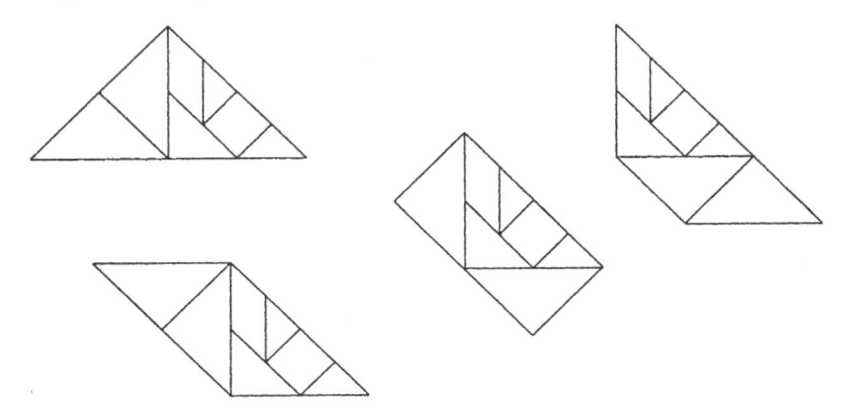

As composições aqui propostas são apenas uma solução dentre outras!
– utilizar uma ou diversas peças do tangram para montar um friso, um "calçamento", uma rosácea a partir de peças pré-recortadas *(Jardim B)*;
– medir a superfície de uma peça com a ajuda de uma outra peça ("calçadas" montadas com pequenos triângulos, como se fossem "lajotinhas", por exemplo).

ATIVIDADE 71

Quebra-cabeças de bordas curvilíneas

Intenções pedagógicas
– reconhecimento de uma figura geométrica independentemente de sua posição;
– construção de figuras por composição;
– discriminação de linha reta e linha curva;
– enriquecimento do vocabulário geométrico: saber nomear as figuras e algumas de suas partes mais importantes (lado, vértice, meio, diagonal, ponto de intersecção, centro, etc.) e saber descrevê-las (propriedades características ou atributos essenciais);
– compreensão da igualdade de comprimentos (segmentos de retas), e propriedades de simetria e de transitividade;
– compreensão de ângulo e amplitude de um ângulo;
– compreensão de lateralização e espacialização;
– sensibilização para a simetria ortogonal e para a translação;
– compreensão de igualdade das áreas, conservação no deslocamento, propriedades de simetria e de transitividade, recobertura de uma superfície por outras;
– abordagem distante da noção de fração.

Introduzir somente o vocabulário que pode ser útil, e não apenas para memorização de termos cuja utilidade permanece sendo duvidosa.

Material

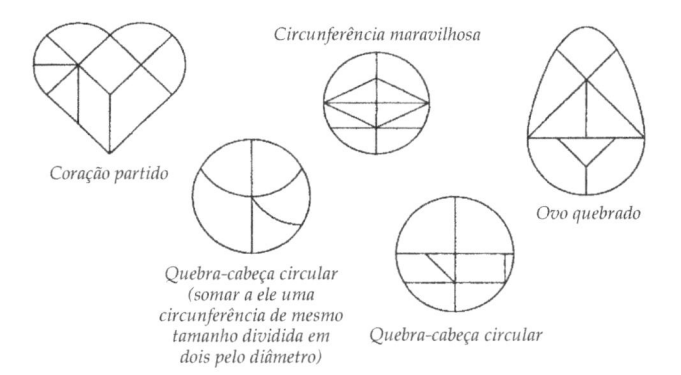

Coração partido

Circunferência maravilhosa

Ovo quebrado

Quebra-cabeça circular
(somar a ele uma circunferência de mesmo tamanho dividida em dois pelo diâmetro)

Quebra-cabeça circular

Podem-se confeccionar estes jogos em papelão grosso, plástico ou espuma, recortando-os com tesoura. Mas atenção: a divisão e o recorte devem ser feitos com muito cuidado. O compensado não deve ser considerado, a não ser que contemos com um equipamento sofisticado para o recorte, pois as ferramentas utilizadas (serrinha tico-tico, por exemplo) não resultam numa regularidade suficiente para os recortes em curva. Alguns destes quebra-cabeças são comercializados: neste caso, dar preferência para aqueles que tenham todas as peças da mesma cor, ou com maior rigor ainda, que tenham uma face de uma cor e o verso de outra, evitando aqueles nos quais cada peça tem uma cor específica. Antes da compra, verificar a precisão dos recortes.

Exploração: todas as atividades propostas como tangram podem ser retomadas (com exceção da realização de polígonos, pois para confeccioná-los seria preciso utilizar somente uma parte das peças).

ATIVIDADE 72
Decomposições regulares de figuras clássicas

Maternal – Jardim A – Jardim B

Intenções pedagógicas
– familiarização com as figuras clássicas mais importantes (impregnação multissensorial que não destaca nenhuma disposição particular da figura);
– descoberta de certas propriedades destas figuras, particularmente as simetrias e as suas consequências em termos de setores angulares e de comprimentos e, no caso dos polígonos, o número dos seus vértices e de seus lados;
– exercício visando tornar evidentes os elementos não materiais acerca da representação de uma figura;
– diferença entre figura geométrica (abstrata) e representação material.

Material
Todas as figuras clássicas podem ser objeto de decomposições, regulares ou não. Procuramos privilegiar os recortes em peças passíveis de serem superpostas ou recomponíveis a partir de outras peças, em vez de recortes arbitrários. No final desta ficha, indicamos as peças principais de algumas decomposições especialmente interessantes, mas outras figuras podem ser utilizadas de acordo com o mesmo princípio.
Observação: no Maternal, oferecer primeiramente a forma inteira e sua decomposição em duas partes. Fornecer então as decomposições em três partes, depois em quatro, a princípio isoladamente, e depois em conjunto com as decomposições utilizadas anteriormente.

Aplicação
– triagem, sem instrução específica (a partir do Maternal), ou em função do número de lados (a partir do Jardim A);
– montagem livre (todas as séries);
– reconstituição do polígono de origem (ver abaixo a observação referente ao uso no Maternal);
– utilizando o jogo bicolor, reconstituição do polígono de origem com todas as peças da mesma cor. Nesta oportunidade, procurar todas as peças que podem ser colocadas indiferentemente sobre um lado ou sobre outro (como os quadrados, os retângulos, os triângulos isósceles); distingui-las umas das outras segundo possam ou não ter sua posição invertida, e aplicar então o termo preciso que as designa. Assim, quando se constata que certos triângulos podem ser encaixados segundo dois de seus lados, pode-se explicar então que eles se chamam triângulos isósceles, e pedir que as crianças descubram se os demais triângulos são isósceles ou não (posicionando-os de duas maneiras ou podendo ser encaixados somente de uma única maneira); da mesma forma, o que permite diferenciar um quadrado de um retângulo é a possibilidade de encaixe após cada quarto de volta (Jardim A e Jardim B);
– no caso das decomposições de figuras com número par de peças, utilizando o jogo bicolor, reconstituição do polígono de origem de maneira a alternar a cor das peças (abordagem da simetria central) (Jardim A e Jardim B);
– no caso das decomposições de figuras com número par de peças, utilizando o jogo bicolor, reconstituição do polígono de origem de forma a dividi-lo em duas metades de cores diferentes (abordagem da simetria ortogonal) (Jardim A e Jardim B).

O triângulo em pedaços

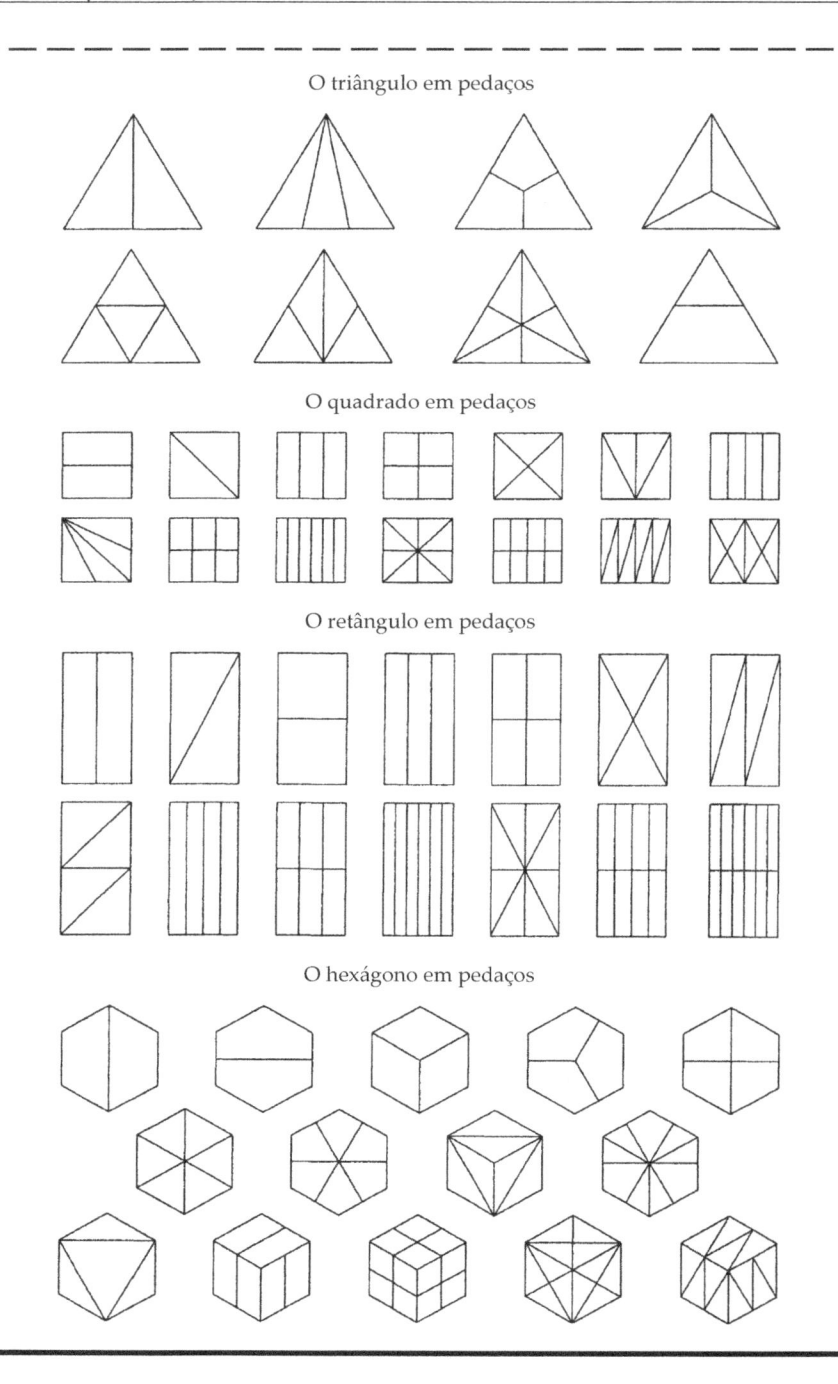

O quadrado em pedaços

O retângulo em pedaços

O hexágono em pedaços

ATIVIDADE 73
Os triângulos

Maternal – Jardim A – Jardim B

Intenções pedagógicas
– familiarizar a criança com diferentes tipos de triângulo, fixando assim convenientemente (e não de maneira restritiva) este conceito;
– encorajar diversas opções de critérios de triagem para uma coleção de triângulos, com vistas a explicitar os atributos essenciais de um triângulo (atividade 1);
– familiarizar a criança com diferentes tipos de quadriláteros, contribuindo assim para fixar adequadamente (e não de maneira restritiva) este conceito;
– exercitar a capacidade de reconhecer os elementos que não estão materializados na representação de uma figura.

Material
Seis exemplares manipuláveis (em papelão, compensado, espuma, plástico, etc.) de cada um dos quinze triângulos seguintes (cujas dimensões dos lados se encontram determinados em centímetros):
Triângulos equiláteros: 10-10-10, 20-20-20.
Triângulos retângulos: 10 de um lado e 20 de hipotenusa
  10 e 20 para os lados de ângulo reto
  isósceles 10, isósceles 20
  15 – 20 – 25.
Triângulos isósceles: 10-10-15, 15-15-10, 15-15-20, 20-20-25, 25-25-10, 25-25-20.
Triângulos escalenos: 10-15-20, 10-20-25.
Estes mesmos triângulos recortados em papel (vinte exemplares de cada, e outro tanto para a etapa 3).

* **Etapa 1 (em atelier)**
Após um certo tempo de utilização livre, durante o qual é recomendável observar o que as crianças produzem espontaneamente, pedir que elas classifiquem os triângulos, sem explicitar sob qual critério fazê-lo. No Jardim B, pedir às crianças que expliquem de que maneira procederam para classificar os triângulos (explicitação do critério de memorização: insistir no fato de que um triângulo não tem sempre a mesma forma, mas sempre tem três lados, três vértices e três ângulos).

* **Etapa 2 (em atelier)**
Pesquisar todas as figuras que se podem obter reunindo dois triângulos por um lado comum. Pode-se oferecer a cada criança um jogo de seis (se possível doze) triângulos, todos passíveis de serem superpostos, ou então fornecer ao grupo diversas séries de seis (ou de doze) triângulos. Oferecer também folhas grandes de papel e fita adesiva para montar painéis que permitam conservar o registro de todas as descobertas. No momento do relatório oral em grande grupo, confrontar as produções dos diversos grupos. No Jardim B, solicitar explicações acerca das etapas seguidas. Procurar um meio de assegurar-se de que todas as figuras possíveis foram montadas; para tanto basta fixar um dos dois triângulos, e dispor o segundo sucessivamente, frente e verso, em cada um dos lados. Antes de descolar as peças para reutilizá-las, montar um cartaz colando os triângulos de papel.

* **Etapa 3: Montagem de um número qualquer de peças**
Propor gabaritos da mesma dimensão das peças manipuladas, para as crianças que encontram dificuldades em realizar este tipo de montagem; estes gabaritos não devem mostrar o traçado interno que determina os triângulos, pois neste caso as crianças não teriam mais nenhuma busca a realizar. Conservar registro dos resultados em cartazes.

ATIVIDADE 74

Mosaicos e jogos sobre grades

Jardim A – Jardim B

Intenções pedagógicas
– exercitar a identificação de referências em uma grade quadriculada, trabalhando tanto com as intersecções das linhas da grade quanto com as casas vazias;
– desenvolver o sentido da simetria, graças a materiais que permitam a sistematização das ações;
– sensibilizar para as combinações de curvas.

Material
– grades perfuradas nas quais se introduzem elementos *(Mosaicolor, Coloredo, etc.)*;
– suportes quadriculados *(Piky)*.

- **Etapa 1**
Cantinho do material. Descoberta livre.

- **Etapa 2**
Cantinho do material. Reprodução de desenhos fornecidos, podendo este modelo ser simplesmente colocado sobre (ou sob, de acordo com o material) a grade, ou ao lado do suporte. Propor posteriormente modelos de dimensão reduzida.

- **Etapa 3**
Cantinho do material. Atividade análoga à precedente, porém o modelo fornece somente a metade (ou mesmo um quarto) de um desenho a ser reproduzido e completado por simetria axial. A simetria axial em uma grade de malhas quadradas pode ser facilmente obtida por um eixo "vertical", por um eixo "horizontal" ou por um eixo "oblíquo".
Se desejarmos levar as crianças a conservar um registro escrito de suas produções sem recorrer à fotocópia dos trabalhos, proceder como indicado na ficha de atividades nº 12.

ATIVIDADE 75

Os tabuleiros de pregos

Intenções pedagógicas
– familiarizar as crianças com diferentes tipos de polígonos mediante impregnação multissensorial;
– estimular a construção de um mesmo tipo de figura, variando a sua disposição em relação aos outros elementos;
– exercitar a determinação de um polígono, seja pela sequência de seus vértices, seja pela de seus lados;
– exercitar a capacidade de ver claramente os elementos que não estão materializados na representação da figura;
– desenvolver o sentido da simetria graças a materiais que permitem a sistematização das ações;
– treinar a colocação de referências em uma grade, principalmente a partir das intersecções entre as suas linhas.

O ENSINO DA MATEMÁTICA NA EDUCAÇÃO INFANTIL **161**

Material
Suporte rígido sobre o qual são enfiados pregos regularmente espaçados, de acordo com uma rede de malhas quadradas, triangulares (triângulo equilátero) ou em círculo.
Neste suporte se fazem as figuras, com elásticos ou fios de lã.
Papel pontilhado reproduzindo a mesma malha.

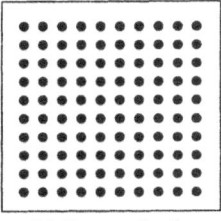

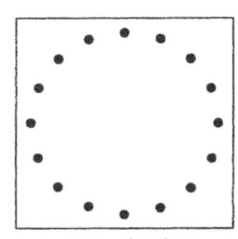

| Malha quadrada | Malha triangular | Em círculo |

Atividades propostas
Trabalho em *cantinho*; diversas crianças, munidas cada qual de seu tabuleiro de pregos (do mesmo tipo ou não), podem trabalhar simultaneamente;
– manipulações livres (Jardim A e Jardim B);
– reprodução de uma forma (figurativa ou geométrica) desenhada em papel pontilhado (Jardim A e Jardim B);
– reprodução ao espelho de uma forma (figurativa ou geométrica) com e depois sem modelo do contorno da figura simétrica (Jardim B);
– confecção de um quadrado (no tabuleiro de malha quadrada) e um triângulo equilátero (no tabuleiro de malha triangular);
– confecção de retângulos, paralelogramos, triângulos, etc. Quando podemos dizer que duas figuras são diferentes? Quais são "as mesmas" figuras (isométricas)? De quantas maneiras diferentes podemos fazer uma mesma figura (trabalho com as simetrias e as rotações)?
– quantos triângulos diferentes podemos obter em um tabuleiro de nove pregos? (situação-problema);
– distinção de uma figura e seu traçado quando eles não coincidem: necessidade de uma convenção para deixar claro *(materializar)* os vértices (por exemplo, enrolar o fio de lã em torno do prego se este for um vértice, ou passar por ele sem enrolar, se não for um vértice);
– confecção de figuras com um ângulo reto (pensa em figuras não convexas!).

ATIVIDADE 76

Encaixes intercambiáveis

Jardim A – Jardim B

Intenções pedagógicas
– discriminação de formas;
– familiarização com figuras de bordos retilíneos ou curvilíneos;
– formação de pares de formas cheias e vazadas de mesmo contorno;
– enriquecimento das evocações cinestésicas, visuais e/ou verbais associadas a uma figura dada;

– exercício da capacidade de distinguir os elementos não materializados na representação de uma figura;
– pesquisa das simetrias que conservam constante uma figura;
– enriquecimento do vocabulário geométrico.

Material
– quadros quadrados vazados, compostos de duas partes (ver esquema);

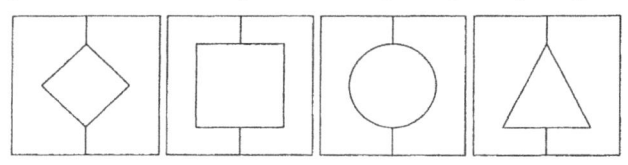

– formas que podem se adaptar dentro dos vazados (dez diferentes).

Aplicação

- **Etapa 1** *(Jardim A e Jardim B)*
Descoberta livre. Observar as estratégias e os resultados obtidos pelas crianças.

- **Etapa 2** *(Jardim A e Jardim B)*
Dada uma peça, encontrar as duas partes do quadro que a reconstituem com seu vazado. Inversamente, dadas duas partes de um quadro (idênticas ou não), encontrar a peça ou as peças que aí podem ser inseridas.

- **Etapa 3** *(Jardim B)*
Dados uma peça e seu quadro, responder de quantas maneiras podemos posicionar a peça para que ela continue se adaptando ao quadro.

Atividade 77

"Tetraminós" e "pentaminós"

Jardim A – Jardim B

Intenções pedagógicas
– formação de pares de formas cheias e formas vazadas de mesmo contorno;
– sensibilização para a possibilidade de montar com peças menores um quadrado ou um retângulo ("calçamento" irregular);
– treinamento para distinguir elementos não materializados na representação de uma figura;
– montagem de uma figura pela reunião de peças;
– familiarização com a formação de uma superfície e abordagem a longo prazo do conceito de área.

Material
– coleção de diversos exemplares das diversas formas de "tetraminós";
– *ou* coleção de diversos exemplares das diversas formas de "pentaminós";
– tabuleiros retangulares de dimensões diversas, capazes de conter um determinado número de "tetraminós";
– *ou* tabuleiros retangulares de dimensões diversas, capazes de conter um determinado número de "pentaminós";
– sacola para guardar a reserva de "tetraminós" ou de "pentaminós".

Aplicação

- **Etapa 1** *(Jardim A e Jardim B)*
Fornecer à criança o encaixe pronto (tabuleiro preenchido com os "tetraminós" ou os "pentaminós") e a sacola contendo a reserva de peças. Desmontar o encaixe e recolocar as peças novamente no tabuleiro. No final do trabalho, pode-se trocar uma peça cuja forma não é conveniente por outra da forma desejada, procurando na reserva.
Pode-se eventualmente fazer cartazes para conservar registro das montagens. Aguardar até que um número suficientemente grande tenha sido realizado, com montagens diferentes, antes de expô-los.

- **Etapa 2** *(Jardim B)*
Mesma atividade, porém as crianças não têm mais o direito de "garimpar" na reserva de peças.

- **Etapa 3** *(Jardim B)*
Mesma atividade que nas etapas precedentes, porém com tabuleiros de dimensões diferentes.

- **Etapa 4** *(Jardim B)*
Quantas peças são necessárias para preencher um tabuleiro que é entregue vazio? O número será sempre o mesmo se realizarmos o encaixe de outra maneira, e eventualmente com outras peças?

"Tetraminós" (quatro quadrados unidos)

Os "pentaminós" são constituídos por cinco quadrados unidos.

ATIVIDADE 78

Cubos encaixáveis

Jardim A – Jardim B

Intenções pedagógicas
– sensibilização para a possibilidade de construir um sólido pela reunião de formas elementares (cubos);
– análise das faces dos sólidos assim obtidos;
– abordagem a longo prazo do conceito de volume.

Material
Coleção de cubos que dispõem, em cada face, de um sistema de montagem por encaixe, permitindo a confecção de objetos complexos rígidos.

Aplicação

- **Etapa 1** *(Jardim A)*
Descobertas livres. Organização de um *museu*, no qual o professor estabelece dois departamentos: o dos trabalhos *de uma única camada*, e o dos que têm *mais de uma camada*.

- **Etapa 2** *(Jardim A)*
  Observação coletiva dos resultados obtidos, com vistas a estabelecer o(s) critério(s) que determinou (determinaram) a divisão em dois departamentos: trata-se de fazer com que as crianças distingam os objetos *"chatos"* daqueles cuja espessura *"têm diversos andares"*.

- **Etapa 3** *(Jardim B)*
  Procurar o maior número possível de montagens de uma só camada com quatro cubos: trata-se de uma situação-problema. Conservar registro dos progressos da pesquisa através de cartaz.

- **Etapa 4** *(Jardim B)*
  Comparação das faces com os "tetraminós".

- **Etapa 5** *(Jardim B)*
  Mesmo procedimento com cinco cubos.

ATIVIDADE 79

Traçado geométrico de retas e polígonos

Intenções pedagógicas
– aprender a segurar uma régua e a fazer traços;
– aprender a diferenciar uma linha reta de uma linha curva ou de uma linha quebrada;
– aprender a reconhecer figuras geométricas simples.

Material
– réguas planas não graduadas: utilizar sarrafos planos de madeira bem retos, e cortá-los em pedaços de 15, 20 e 25 cm;
– réguas em formato de paralelepípedo, de seção quadrada ou retangular;
– lápis bem apontado e papel sem pauta.

- **Etapa 1**
  No *cantinho* de desenho ou de pintura, ou em qualquer outro local da classe com mesas de desenho, inclinadas, ou simplesmente numa parede recoberta de uma faixa para desenho (placa de compensado, por exemplo); crianças em pé. Pedir a elas que tracem linhas retas no papel não quadriculado utilizando as réguas. É importante propor esta atividade em pé, para obrigar as crianças a adotar uma estratégia eficaz para segurar a régua, de tal maneira que ela não caia, o que leva a segurá-la *entre* o corpo e o traçado, e não o inverso. Utilizar papel sem linhas evita impor uma determinada direção para os traços; contudo, algumas crianças somente admitem como retas as linhas *verticais* ou *horizontais*, explicando que *as outras não são retas, porque estão inclinadas*. É importante, portanto, diferenciar bem o emprego do termo no sentido usual e no sentido geométrico.
  No momento de analisar os resultados, pedir às crianças que expliquem a técnica que utilizaram: elas se darão conta de que é fácil empregar uma régua não muito longa, e suficientemente larga, para colocar facilmente os dedos (afastados, para assegurar maior firmeza) sem que estes ultrapassem os limites da régua.

- **Etapa 2**
  No *cantinho* de desenho ou de pintura, uma vez dominada uma técnica eficaz para o traçado de retas, com as crianças em pé, pedir a elas que tracem muitas linhas retas, colorindo depois de vermelho os triângulos delimitados por estas retas e em azul os quadriláteros assim delimitados. Proceder a uma análise sistemática das produções, para levantar eventuais erros de vocabulário:

algumas crianças admitem como triângulos quadriláteros que têm em um de seus lados um comprimento muito inferior ao dos outros lados. Fazer com que sigam os lados com um lápis bem apontado, para evidenciar os quatro lados.

* Etapa 3
No local destinado a grafismos verticais ou oblíquos, ou sobre uma mesa de tampo horizontal, pedir às crianças que desenhem um triângulo com a ajuda de uma régua. Confrontar os traçados e as estratégias que permitiram fechar a figura. Muitas vezes é necessário propor uma mudança de instrumento (apanhar uma régua mais comprida), ou desenhar triângulos menores.
Observação: é importante que as crianças comecem por traçar triângulos definidos por retas que se cortem duas a duas, em vez de triângulos cujos lados *pararam bem no 'cantinho'*. Trata-se somente de duas representações equivalentes de um mesmo objeto abstrato, o triângulo; e a representação pelas retas suportes de lados facilita grandemente, no final do Ensino Fundamental e no Médio, a compreensão da construção das alturas dos triângulos obtusângulos.

ATIVIDADE 80

Calibre de ângulos

Jardim B

Intenções pedagógicas
– mostrar a necessidade de utilizar instrumentos para assegurar propriedades geométricas de uma figura, sem confiar unicamente na impressão visual;
– fazer com que as crianças aperfeiçoem métodos que permitam discriminar em detalhes as representações de quadrados e de retângulos não quadrados ou de losangos não quadrados, utilizando critérios geométricos;
– aprender a identificar um ângulo reto em uma representação.

Material
– calibre de ângulo reto, a ser confeccionado pelo professor em plástico transparente e rígido (ver modelo abaixo). É importante que o material utilizado seja transparente, para que as crianças vejam quando um ângulo é maior do que o ângulo reto; atentar também para que o recorte seja bastante preciso, para evitar problemas de identificação do ângulo. Planejar um gabarito para cada duas crianças;
– papel transparente;
– barbante ou tiras de papel;
– tesouras;
– folha mimeografada contendo diversos tipos de quadriláteros: quadrados, retângulos não quadrados, losangos não quadrados, trapézios e quadriláteros sem particularidades mas que, à primeira vista, pudessem ser tomados como estas figuras específicas; dispor todas estas figuras aleatoriamente na folha, isto é, nem sempre na posição *usual*. Preparar duas destas folhas para cada criança.

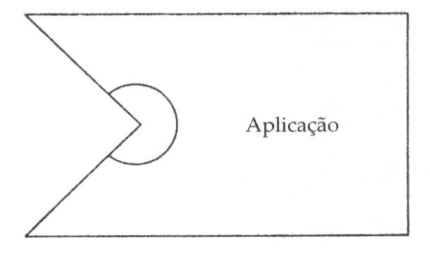

Aplicação

• **Etapa 1**
Trabalho individual no "cantinho". Distribuir a cada criança uma folha mimeografada, indicando que, se for necessário, ela poderá receber uma segunda. Colocar ao alcance das crianças o restante do material.
Instrução: "marcar com uma cruz os quadrados e com duas cruzes os retângulos não quadrados".
Algumas crianças trabalham unicamente por adivinhação. Outras podem ter a ideia de recortar as figuras (fornecer-lhes uma segunda folha para esta manipulação, conservando a primeira para anotar os resultados). A figura recortada pode ser dobrada (segundo suas diagonais ou segundo as mediatrizes dos lados), o que informa acerca dos comprimentos dos lados (consecutivos ou opostos). Pode também ser colocada sobre a figura a analisar (o trabalho de decomposição das figuras clássicas deve normalmente levar a esta técnica), procurando ver se há diversas maneiras de recobrir perfeitamente a figura: distinguem-se desta forma facilmente os quadrados (desde que um *canto* coincida, a superposição será completa), os retângulos (pode-se fazer coincidir um canto sem que os lados se superponham exatamente), e os losangos (pode-se fazer coincidir um lado, sem que as figuras se superponham): outras maneiras de tentar fazer coincidir as figuras também permitem boas identificações.

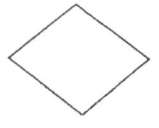

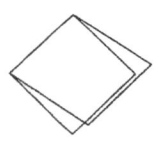

• **Etapa 2**
Relatório oral (em grupo restrito, logo após a pesquisa no *cantinho*, ou após uma outra sessão, eventualmente com crianças que não trabalharam no mesmo momento).
Pedir às crianças que justifiquem as suas respostas. Aperfeiçoar os instrumentos que permitem verificar se os ângulos de uma figura são retos (gabarito, cujo manejo é muito mais fácil do que o do esquadro: o fato de *pegar* o ângulo por sua parte externa evita muitos erros de posicionamento do instrumento e permite compreender melhor a noção de setor angular), barbante, tira de papel ou transparência para verificar que os dois lados têm o mesmo comprimento.
Insistir sobre a eficiência dos métodos por recorte e reposicionamento, ou por dobradura, destacando contudo o fato de que eles não podem ser utilizados se o suporte estiver deteriorado ou quando este não é dobrável, o que permite às crianças compreender o interesse de dispor de outros critérios.

ATIVIDADE 81

Círculos e espirais

Jardim B

Intenções pedagógicas
– aprender a desenhar determinadas figuras geométricas utilizando alguns instrumentos especiais;
– conscientizar acerca de algumas de suas propriedades;
– descobrir uma nova maneira de fazer círculos (que até o momento eram conhecidos essencialmente graças aos encaixes geométricos).

Material

– folhas de papel de grande formato (utilizar, por exemplo, as de embalagem tipo kraft claro); é preciso reservar várias folhas para cada grupo, para permitir diversas tentativas, e entregar a todos os grupos folhas de mesmo tamanho, para facilitar as comparações de dimensões das figuras;
– barbante (se se trabalha no pátio, reservar a cada grupo uma bolinha de barbante, para que as crianças possam alterar o raio do círculo à vontade);
– lápis e/ou giz;
– uma base com uma haste rígida (um prego grande de 7 a 10 cm de comprimento, pregado em um suporte espesso, como, por exemplo, uma tabuinha, cumpre esta função) (etapa 1);
– uma garrafa plástica com areia, ou um pote de tinta igualmente cheio de areia (etapa 2).

É necessário dispor de bastante espaço para realizar esta atividade: o melhor é utilizar o pátio ou o pavilhão de Educação Física.

Aplicação

Trabalho em ateliê, em duplas, para facilitar a realização dos traçados. Pode-se realizar esta atividade a partir do momento em que as crianças são capazes de esticar um barbante e conservá-lo assim enquanto fazem o traçado.

• **Etapa 1**

Propor às crianças a realização de traçados no chão ou sobre papel, utilizando uma base e um barbante (pedaço entre 50 cm e 1 m, aproximadamente, amarrado à haste fixa na base e podendo girar livremente em torno desta haste; na outra extremidade do barbante, fixar o lápis ou o giz, e seguir o suporte para riscar o chão). No início, permitir que as crianças façam traçados sem dar-lhes qualquer instrução mais precisa.

Quando diversos grupos já houverem realizado alguma coisa, relatar para o grande grupo, pedindo a cada equipe que explique ou que mostre o que fez. Geralmente, obtém-se três tipos de traçados:
– produção de linhas ou mesmo de desenhos precisos, com o barbante não esticado;
Relembrar a instrução: deixar claro que a base na verdade não foi utilizada, e que a instrução não foi inteiramente respeitada.
– traçado obtido com o barbante esticado, base imóvel ou deslocada: obtém-se, pois, um esboço de círculo, ou até mesmo um círculo completo. Avançar nas explorações, pedindo às crianças que mostrem com precisão como procederam, aperfeiçoando se necessário a sua técnica;
– barbante enrolado em torno da haste, e depois enrolado ou desenrolado para fazer os traçados: esboço de espiral.

Se nenhum grupo teve a ideia de trabalhar com o barbante esticado, fazer um balanço dos resultados, insistindo no fato de a instrução não ter sido respeitada; reiniciar a atividade impondo o trabalho com o barbante esticado.

Em um segundo momento (ou mesmo uma segunda sessão), fazer com que as crianças pesquisem como obter círculos maiores ou menores, encurtando o barbante (amarrá-lo ou cortá-lo tornará mais fácil a manipulação do que enrolá-lo, porque neste caso será preciso impedir o barbante de se desenrolar no decorrer do traçado).

Conservar os trabalhos mais originais e aqueles cuja qualidade for especialmente boa para realizar uma exposição de cartazes.

• **Etapa 2**

Mesmo procedimento utilizando o objeto com lastro (areia) e o barbante (enrolado em torno do objeto com areia).

Imobilizando a garrafa, e mantendo o barbante bem esticado enquanto o desenrola, obtém-se uma figura aberta a que chamamos espiral. Trata-se na verdade de uma espiral de Arquimedes (existem muitas variedades de espiral), caracterizada pelo fato de que seu raio aumenta de um mesmo comprimento a cada volta. Podem-se obter desenhos muito bonitos traçando diversos espirais uns sobre os outros, por exemplo, enrolando o barbante assim que ele estiver completamente desenrolado, ou deslocando ligeiramente o objeto cheio de areia antes de começar um novo traçado.

Atividade 82

Simetria

Jardim B

Intenções pedagógicas
– saber identificar se duas figuras idênticas podem ou não ser reduzidas de uma para outra por intermédio de uma simetria axial (etapa 1);
– saber determinar por dobradura o eixo de simetria que troca duas figuras (etapa 1);
– saber obter por dobradura e recorte a simetria de uma figura (etapa 2);
– saber realizar a simetria de uma figura por dobradura e traçado em transparência (etapa 3);
– saber determinar por recorte se uma figura comporta ou não um (ou diversos) eixos de simetria (etapa 4);
– saber identificar no ambiente situações que apresentam um eixo de simetria (etapa 5).

Material
Para a etapa 1: para cada criança, uma série de folhas não quadriculadas, cada uma com dois desenhos idênticos, simétricos ou não, traçados em preto e sem colorido (na verdade, do ponto de vista matemático, a simetria nada tem a ver com a cor: esta pode muito bem ser diferente de um lado e de outro dos lados simétricos da figura).
Atentar para que:
– sejam utilizadas folhas suficientemente grandes e relativamente transparentes;
– o eixo de simetria não esteja materializado;
– não sejam propostos unicamente eixos paralelos aos bordos da folha;
– as figuras simétricas sejam dispostas de maneira que a dobradura que fará com que uma recubra a outra não se dê ao dobrar a folha borda com borda;
– sejam escolhidas figuras que não comportem elas próprias um eixo de simetria.
Para a etapa 2:
– tiras ou folhas de papel com um desenho (suficientemente simples para permitir o recorte) e um traçado que indique onde realizar o recorte;
– tesouras.

Para a etapa 3: cópias de folhas não quadriculadas com um desenho traçado em uma única cor e não colorido internamente, e uma reta na mesma cor. Tomar as mesmas precauções da etapa 1: durante a preparação, assegurar-se de que o traçado da simetria ficará inteiramente contido na folha.

Para a etapa 4: cópias em folhas não quadriculadas com o contorno de um desenho em uma única cor, apresentando um ou diversos eixos de simetria. Tomar as mesmas precauções que as anteriores, com exceção da última.

Aplicação

• **Etapa 1**
Trabalho individual no "cantinho" de Matemática.
Fornecer a cada criança uma série de folhas, com os dois desenhos idênticos, e perguntar-lhe quais são os que podem ser dobrados uma única vez, de maneira que ambos os desenhos se recubram inteiramente. Dar um tempo para a pesquisa livre. Se nenhuma criança pensar nesta solução, explicar que é preciso recobrir as figuras por transparência (se o local permitir, valer-se da ajuda de uma janela).

Assim que o trabalho estiver terminado, proceder à verificação, promovendo uma troca de trabalhos entre as crianças. Fazer então duas pilhas, a primeira com os desenhos que se recobrem com exatidão mediante a dobradura, e a segunda com os outros. Indicar que a dobra é o eixo de simetria; passar uma caneta hidrográfica sobre ele, para torná-lo mais visível. Mencionar que os dois desenhos são simétricos um ao outro em relação a este eixo (aporte de vocabulário).

Montar um painel com os diferentes resultados: todas as folhas devem ser afixadas no mesmo sentido, de maneira a tornar evidente a variedade de posições possíveis do eixo de simetria.

- **Etapa 2**

Trabalho individual no *cantinho* de Matemática.

Fornecer a cada criança uma tira ou folha de papel preparada e tesouras.

Fazer com que a dobra seja feita ao longo do traço, para conservar visível o traçado. Pedir que seja recortada a folha dobrada, seguindo o contorno desenhado. Desdobrar.

Se as crianças realizaram o recorte sem danificar o restante da folha, desdobrar também o resto, e mostrar o resultado. Afixar os resultados com os recortes mais diversos entre si. Pode-se dar prosseguimento a esta atividade com a realização de recortes de bonequinhos de mãos dadas, ou de qualquer outra figura, recortando uma folha dobrada diversas vezes segundo os seus eixos, todos paralelos entre si, o que permite obter uma espécie de faixa com elementos unidos e simétricos dois a dois.

- **Etapa 3**

Trabalho individual no *cantinho* de Matemática.

Fornecer a cada criança folhas com um desenho e uma reta. Pedir-lhes que tracem o desenho simétrico àquele em relação à reta. Permitir que as crianças pesquisem, e depois realizar um relatório oral dos métodos aplicados, fazendo um balanço dos resultados. O trabalho precedente deve conduzi-las a dobrar a folha segundo o traço que materializa o eixo de simetria.

Dois resultados são possíveis por esta dobradura:

– o desenho-modelo encontra-se no interior da folha dobrada. Neste caso, é preciso fazer dois traçados, pois o primeiro, que se faz por transparência, encontra-se no verso da folha, em relação ao desenho fornecido. É necessário pois redesenhá-lo por transparência para obter o desenho modelo e seu simétrico do mesmo lado da folha;

– o desenho-modelo encontra-se no exterior da folha. Neste caso, um único traçado é suficiente para obter os dois desenhos, modelo e simétrico, face a face no mesmo lado da folha.

Se a nenhuma criança ocorreu realizar a dobradura da segunda maneira, propor a busca de um método que permita obter diretamente os dois desenhos na mesma face da folha.

Insistir na necessidade de traçar com precisão, para obter um resultado suficientemente fiel; para tanto, é aconselhável fornecer desenhos compostos em grande parte de segmentos de reta, e convidar as crianças a utilizar regras para traçar a figura simétrica.

Afixar os resultados, escolhendo-os de forma que os eixos de simetria apresentem orientações variadas em relação a cada folha.

- **Etapa 4**

Trabalho análogo, com folhas contendo desenhos que comportam um ou vários eixos de simetria.

Fazer com que as crianças destaquem com caneta hidrográfica os eixos de simetria determinados pelas dobras: quando uma figura possui diversos eixos de simetria, pode-se utilizar uma cor diferente para cada eixo, de maneira a diferenciá-los melhor.

- **Etapa 5**

Buscar no ambiente situações nas quais nos encontramos diante de simetrias (reais, ou em fotografias). As fontes de simetria podem ser oriundas da arquitetura, da biologia (folhas, rostos, corpo humano ou de animais, etc. Contudo, esta simetria é aproximada: fazer com que as crianças se apercebam disso), reflexos na água ou em um espelho... Alguns álbuns de ilustrações permitem dar prosseguimento a este tema.

ATIVIDADE 83

Caixas para introdução de figuras geométricas

Maternal

Intenções pedagógicas
– observação de formas geométricas planas, cheias (faces de sólidos) ou vazadas (orifícios da caixa);
– formação de pares entre as formas cheias e as vazadas;
– distinção entre forma plana (face) e forma tridimensional (sólido);
– desenvolvimento da motricidade fina pela introdução dos sólidos dentro da caixa.

Material
A caixa de orifícios é constituída de:
– um recipiente poliédrico que tem uma face vazada com orifícios de formas diversas;
– diversos sólidos cujas faces são uma ou outra das formas dos orifícios do recipiente.

Um dispositivo permite abrir a caixa para recuperar os sólidos após haverem sido aí introduzidos. É desejável que a face perfurada possa ser posicionada de diversas maneiras. É este o caso quando ela tem forma retangular e pode correr em um apoio, tal como uma gaveta, para abrir e fechar a caixa: pode-se assim colocá-la em quatro posições diferentes, o que permite uma variação dos ângulos dos quais as crianças veem os orifícios.

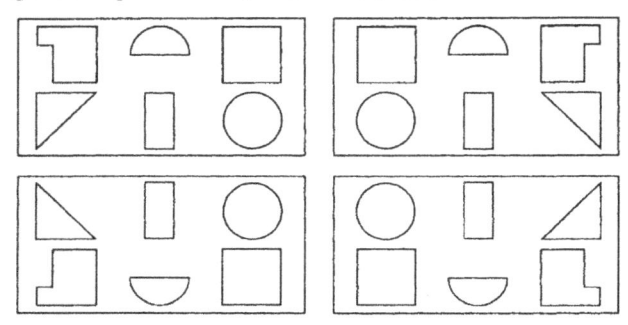

É preferível escolher uma caixa sem muitos enfeites do que um brinquedo em formato de casinha ou outro tema, para favorecer uma maior atenção para os aspectos geométricos.

Para a etapa 2, massa de modelar.

Aplicação

• **Etapa 1:** trabalho individual, de preferência sobre um tapete (as crianças ficam assim mais confortavelmente instaladas do que sentadas à mesa, e as inevitáveis quedas de objetos a serem inseridos causam menos ruído), no *cantinho* dos materiais de Matemática, isto é, em um ambiente calmo, fora dos locais de circulação.

Não fornecer instrução, para permitir uma pesquisa e descobertas realmente livres: no caso, muito raro, em que a criança não empreende nenhuma atividade com os objetos que lhe são propostos, mostrar lentamente, e sem qualquer comentário, como fazer passar algumas formas para o interior da caixa.

Aproveitar a hora de guardar os brinquedos e de qualquer outra oportunidade, para nomear as formas (no caso da caixa, seria, por exemplo: cilindro, paralelepípedo, prisma de base triangular, cubo, semicilindro, prisma de base hexagonal – hexágono côncavo em forma de L).

- **Etapa 2** *(atividade dirigida, em pequenos grupos)*
  O professor indica um orifício, e pergunta qual sólido pode passar por ele. A cada proposição das crianças, promover uma comparação entre as faces e o orifício. Se necessário, tirar a impressão das faces na massa de modelar e comparar esta impressão com cada orifício. Dar os nomes aos sólidos e às faces, quando isto facilitar a formulação: trata-se simplesmente de uma impregnação, não sendo necessário que as crianças utilizem desde já e sistematicamente estes termos.

ATIVIDADE 84

O jogo de construção tradicional

Maternal – Jardim A

Intenções geométricas
– discriminação de formas tridimensionais;
– familiarização com os sólidos clássicos por impregnação rnultissensorial que não privilegia nenhuma disposição especial da figura;
– descoberta de certas propriedades destes sólidos, em particular as formas de suas faces...;
– enriquecimento do vocabulário geométrico.

Material
Coleção de sólidos maciços, de madeira ou plástico, na qual cada elemento tem somente uma cor, e o número de cores é relativamente restrito (usualmente são quatro: azul, verde, amarelo e vermelho). Deve haver diversos exemplares de cada tipo de forma, eventualmente de tamanhos diferentes. Evitar jogos nos quais cada forma tem uma cor própria, o que induz à confusão entre forma e cor.
As formas que se encontram mais frequentemente são cubos, paralelepípedos retângulos, cilindros, cones, pirâmides e "pontes".

Aplicação
Trabalho individual no "cantinho" ou ateliê de diversas crianças (limitar o número de participantes em cada sessão para evitar dispersão e demasiado ruído).
Após período de descobertas livres (no qual é desejável anotar as ações empreendidas espontaneamente pelas crianças), pode-se utilizar o material de construção para atividades variadas, das classificações por cor ou por forma às tentativas de empilhamento que evidenciam as propriedades de estabilidade ligadas à condição plana das faces. Estas atividades podem ser livres (indicação sucinta e não constrangente da atividade desejada) ou com instruções precisas. O vocabulário é dado à medida que vão surgindo as necessidades (e mais sistematicamente no momento de guardar o brinquedo, quando se pede que as crianças alcancem este ou aquele elemento), essencialmente com a intenção de impregnação. Para contribuir à memorização do vocabulário, podemos utilizar blocos de construção para um *Jogo de Kim*, se as crianças já tiverem familiaridade com esta atividade.

ATIVIDADE 85

Construção de poliedros utilizando pinos e rótulas

Jardim. B

Intenções pedagógicas
– discriminação de formas tridimensionais;
– familiarização com os sólidos clássicos pela construção da sua representação esquelética;
– descoberta de certas propriedades destes sólidos;
– enriquecimento do vocabulário geométrico.

Material
Conjunto de pinos e rótulas com um certo número de furos, destinados a receber a extremidade dos pinos. Todas estas peças devem ser feitas de um material rígido e resistente, como madeira ou plástico.

Aplicação
Trabalho individual no *cantinho*, ou atelier de diversas crianças.
Frequentemente é necessário esboçar estas atividades com alguns exemplos.
Depois que diversas montagens diferentes foram produzidas, propor um relatório ao grupo, fazendo com que os autores precisem a maneira pela qual realizaram a sua montagem: perguntar às crianças se elas conhecem outros objetos com a mesma forma, para estimular o reconhecimento de um sólido por meio de diversos tipos de representação: sólido maciço (como no jogo de construção ou na caixa de orifícios), sólido vazado (embalagens), arestas de sólidos.
Explorar qualquer observação espontânea das crianças acerca do número de pinos que se encontram em uma mesma rótula, para empreender a partir daí uma enumeração sistemática das arestas com origem em um mesmo vértice.

ATIVIDADE 86

Construção de poliedros utilizando faces poligonais

Jardim A - Jardim B

Intenções pedagógicas
– discriminação de formas tridimensionais;
– familiarização com os sólidos clássicos para a construção da sua representação vazada;
– descoberta de certas propriedades destes sólidos;
– enriquecimento do vocabulário geométrico;
– familiarização com o conceito de desdobramento (padrão) de um poliedro;
– representação de um poliedro com a ajuda de qualquer um de seus padrões.

Material

Coleção de polígonos com encaixes, como, por exemplo, o jogo Polydron (vendido por O.D.M.P., Rua Rodier 64, 75009 Paris). O modo de encaixe destas peças faz com que as formas de base não sejam as representações habituais das figuras geométricas simples. Este inconveniente desaparece durante a montagem do sólido, quando as arestas se tornam então bem retilíneas.

Aplicação

- **Etapa 1**

Propor este material em manipulação livre a partir do Jardim A. As primeiras atividades são em geral de classificação (por cor ou por forma), de montagem no plano (como quebra-cabeças), e depois a montagem do volume.

Valorizar os resultados deste último tipo, a fim de estimular as crianças a se conscientizarem pouco a pouco de que é possível construir um sólido a partir de figuras planas. Pode-se organizar um "museu", que se constitui em geral em um ótimo estímulo para a montagem de outros volumes.

Quando se houver obtido diversos sólidos diferentes, proceder a um relatório ao grupo, perguntando às crianças em que estes sólidos se parecem e em que diferem. Com este objetivo, fornecer alguns termos de vocabulário tais como vértice, aresta, face.

- **Etapa 2**

Pedir às crianças que coloquem no plano alguns dos sólidos por elas montados: o professor então registra este padrão (desenho formado pelo sólido uma vez aberto no plano). Guiar então a realização de montagens relativas a um ou a outro destes padrões e levar à constatação de que a partir daí pode-se reconstituir o sólido.

À medida que outros sólidos vão sendo construídos, desenhar o modelo de cada um no plano, e reconstituir os sólidos a partir deste padrão ou modelo.

Observação: evitar nomear as formas das faces antes que as crianças o façam espontaneamente. De fato, algumas delas podem considerar estranho chamar de *quadrado* ou de *triângulo* uma forma cujos lados não têm o aspecto retilíneo das representações habituais.

Especialmente quando uma criança descreve o resultado que obteve recorrendo a estes termos, as outras podem protestar que as faces não são triângulos ou quadrados devido à irregularidade, a qual é necessária para possibilitar o encaixe.

Os dois pontos de vista são justificáveis: na verdade, a criança que chama de quadrado as faces que lhe permitem formar um cubo já sabe abstrair as imperfeições devidas à materialidade da representação, e referir-se à imagem mental – isto é, ao objeto geométrico – ao qual esta representação remete.

Uma tal prova de que está sendo levada em consideração a diferença entre objeto material e objeto geométrico mostra uma capacidade de abstração tal e uma compreensão do que é um objeto geométrico, que torna conveniente anotá-la na ficha de avaliação desta criança.

ATIVIDADE 87

Montagens com Lego

Jardim B

Intenções pedagógicas
– estimular a leitura de planos de montagem;
– familiarizar a criança com a representação bidimensional de objetos tridimensionais (perspectiva cavaleira*).

Material
Caixas de Lego que permitam realizar um pequeno objeto (barco, fortaleza, etc.), acompanhadas do prospecto detalhando o plano de montagem.

Aplicação
Como as crianças frequentemente dispõem deste material em casa, a fase não dirigida de descoberta do material pode em geral ser muito restrita ou até mesmo inexistente: podemos, pois, rapidamente propor a elas uma caixa com o prospecto que detalha o plano de montagem, a ser realizada individualmente ou em pequenos grupos.
Esta atividade põe em jogo competências extremamente variadas:
– marcação do espaço da folha de papel para seguir a cronologia das etapas de montagem;
– utilização da sequência de números – escrita em algarismos – para confirmar a ordem das etapas de montagem;
– identificação das peças a utilizar a partir de sua representação em perspectiva cavaleira;
– determinação da montagem a fazer, seja a partir da representação em perspectiva cavaleira do resultado a obter, seja pela interpretação de um código da ação.
A atração extremamente importante que o produto exerce sobre as crianças leva-as a utilizar índices variados (cor das peças, número de conexões, etc.) para a leitura da representação em perspectiva cavaleira. O trabalho em grupo (duas crianças) permite a interação entre os participantes acerca da interpretação do plano de montagem, permitindo confrontar hipóteses por vezes divergentes e argumentar para defender pontos de vista, explicando as razões da escolha de um determinado índice em vez de outro.

Trabalho realizado no Jardim B de Madame Quilan, I.M.F., em Offranville.

---

* N. de R. T. Consiste em interpretar em forma tridimensional um desenho bidimensional. A expressão origina-se do movimento do cavalo no jogo de xadrez.

QUADRO-RESUMO

Atividades geométricas

- Estudo de figuras clássicas (triângulos, polígonos — regulares ou não —, "redondos") vistas sob os aspectos referentes a linhas e a superfícies.
- Abordagem de algumas transformações: simetria, rotação, translação, similitude.
- Manipulação e/ou construção de sólidos usuais, vistos sob os aspectos de rede de pontos, "esqueletos", invólucros, figuras tridimensionais maciças.

Maternal	Jardim A	Jardim B
• *Figuras*	• *Figuras*	• *Figuras*
– manipular formas do espaço e do plano (situações de comunicação); – distinguir, reconhecer e nomear "redondo", quadrado, triângulos; – utilizar formas do e espaço do plano para realizar configurações.	– manipular formas do espaço e do plano (situações de comunicação); – distinguir, reconhecer e nomear "redondo" (círculo, circunferência), quadrado, triângulos, retângulos, losangos, trapézios, pentágonos, hexágonos, octógonos; – distinguir, reconhecer e nomear: cubo e bola (esfera); (esfera), cones, cilindros, prismas, pirâmides; – distinguir, reconhecer e nomear polígonos regulares e não regulares; – utilizar formas do espaço e do plano pra realizar configurações; – reunir diversas formas pra recobri exatamente uma forma dada; – reproduzir um desenho sobre uma grade.	– manipular formas do espaço e do plano (situações de comunicação); – distinguir, reconhecer e nomear "redondo" (círculo, circunferência), quadrado, triângulos, retângulos; – distinguir, reconhecer e nomear cubo, paralelepípedos, bola; – distinguir, reconhecer e nomear polígonos regulares e não regulares; – utilizar formas do espaço e do plano para realizar configurações; – reunir diversas formas para recobrir exatamente uma forma dada; – reproduzir um desenho sobre um grade.
• **Transformações** – utilizar formas geométricas em que ocorre uma simetria em relação a uma reta~; – utilizar figuras planas em que aparece uma translação.	• **Transformações** – utilizar formas geométricas em que ocorre uma simetria em relação a uma reta, utilizando dobraduras, espelhos, auxílios diversos; – utilizar figuras planas em que aparece uma translação;	• **Tranformações** – reconhecer, analisar e utilizar formar geométricas em que aparece uma simetria em relação a uma reta, utilizando dobraduras, espelhos, auxílios diversos; – completar figuras em relação a um eixo de simetria;

	– completar figuras em que aparece uma translação.	– reconhecer, analisar e utilizar figuras planas em que aparece uma translação[1]; – completar figuras em que aparece uma translação[1]; – mesmo procedimento com uma rotação[2], uma homotecia[3] e uma similitude[4].
• Disposições e orientação de formas	• Disposições e orientação de formas – associação de um objeto a seu contorno; – associação de um objeto à sua sombra ou à sua silhueta; – utilização de representações planas de objetos tridimensionais; – representação plana de objetos tridimensionais.	• Disposições e orientação de formas – associação de um objeto a seu contorno; – associação de um objeto à sa sombra ou à sua silhueta; – utilização de representações planas de objetos tridimenssionais.

1. translação: transformação que modifica a posição sem modificar a orientação.
2. rotação: transformação que faz o corpo girar em torno de um eixo fixo; um caso particular é a simetria central.
3. homotecia: transformação que aumenta ou reduz.
4. similitude: transformação composta de uma rotação e de uma homotecia.

Geometria: nota histórica

Desde o início de sua presença na Terra, o homem foi pouco a pouco dominando a Geometria. Nas pinturas rupestres que datam de 25 mil anos antes de Cristo, os artistas utilizaram formas regulares. O mesmo aconteceu com as decorações das primeiras cerâmicas, dos cestos e de toda espécie de objeto, que utilizam formas simples. Não se pode falar aqui propriamente em *geometria*, mas muito provavelmente o homem se inspirou nas formas regulares que encontramos na natureza. A estrela do mar lembra um polígono de cinco ramos; os favos das abelhas correspondem a uma ocupação regular do espaço por meio de alvéolos hexagonais; uma pedra jogada na água produz uma série de círculos concêntricos; a concha de certos crustáceos tem o aspecto de um espiral; certos cristais de rocha têm formas piramidais.

Geometria vem do grego *geo*, que significa Terra, e da palavra *metron*, que significa medida. Seria portanto antes de mais nada a ciência que mede a Terra.

A origem da Geometria parece diretamente ligada às exigências da vida prática: cálculo de área de campos, construção de habitações, de monumentos, etc. Foram encontradas tabuinhas babilônicas e papiros egípcios que atestam isso.

O historiador grego Heródoto (480-425 antes de Cristo) relata que a Geometria teria nascido no Egito: *"a Geometria é um dom do Nilo"*. Isto porque as inundações frequentes daquele rio obrigavam os geômetras (no sentido de *experts* em Geometria; eles eram chamados de *"esticadores de cordas"*) a redefinir com precisão os limites dos campos.

Os egípcios desenvolveram muito mais o estudo da Geometria do que o da Aritmética. Jamblique (século IV D.C., autor de *A Vida de Pitágoras)* informa que os sacerdotes egípcios consagravam ao menos 22 anos de sua vida ao estudo da Geometria.

O pensamento matemático e a Geometria evoluíram paralelamente. Em poucos anos, ideias geométricas. Alguns traços desta evolução permanecem em nossa linguagem. Dizemos, por exemplo, 7^2, sete ao quadrado, em lugar de sete na segunda potência e 7^3, sete ao cubo, e não sete na terceira potência. Por outro lado, os gregos não consideravam o produto de quatro números, porque isto não tinha nenhuma interpretação geométrica.

As escolas de Thales (640 – 546 A.C.) e de Pitágoras (primeira metade do século VI A.C.), ambos matemáticos gregos, foram as primeiras a se preocupar mais seriamente com a Geometria. Foi na academia platônica (Platão 427 – 347 A.C.) que apareceram os primeiros elementos de Geometria. Os platônicos distinguiam os objetos geométricos abstratos e perfeitos, dos objetos físicos do mundo real, que apresentam imperfeições em relação à ideia geométrica. A figura geométrica e perfeita existe somente na imaginação. Sua representação na areia ou em outro suporte qualquer é forçosamente imperfeita. Sem dúvida influenciado pelas ideias de Platão, Euclides escreveu (450 – 380 A.C.) *"Os Elementos"* , uma série de 15 livros. Os quatro primeiros são dedicados à geometria plana. Estudam as propriedades fundamentais das figuras retilíneas e dos círculos. Abordam somente problemas cuja solução é obtida mediante régua (não graduada) e compasso. Pela primeira vez na História, numerosas descobertas são ordenadas à luz de um único princípio unificador, o da dedução a partir de certas premissas encaradas como verdadeiras *a priori*. O raciocínio dedutivo é a base da obra de Euclides.

A ideia da Geometria euclidiana como a única possibilidade de modelização do espaço físico reaparecerá na Física clássica de Newton e na Filosofia de Kant.

Entre o ano 800 e o século XIII os matemáticos árabes traduziram os tratados gregos, aperfeiçoaram-nos, comentaram-nos e os enriqueceram. Mas, até a Renascença, o mundo ocidental ignorou quase tudo da Geometria grega. No século XVI, na Itália, as pesquisas dos matemáticos árabes tornaram-se muito populares. Elas foram retomadas por Leonardo da Vinci, Tartaglia, Cardan, etc.

A partir do século XII, pintores tais como Giotto passam a buscar diferentes soluções, baseadas essencialmente nos efeitos de cor, para representar o volume e o espaço. O pintor Piero della Francesca escreveu o primeiro tratado completo de perspectiva. Por fim, neste final do século XX, aparecem as geometrias não euclidianas. O advento destas últimas põe em crise a unidade de interpretação do mundo físico. A teoria da relatividade de Einstein modifica a concepção clássica newtoniana, oferecendo assim novas possibilidades de interpretação da Geometria, graças aos novos conhecimentos.

NOTAS

1. *Cf* B. M. Barth, *O Aprendizado da Abstração*, Retz, 1987.

4

Atividades Numéricas

E ncontraremos neste capítulo sugestões para abordar a numeração, do Maternal ao Jardim B da Pré-Escola. Atividades que permitem um trabalho específico sobre o algoritmo oral e escrito também são propostas.

Numerosas fichas oferecem atividades muito variadas para levar as crianças a associar quantidades ao nome do número e à sua representação em algarismos.

Todas estas fichas são formadas por jogos e atividades que visam diversificar a aprendizagem e torná-la mais interessante para as crianças.

SUMÁRIO
Escrita e leitura dos números 179
História e aplicações práticas dos números 181

Escrita e leitura dos números

Trabalhar separadamente o oral e a escrita 179
O aspecto ordinal 179
O aspecto cardinal 180
O aspecto grupo-base.. 180

Quando escrevemos um número que alguém nos dita com algarismos, não estamos codificando o oral. O mesmo acontece quando se lê um número escrito em algarismos: não decodificamos o que foi escrito. Em ambos os casos, é preciso que encontremos uma correspondência em um outro sistema.

Trabalhar separadamente o oral e a escrita

Se nós lêssemos o que vemos, deveríamos ler 123 como "um seguido de dois seguido de três", que seria uma leitura referente à posição. No decorrer dos ciclos 1 e 2, o professor deve permitir ao aluno o acesso a um conhecimento real da numeração. Mas, devido às diferenças existentes entre os nossos dois sistemas de numeração, é fundamental separar as diferentes aprendizagens da "língua numérica" escrita e oral.

Precisamos trabalhar separadamente a numeração oral e a numeração escrita; permitir às crianças ler um número escrito em algarismos utilizando uma leitura baseada na posição, como mostrado acima. A contagem oral deve ser trabalhada em si mesma, como se aprende uma outra contagem. Quando os dois sistemas estiverem suficientemente dominados pelas crianças, se faz a ligação entre os dois domínios numéricos. É preciso igualmente empreender um trabalho específico para que as crianças aprendam a reproduzir a grafia dos algarismos corretamente.

O aspecto ordinal

Trata-se de trabalhar a ordem dos números. Para abordar este ponto, será preciso, conforme o caso, conhecer a contagem oral ou o algoritmo escrito, se se trabalha sobre a escrita dos algarismos. As crianças se familiarizam com esta noção desde a Pré-Escola, ao mesmo tempo em que aprendem a ler e a escrever números.

O aspecto cardinal

O cardinal de um conjunto é o número de elementos deste conjunto, o que compreende também as noções de "tanto quanto", "mais que", "menos que", e a enumeração de uma coleção. Para que uma criança possa dizer quantos objetos existem em uma coleção, é preciso que ela conheça a contagem numérica oral de forma estável e correta (princípio da ordem estável); que saiba associar um elemento da coleção a uma palavra e a somente uma nesta contagem, por exemplo, com a ajuda de um gesto que a auxilia a indicar sucessivamente os elementos (princípio de adequação única); e, por fim, que ela tenha compreendido que a última palavra enunciada indica o número de objetos da coleção. É igualmente necessário que ela tenha assimilado que a ordem, o local, a natureza dos objetos não têm importância na enumeração (princípio de independência da ordem). Todas estas aprendizagens ocorrem mais frequentemente por impregnação e por imitação.

É preciso trabalhar ao longo de todo o Ciclo 1 associando um gesto a uma palavra, aquisição esta sem a qual a contagem é impossível. A conservação da quantidade por deslocamento dos objetos ou por modificação do ponto de partida da contagem necessita igualmente ser trabalhada.

Se a contagem é estável, mas não conforme o uso (por exemplo, se a criança recita sistematicamente um, dois, três, seis, dez, oito, quatro, nove), é contudo suficiente para responder corretamente à pergunta "Há a mesma quantidade de elementos nesta coleção que naquela outra?", desde que ambas as coleções não tenham mais do que oito elementos.

O aspecto grupo-base

Este ponto em particular está reservado mais especificamente para o CP. Na Escola Infantil, trabalha-se sobretudo com as trocas do tipo 2 por 1, em situações como o *jogo da feirinha,* por exemplo. É importante que as crianças pequenas compreendam que se troca dois ou mais objetos por um único, quando o valor deste é maior. É o que acontece com o dinheiro.

História e aplicações práticas dos números

O sistema aditivo 181
O sistema aditivo e multiplicativo 182
O sistema relativo à posição 182
Nosso sistema atual de numeração 183

Os diferentes sistemas de numeração foram criados a princípio para anotar as quantidades e servir como memória do número. Mais tarde, foram utilizados para cálculos.

Para que um sistema de numeração seja prático, é preciso que a escrita dos números seja simples e que a quantidade de signos utilizados não seja excessiva.

De fato, desde a Pré-História, o homem encontrou diferentes meios de resolver este problema. Existem três grandes tipos de sistemas de numeração.

O sistema aditivo

Este sistema utiliza um número finito de signos diferentes. Cada signo tem um valor determinado, constante. Em geral, um novo signo é criado para cada novo grupo de base (para os romanos, 1, 5, 10, 50, 100, 500, 1000).

Cada número é escrito com um conjunto finito de signos, cada um deles com um valor determinado fixo.

Para conhecer o valor de uma montagem assim, basta somar o valor dos diferentes símbolos que a compõe. Não existe o zero.

Um tal sistema não permite escrever mais do que uma quantidade limitada de números. A ordem dos signos não tem importância, mesmo quando, por razões de comodidade de leitura, os símbolos de mesmo tipo estão agrupados e uma certa ordenação é respeitada.

Este é o caso da numeração romana em seus princípios, quando se escrevia:

I, II, III, IIII, V, VI, VII, VIII, VIIII, X, etc.

O sistema aditivo e multiplicativo

Este sistema compreende igualmente um número finito de signos diferentes. Cada signo tem um valor determinado constante, e cada número é escrito com um conjunto de signos. Para encontrar o valor de um número escrito desta forma, multiplica-se o valor de dois signos quando o que está colocado diante de outro, no sentido da leitura, tem um valor inferior ao seguinte. Soma-se então este valor ao seguinte. Um sistema assim não permite escrever mais do que uma quantidade limitada de números. Pode-se teoricamente modificar as posições respectivas dos grupos multiplicativos, mesmo que o costume determine que, na prática, comece-se pelos grupos correspondentes aos maiores valores, o que permite fornecer imediatamente a ordem de grandeza do número. É o caso da numeração sino-japonesa atual, na qual, para escrever 2347, escreve-se 2 1000 3 100 4 10 7. É também aproximadamente o caso da nossa numeração oral, que contém, no entanto, numerosas exceções.

O sistema relativo à posição

Este sistema compreende um número finito de signos diferentes, cujo valor depende da sua posição dentro do número. Para anotar um número, escreve-se um ou diversos signos um após o outro. Dois números compostos dos mesmos algarismos serão diferentes, se estes não estiverem no mesmo lugar. Assim, em nossa numeração, os algarismos 1, 2, 3, por exemplo, não têm o mesmo valor nos números 123, 213 e 321. O algarismo 1 vale uma unidade se estiver escrito na extrema direita do número, como em 321; vale uma dezena se estiver escrito na segunda posição a partir da direita como em 213, e uma centena se estiver escrito na terceira posição a partir da direita. Um sinal, a cifra zero (0), indica a ausência de elemento em uma determinada coluna. Assim, 10 é a escrita do número dez na base dez, isto é, de um número de objetos agrupáveis em uma dezena sem unidade simples não agrupada. O 203 indica duas centenas (dois grupos de dez dezenas), nenhuma dezena que não esteja contida dentro das centenas, e três unidades também não agrupadas. A escolha de dez não se deve ao acaso, mas está ligada ao fato de que a princípio, contamos nos dedos das mãos. O número de elementos utilizados para os grupos de unidades, depois os agrupamentos de grupos de unidades, etc., é chamado de base do sistema de numeração. Por vezes, existe ainda uma base auxiliar, como 5, por exemplo, em muitos sistemas de numeração (romano, maia, entre outros).

A vantagem essencial de um sistema de numeração de posição é que ele permite escrever todos os números com um número finito de signos.

No curso da História, muitas outras bases foram escolhidas (ver nota histórica na p. 203). A base dois é utilizada para os cálculos realizados por computador.

Nosso sistema atual de numeração

Podemos dizer que ele é duplo, pois, por um lado, temos uma numeração oral do tipo aditivo e multiplicativo, com muitas irregularidades, e, por outro, possuímos uma numeração escrita de posição, de base dez. Encontramos este problema em praticamente todos os países da Europa. Estes dois sistemas não estão em concordância, sem dúvida devido ao fato de que se utilizou durante longo tempo na Europa a numeração escrita romana. Não escrevemos o que ouvimos, e não lemos o que escrevemos. Cento e vinte e três escreve-se 123 e não 100203 (um erro clássico de muitos alunos do Ensino Fundamental). É portanto básico distinguir as duas aprendizagens: por um lado o da numeração escrita, por outro, o da numeração oral. O estudo do primeiro sistema não representa um auxílio para a aprendizagem do segundo, e vice-versa.

Características do sistema francês de numeração oral

Temos 28 palavras para exprimir os números:
– 16 palavras para os 16 primeiros números (um, dois, três, ...quinze, dezesseis),
– 5 palavras para vinte, trinta, quarenta, cinquenta e sessenta,
– 6 palavras para algumas potências de dez: cem, mil, milhão, bilhão, trilhão, quatrilhão),
– uma palavra que serve somente para ler o número zero da numeração escrita.

Com todas estas palavras, ainda assim não é possível ler com facilidade um número de 30 algarismos, por exemplo, pois seria necessário combinar estas diferentes palavras e o resultado se tornaria totalmente incompreensível.

As crianças e os números

As crianças frequentemente têm dificuldades para memorizar a sequência dos dezesseis primeiros números, sobretudo os que terminam pelo fonema "ze". É preciso saber que a aprendizagem deste fonema tem lugar mais tardiamente. Além disso, os nomes dos números compreendidos entre dez e dezesseis não são formados a partir de dez, como deveria ser em um verdadeiro sistema aditivo, e como é o caso a partir de dezessete, em francês. (Em espanhol a regularidade aparece a partir de dezesseis, em inglês e em alemão a partir de treze, e, por fim, em italiano há uma modificação no dezessete, com a palavra não resultando de uma justaposição de dez e de sete, pois a palavra dez sofre uma transformação). Em nenhuma destas línguas é possível aplicar um algoritmo numérico oral entre dez e vinte. Além disso, em francês, a palavra não é obtida a partir da palavra dois. A partir de vinte e até sessenta e nove, podemos desenvolver um algoritmo oral, se conhecermos os nomes das diferentes dezenas. O problema retorna com o número 70 (setenta), e isto até cem.

Os suíços e os belgas resolveram o problema criando as palavras "septante, octante e nonante", que permitem prosseguir com o mesmo algoritmo até cem e mesmo até 199. A partir de duzentos, servem-se ao mesmo tempo do sistema multiplicativo e aditivo. Ocorre ainda outra irregularidade, uma vez que a palavra milhão não representa a ordem segundo mil, mas segundo cem mil. Por outro lado, mil milhões chamamos de 1 bilhão!

As irregularidades

As numerosas exceções do nosso sistema de numeração oral, tais como a utilização das palavras setenta (70), oitenta (80) e noventa (90), não facilitam a aprendizagem. O termo *quatre-vingt*** deve-se provavelmente à utilização da base anexa vinte, resíduo da contagem nos dedos das mãos e dos pés. Além disso, para criar as palavras entre *quatre-vingt* e cem, mistura-se o sistema aditivo e o multiplicativo. Exemplo: 98, *quatre-vingt-dix-huit*, que significa (4 x 20) + 10 + 8.

Existem outras anomalias. Dizemos *cent* (100), *deux cents* (200), e não *un cent*; diz-se também *mille*, mas "um *million*". Tudo isto somente pode ser aprendido pela criança aos poucos e por impregnação, desde a Escola Infantil.

Os nomes dos números, por ocasião da aprendizagem, devem ser fornecidos sem disposição especial de sentimentos e sobretudo sem sugerir que se pode "ouvir" para depreender algum significado do nome do número.

De fato, se podemos eventualmente ligar foneticamente trinta a três, quarenta a quatro, cinquenta a cinco e sessenta a seis, não há como ouvir um dentro de dez, dois dentro de vinte, sete em soixante-dix (70), oito em quatre-vingt (80) e nove em quatrevingt-dix (90). A regra fonética fracassa então, cinco vezes em nove. Quando uma criança aprende a palavra "plafond" (teto) alguém chama a sua atenção para o fato de que é possível ouvir dentro dela as palavras "plat" (achatado) e 'fond' (fundo)? Será somente no decorrer do Ciclo 2 que uma reflexão maior acerca das correspondências e das distorções entre numeração escrita e numeração oral terá lugar.

Características do nosso sistema de numeração escrita

– Ele compreende os seguintes dez algarismos: 0, 1, 2, 3, 4, 5, 6, 7, 8, 9.
– A base do sistema é dez.
– A posição do algarismo indica a potência da base que ele representa.
– O zero permite indicar que uma potência da base está ausente.
– Os dez algarismos permitem escrever uma infinidade de números.

De fato, sempre podemos encontrar o sucessor de um número dado, seja este número qual for.

---

* N. de R. T. O termo *quatre-vingt* significa em português 80.

Recordemos a diferença entre algarismo e número em linguagem matemática. Um algarismo é um caracter de impressão, tal qual uma letra.

Assim, o número sete se escreve com um único algarismo se utilizamos os algarismos arábicos, e com três algarismos se utilizarmos os romanos.

Existem números de um único algarismo, como existem palavras de uma só letra. No francês corrente, emprega-se com frequência a palavra algarismo em vez de número. Por exemplo, se fala no algarismo de índice de desemprego, enquanto que, do ponto de vista do matemático, trata-se de um número. É necessário distinguir desde cedo o emprego das palavras em francês dos termos matemáticos. Utilizam-se as mesmas palavras, mas frequentemente em sentidos diferentes. Encontramos este mesmo problema na Geometria.

O algoritmo escrito não contém nenhuma exceção. A observação de contadores mecânicos convence-nos efetivamente disto. As crianças são sensíveis a esta informação desde cedo.

Paralelo entre numeração oral e escrita

Sobre divisões

Numeração oral	*Numeração escrita*
• 28 palavras;	• 10 algarismos;
• sem base efetivamente determinada (às vezes 10, às vezes 20, ou nenhuma);	• base dez;
• numeração aditiva;	• numeração com base na posição;
• numeração multiplicativa;	
• ambas;	
• importância da ordem na utilização de certas palavras (*deux cents** ou 200, e *cent deux*** ou 102), mas não em outras (quarenta e oito e oito quarenta: a primeira tem significado, a outra não);	• qualquer sucessão de algarismos produz um número e tem um significado
• alguns algoritmos localizados;	• algoritmo regular;
• o zero só tem utilidade para ler a ele próprio;	• utilização do zero para marcar um espaço vazio;
• o número de palavras não é indicação da ordem de grandeza;	• o número de algarismos é um indicador da ordem de grandeza;
Exemplo: cento e noventa e oito cinco palavras um milhão duas palavras	198 três algarismos 1 000 000 sete algarismos

Existem diversos tipos de divisões:

– *divisões equitativas maximais:* todas as pessoas do grupo recebem o mesmo número de elementos e não é possível distribuir um elemento a mais

---

* N. de R. T.: *Deux cents* significa duzentos.
** N. de R. T.: *Cent deux* significa cento e dois

a cada uma delas, mesmo que exista uma sobra. Nas atividades de divisão de biscoitos ou de bombons, em sala de aula, quando o que restar for bastante considerável (por exemplo, quando faltar somente um ou dois elementos para poder distribuir um a mais para cada um), as crianças procuram soluções mais satisfatórias, tais como a divisão dos doces em pedaços ou compensações diversas para aquele que não receber a mesma quantidade que os outros. Além disso, não é raro que uma criança diga que não deseja um biscoito a mais, por exemplo.

– *divisões equitativas não maximais:* todas as pessoas recebem o mesmo número de elementos, mas o resto permitiria distribuir pelo menos mais um elemento para cada uma. Este é frequentemente o caso nas distribuições de cartas nos jogos em que há um "morto".

– *divisões não equitativas, maximais ou não:* nem todas as pessoas têm o mesmo número de elementos, e há sobra ou não.

A divisão euclidiana é uma divisão equitativa e maximal, mas seria uma pena limitar-se a este tipo de divisão na Escola Infantil.

ATIVIDADE 88

Contando

Intenção pedagógica
Aprendizado da contagem oral.
Sem fazer disso um objetivo, isto é, algo que nos esforçamos para alcançar a qualquer preço, podemos fixar-nos os seguintes estágios a atingir quanto à memorização da sequência dos nomes dos números (a que chamamos contagem):
– até 6 ou 8 no Maternal,
– até 9 ou 12 no Jardim A,
– até 31 no Jardim B.
Estas etapas são oferecidas somente a título de referência, e evidentemente podem ser superadas segundo o nível do grupo com o qual se trabalha, ou, ao contrário, talvez sejamos obrigados a permanecer aquém destes limites.

Aplicação
Com toda a classe (Maternal, Jardim A ou Jardim B), por exemplo, no momento de reunião em grande grupo, se realiza uma contagem ao natural. Trata-se de um trabalho de memorização como para qualquer poesia, e não um trabalho de contagem. Podemos recorrer a uma boneca ou a uma marionete, que ajudará as crianças a recitar na ordem direta, sem paradas, a sequência dos nomes dos números. Utilizar a contagem em outras situações, cada vez que houver oportunidade, no decorrer de atividades de motricidade ou outras.
Jardim A e Jardim B: recitar a contagem a partir de um número diferente de 1, na ordem direta. Igualmente, fazer recitar a contagem ao inverso (a partir de 3 e depois a partir de 5 ou 6 e para além ainda no caso do Jardim B). Dar a partida de corridas ou do descanso são ocasiões que se prestam bem à utilização deste conhecimento.

O Ensino da Matemática na Educação Infantil **187**

Jardim B: fazer recitar a contagem com tempos de parada maiores ou menores, e variar o ritmo da recitação.
Passar a recitação da contagem para outra criança, na ordem direta ou inversa.
Fazer também com que as crianças apontem os erros na contagem feita pela boneca ou outra personagem.
Ensinar a contar de dois em dois tanto na ordem direta como na inversa. Para tanto, pode-se propor às crianças contar alto, alternando os números e fazendo a contagem completa somente em pensamento. Por exemplo, 1,..., 3,..., 5,... Aproveitar todas as oportunidades que se apresentarem em sala de aula para utilizar a contagem oral na enumeração: contagem dos presentes, dos ausentes, das crianças que lancham no barzinho, do número de dias que faltam para as férias ou algum evento, etc.

Jogo do "Pluff na Água" (com a classe completa ou em grupo)*
Jardim A e Jardim B

Material
Um tabuleiro de jogo com uma tira numerada, cartões verdes de um lado e cinzas do outro, com números escritos em preto de ambos os lados. Colocam-se estes cartões em seu lugar sobre o tabuleiro, do lado verde ou do lado cinza, como se desejar (podem-se colocar os cinzas na proporção de um para dois, ou qualquer outra combinação que se deseje). Uma "rãzinha" salta somente nas casas cinzas (as pedras), e evita as verdes (os nenúfares). As crianças assumem o papel da rã, cada qual por sua vez, e pronunciam somente os números escritos nas casas cinzas. Se a criança se engana, as outras gritam "pluff na água".
Este jogo pode ser utilizado antes mesmo que as crianças saibam ler os números facilmente; devemos nos contentar com uma contagem acompanhada pelos dedinhos apontando as diferentes casas. Retomar o jogo quando for abordada a leitura dos números de forma mais específica.

ATIVIDADE 89

Reconhecendo as representações de um número

Maternal – Jardim A

Intenção pedagógica
Aprender a reconhecer diversas representações dos números (dados, dedos da mão, conjuntos de pontos, habituais ou não).
A título de indicação:
– até 3 ou 4 no Maternal,
– até 6 no Jardim A,
– até 10 no Jardim B.
Com toda a classe, no momento da reunião, e/ou em ateliê.

Material
– cartões nos quais são desenhados os conjuntos de pontos (constelações), habituais ou não, de 1 a 10.
Os pontos são determinados a partir de uma grade que divide o espaço em nove áreas.

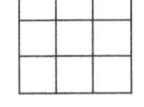

---

* Em cima de uma ideia contida em *Aprendizagem Numérica na Pré-Escola,* Ermel, Hatier, 1991.

A constelação "um" pode ser a tradicional:

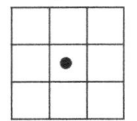

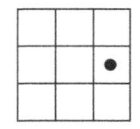

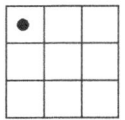

Para a constelação "dois", sugerimos algumas variações dentre as 36 possíveis:

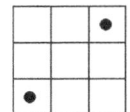

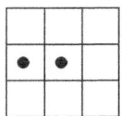

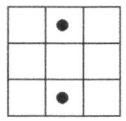

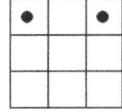

e assim sucessivamente até as nove posições possíveis para "oito",

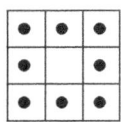

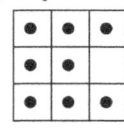

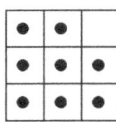

e à única disposição do "nove".

Para o "dez", utilizar diferentes composições como seis e quatro, sete e três, etc., sem separar as duas quantidades por hífen. Algumas cartas de jogo propõem representações originais para o "dez".

Para as constelações habituais que ultrapassam 6, dar preferência a uma decomposição que não utilize o "cinco", uma vez que esta já está presente nos dedos das mãos.

– cartões nos quais estão desenhados os dedos da mão indicando quantidades de 1 a 10. Estes cartões encontrarão outras utilizações nas atividades seguintes.

Aplicação

Seja qual for o nível escolar, procede-se da mesma forma.

Contudo, com as crianças pequenas, é interessante pedir-lhes inicialmente que mostrem uma peça idêntica. Retomar esta etapa também nos outros níveis, com as crianças que encontrarem dificuldades.

Trabalhar em torno de três núcleos:

– dizer um número e pedir às crianças que mostrem o número de dedos correspondente;

– dizer um número e pedir às crianças que mostrem a constelação, habitual ou não, correspondente;

– mostrar um número de dedos ou uma constelação habitual ou não, e pedir às crianças que digam o nome do número correspondente. Isto pode ser trabalhado de maneira sistemática, de tempos em tempos.

Diversos jogos contribuem para adquirir estas noções.

• **Jogo de dados** (para 2 a 4 jogadores)

Material

Um dado, um jogo de cartões com as constelações, um jogo de cartões com os dedos da mão para cada jogador. Para as crianças menores, colar nas faces 4, 5 e 6 dos dados as constelações 1, 2 e 3. Nos dois últimos níveis utilizar dados comuns.

Aplicação

Cada jogador lança o dado por sua vez e coloca sobre a mesa a constelação ou o cartão com os dedos da mão, segundo a regra combinada, correspondente à quantidade obtida no dado. O vencedor é o que colocou à vista em primeiro lugar todos os seus cartões.

• **Jogo de casamento** (*Jardim A e Jardim B, 3 jogadores ou mais*)

Material
O mesmo que o anterior, mais cartões do tipo dos "cartões-relâmpago" de R. Brissiaud (livro do professor "Eu Aprendo Matemática CP" Retz), isto é, cartões nos quais as constelações não estão ordenadas (duas representações diferentes para cada número). Utilizar todo o material ou somente uma parte, conforme o nível do grupo.

Aplicação
Misturar os três tipos de cartões e distribuir 6 cartas para cada jogador. O restante constitui um "morto".
Cada criança deve tentar realizar "casamentos" associando duas cartas que indicam a mesma quantidade. Ela começa por colocar diante de si os casamentos que têm em seu jogo, e depois cada jogador por sua vez tira uma carta da reserva e procura realizar mais casamentos. Se a carta tirada permite-lhe fazer um casamento, a criança pode tirar uma segunda, e assim sucessivamente. Quando não houver mais cartas na reserva mas o jogo não estiver terminado, ela tira uma carta do jogador seguinte. O vencedor é aquele que não tem mais cartas nas mãos e detém o maior número de casamentos.
O professor pode manter o controle sobre o jogo pedindo a cada criança que cole com fita crepe sobre papel cartaz, por exemplo, os casamentos feitos. Desta maneira, fica fácil verificar se as associações foram executadas corretamente.

- **Jogo de dominós das constelações incomuns**
O jogo compreende 55 cartas desenhadas como um jogo de dominós comum, mas indo de 0/0 a 9/9. Utilizam-se constelações cuja disposição varie segundo todas as possibilidades (ver a atividade anterior).
Regra do jogo: a mesma dos dominós

ATIVIDADE 90

Lendo algarismos

Intenções pedagógicas
Aprender a ler e a mostrar os números escritos com algarismos.
A título de indicação:
– no *Maternal*, reconhecer os algarismos 1 e 2,
– no *Jardim A*, números aproximadamente até 5,
– no *Jardim B*, números até 9 no mínimo.

- **Jogo dos algarismos e constelações**

Material
Acrescentar aos cartões da atividade precedente outros nos quais estão escritos com algarismos os números de 1 a 9. O zero será introduzido no Jardim B no momento em que for necessário para anotar, por exemplo, que não há nenhuma criança ausente, ou qualquer outra situação do mesmo tipo. Acrescentar então o cartão sem constelação e o cartão no qual está escrito 0.

Aplicação
Retomar o jogo de dados da atividade precedente. Desta vez, trata-se de tirar o número correspondente à constelação indicada pelo dado. Podem-se utilizar dados nos quais estão escritos números, e fazer então com que a criança indique a constelação correspondente. Para os números até 9, utilizar dados de 10 faces, que se encontram nas lojas de jogos ou em alguns distribuidores de material pedagógico.

Podemos tornar esta atividade autocorretiva utilizando tampas coloridas, por exemplo, de potinhos de comida de bebê, nas quais se escreve de um lado o número em algarismos e do outro a constelação correspondente. Monta-se então um tabuleiro sobre o qual serão colocadas as tampas, na ordem e de um lado ou de outro, conforme o caso. Vira-se a tampa logo que se obtém a constelação ou o número correspondente. Retornar igualmente ao jogo de casamentos com as constelações e os números, ou com os dedos da mão e os números.

- **Jogo de loto**

Material
– fazer cartões de loto nos quais são escritos os números ou desenhadas as constelações (podemos também desenhar neles os dedos da mão);
– recortar cartas do tamanho de uma das casas, com os números ou as constelações.

Aplicação
A criança pode jogar individualmente, colocando sobre o cartão de loto o número correspondente à constelação desenhada, ou o inverso. Pode-se também jogar em grupo, como no jogo de loto tradicional.

Observação: a caligrafia dos algarismos não se constitui em um objetivo para as crianças da Escola Infantil. Mas é muito possível fazê-los "escrever" os números sem precisar impor-lhes um ato gráfico, simplesmente recorrendo a séries de cartões-algarismos ou de cartões-números que são utilizados como etiquetas. A utilização de tais suportes é infinitamente preferível a um "desenho" dos algarismos no qual a dinâmica do gesto não é respeitada.

Atividade 91

Escrevendo algarismos

Jardim B

Intenções pedagógicas
Aprender a escrever os algarismos e permitir uma evocação de sua grafia.

Material
Algarismos de 0 a 9 recortados em papel vegetal espesso (aproximadamente 10 cm de altura e 2 cm de largura) colados sobre cartão liso ou compensado (material que possa ser afixado). Exemplo:
– fazer um entalhe no cartão para indicar o sentido da leitura;
– constelações feitas com quadradinhos de aproximadamente 2 cm de lado, colados em papelão liso;
– aproximar os quadradinhos o suficiente para que o reconhecimento da constelação seja mais fácil.
Este material pode servir para cartaz de sala de aula, mas é necessário que os cartões estejam acessíveis às crianças, a fim de que elas possam tocá-los sempre que estiverem hesitantes quanto à grafia de um algarismo. Se não os utilizarmos como cartaz, os algarismos poderão ser menores (5 cm aproximadamente, colocados no centro de um cartão de 10 cm).
– fazer duas aberturas na parte da frente de uma caixa de papelão (tipo caixa de sapatos) para poder inserir as mãos (fendas não muito grandes, caso contrário, as crianças serão tentadas a espiar para dentro) e uma outra fenda na parte posterior, para introduzir os cartões com números e constelações.

Aplicação
Realizar as atividades habituais de grafismo que permitem adquirir as grafias dos diferentes algarismos. Completar tudo isso com a seguinte série de atividades:

- **Etapa 1:** *manipulação controlada pelo professor*
  – cada criança segura um cartão com uma mão. Com a outra, que deve ser aquela com a qual ela escreve, segue o traçado do algarismo no sentido habitual em que ele é escrito (geralmente de cima para baixo);
  – a criança reproduz com o dedo (e depois com um lápis), ao lado do cartão visível, o algarismo que acaba de tocar;
  – a criança esconde o algarismo com uma mão e reproduz com o dedo da outra mão (e depois com um lápis) o algarismo que acaba de tocar. É importante não virar o cartão ao contrário: as crianças que dominam melhor a evocação do cartão rugoso escondido invertem-no mentalmente, e produzem então um traçado espelhado!

- **Etapa 2:** *colar com fita crepe em uma mesma folha o número escrito em algarismos e a constelação correspondente*
  Permitir que as crianças se apropriem do material. Fazer com que elas toquem, de olhos abertos, o cartão com a constelação e o número a ela associado, no sentido da escrita. Não esquecer de fazer com que digam em voz alta o nome do número. Repetir diversas vezes o exercício, com os olhos abertos e depois fechados.

- **Etapa 3:** *em atelier dirigido ou livre*
  Antes de iniciar a atividade, certificar-se de que as crianças reconhecem visualmente os números. Dividi-las em duplas. Uma delas coloca os dois cartões associados, algarismo e constelação, na caixa preparada para isto, sem que a outra os veja. A segunda deve então reconhecer de que número se trata colocando as mãos dentro da caixa. Inverter os papéis.
  Estas atividades permitem corrigir a escrita invertida dos algarismos.

ATIVIDADE 92

Comparando números

Jardim A – Jardim B

Intenções pedagógicas
Identificar referências na sequência dos números (comparar números), e adquirir a noção de ordem. *A título de indicação:*
– no Jardim A até 10,
– no Jardim B até 31 ou mais.
Retomar o jogo de dados da atividade de ficha 91. Cada criança tem diante de si, dentro de uma caixa, os cartões na ordem crescente (ou decrescente), ou as tampas. Ela lança o dado e somente pode tirar os cartões com a condição de obter as constelações na ordem crescente (ou decrescente). O vencedor é aquele que tirar todos os seus cartões em primeiro lugar.

- **Jogo de batalha** *(Jardim A e Jardim B)*
  Um jogo de cartas nas quais os números de 1 a 10 (por exemplo) estão escritos, em algarismos, em um único sentido, com uma marca indicando o sentido da leitura.
  Exemplo:

ATIVIDADE 93

O algoritmo numérico escrito

Jardim A – Jardim B

Intenção pedagógica

Tomar consciência do algoritmo numérico escrito.

A fim de que as crianças compreendam o desenvolvimento do algoritmo numérico escrito, deixar livre acesso dentro da sala de aula a contadores mecânicos (que passam as dezenas automaticamente).

Se não for possível obtê-los, utilizar uma calculadora comum.

Preparar uma ficha redigida como se segue, permitindo a utilização autônoma do instrumento. Uma das duas sequências de ação funciona na maior parte das calculadoras comuns.

Escolher calculadoras com algarismos grandes.

Se o professor sentir que a manipulação de signos desconhecidos das crianças as atrapalham, pode colar etiquetas coloridas nas teclas e fazer então outra ficha de auxílio utilizando estas referências. Apertando várias vezes a tecla de "igual", vê-se a sequência dos números.

Para que as crianças possam compreender os indícios surgidos é preciso que elas tenham suficientes informações, como para a leitura de um texto. Se elas somente veem números até 20 ou 30, não poderão perceber o algoritmo utilizado. Preparar portanto todas as faixas, tabelas e espirais pelo menos até 100, mesmo para o Jardim A.

dedo	olho	dedo
	0	
1	1	1
+	1	+
1	1	=
=	2	=
	3	=
etc...		
off para desligar		

Material

– *Uma faixa numerada horizontal.* É interessante que esteja afixada permanentemente, por exemplo no local de reuniões.

0	1	2	3	4	5	6	7	8	...

← Casa para colocar o dedo

– *Uma faixa numerada vertical* (para ser afixada alternadamente com a outra faixa ou simultaneamente, de tempos em tempos).

– *A sequência dos números* em forma de tabela (afixada permanentemente no Jardim B). (Ver capítulo "Cartazes").

– *Uma espiral numerada* (a ser afixada esporadicamente), desenhada sobre uma placa de madeira de 1m X 1m.

Colocam-se preguinhos no local em que os números devem constar. Os números são escritos em cartõezinhos que têm um furo, permitindo pendurá-los nos locais previstos para tanto.

Desta maneira, as crianças sempre os verão da maneira correta, seja qual for a orientação da espiral* (ver capítulo "Cartazes").

---

* *Cf.* D. Barataud, ficha JDI Nathan número 3, nov. 92.

– *Cartões coloridos* do tamanho de uma casa das diversas tabelas e fita crepe.
Cada criança pode ter uma destas tabelas numeradas à disposição para certas atividades.

Não colocar marcas coloridas nos materiais, pois a apreensão de indícios por parte das crianças corre o risco de não ser pertinente em relação ao algoritmo escrito. Na verdade, as crianças memorizam a cor em detrimento da posição dos algarismos. Por exemplo, elas recordarão que o 10 foi escrito com um zero azul e um 1 vermelho e deixarão em segundo plano a posição dos algarismos.

• **Jogo de marcação de posições:** em todas as oportunidades de leitura de número, fazer com que este número seja situado em cada um dos dispositivos disponíveis. Por outro lado, não há nenhum inconveniente em que o adulto diga o nome do número enquanto mostra a sua escrita em algarismos. Prosseguir a atividade com outros números, vizinhos do primeiro, ou tendo o mesmo algarismo nas unidades ou nas dezenas, ou sendo escrito com os mesmos algarismos, mas em outra ordem.

• **Jogo de esconder o número**
Com a classe inteira e/ou em grupos.
Propor às crianças uma fase de observação das faixas, tabela ou espiral de números, conforme o trabalho que se deseje fazer. Pedir-lhes que digam o que observaram. Levar em consideração todas as marcas relativas à posição dentro da tabela *(exemplo:* sob o 1 encontram-se todos os números que terminam com 1) ou nas faixas *(exemplo:* após a família dos 1, vem a família dos 2, etc. ou então após um número que termina por 9 há outro que termina com 0) ou ainda na espiral *(exemplo:* sobre a linha do 2 estão todos os números terminados por 2), etc.

Não exigir das crianças que leiam os números da maneira habitual, mas permitir-lhes que leiam dez como "um e depois zero", onze como "um e depois outro um", etc. Este tipo de leitura tem a grande vantagem de colocar em evidência o algoritmo escrito que se esconde na leitura tradicional dos números. A leitura habitual do número será trabalhada por ocasião das atividades sobre a contagem numérica, que poderão acontecer utilizando a faixa numerada (ver o jogo do "pluff na água", p.187).

Após este primeiro período de observação, tapar algumas das casas numa das sequências de números precedentes (faixas, tabela ou espiral) com os pedaços de papelão preparados com esta intenção. Pedir às crianças que digam qual é ou quais são os números ocultos, explicando como podem ser descobertos. (Observação da linha e da coluna na tabela, do número anterior e do número seguinte daquele a encontrar). Esta atividade tem a vantagem de ser autocorretiva, uma vez que erguendo o cartão é possível verificar o resultado. Podemos esconder os números com cartões de diferentes cores, às quais se atribuem valores particulares. Por exemplo, o cartão azul pode valer um ponto, o amarelo dois pontos, o vermelho 5 pontos. Se, por exemplo, escondermos diversos números consecutivos, repartimos os cartões em função da dificuldade em encontrar a resposta. Cada jogador joga três vezes, por exemplo. O vencedor é aquele que marcar o maior número de pontos.

• **Jogo de 11** *(Jardim A e Jardim B)*
(Permite trabalhar o algoritmo numérico escrito a partir de um número diferente de 1 e em ambos os sentidos).

Material
Fazer três, quatro ou mais séries de cartas de jogar idênticas na frente e no verso, numeradas de 1 a 20 (ou de 1 a 12, por exemplo, para o Jardim A), em três ou quatro cores diferentes.
Regra do jogo: para 4 ou mais jogadores. Levando em conta o número considerável de cartas utilizadas, é até mesmo possível que toda a classe jogue ao mesmo tempo, distribuindo um

pouco menos cartas para cada criança, entre 6 e 8. O restante constitui um "morto". O jogador situado à esquerda daquele que fez a distribuição é o que começa. Se jogarmos com uma série numerada de 1 a 20, será necessário um 11 para começar. Se a série numerada for até 12, será preciso um 7 para começar. Se o jogador não tem 11, apanha uma carta da reserva e é o seguinte a jogar. Assim que um 11 for colocado, o jogador seguinte pode colocar um outro 11, ou completar uma série começada. Pode colocar um 10 ou um 12 da mesma cor que o 11 que ele completa. Ele coloca tantas cartas quantas forem possíveis para completar a série ou as séries iniciadas, com a condição de que respeite as cores. As cartas são posicionadas em linha ou em coluna segundo o hábito da turma e em relação aos cartazes numéricos afixados. É preferível que as crianças se posicionem em linha ou em semicírculo, de um mesmo lado da sequência numérica, de maneira a enxergá-la na ordem direta. O vencedor é aquele que fica sem nenhuma carta em primeiro lugar. A mesma regra de jogo se aplica com uma série de 12 cartas. É interessante fazer algumas partidas com os jogos a descoberto, de maneira a poder trabalhar as estratégias de jogo. Terminar estas atividades propondo às crianças construir elas próprias tabelas, faixas e espirais numéricas, oferecendo-lhes, por exemplo, planos de trabalho.

ATIVIDADE 94

Enumeração

Intenção pedagógica
Aprender a enumerar.
A título de indicação:
– até 3 ou 4 para o Maternal,
– até 10 para o Jardim A,
– até 15 aproximadamente para o Jardim B.

Para saber enumerar é necessário:
– conhecer a contagem na ordem e de maneira estável (ver Atividade 88);
– ser capaz de associar gestual ou mentalmente um elemento da coleção a uma palavra desta contagem, apontando cada elemento somente uma vez;
– saber que a última palavra enunciada fixa o cardinal de uma determinada coleção, e que a quantidade é independente da ordem e da natureza dos objetos a contar.

- **Etapa 1:** *associar um gesto a uma palavra da contagem*
Atividades preliminares podem ser feitas no âmbito da motricidade, ou por ocasião da recitação de diversas contagens cantadas ou faladas. As crianças serão convidadas a fazer gestos determinados no momento em que certas palavras são pronunciadas. No momento de recitar a contagem, pode-se também propor bater palmas a cada palavra referente a um número, variando o ritmo da recitação. Pode-se também fazer um movimento de cabeça ou outro qualquer.

- **Etapa 2:** *facilitar a contagem*
Aproveitar todas as ocasiões surgidas em sala de aula para fazer com que as crianças contem:
– contagem dos presentes no Jardim B, feita por uma criança que coloca a mão na cabeça de cada colega enquanto conta, por exemplo;
– utilização da preparação do lanche no Jardim A e no Jardim B. Cada criança coloca uma etiqueta com seu nome em uma caixa para indicar a sua escolha, biscoitos ou cereais, por exemplo. Ela também coloca uma ficha dentro de uma outra caixa se quer beber leite. A equipe responsável pelo lanche conta então as etiquetas e as fichas para saber o que deve preparar, ou ir buscar.

Fazer com que sejam escritos os números no caderno de classe, por exemplo, para conservar o registro da atividade. (Classe de M. Claire, Le Mée-sur-Seine, 77).

Esta atividade tem a vantagem de fazer as crianças se conscientizarem diretamente de que o cardinal de uma coleção, neste caso as etiquetas e as fichas, permite conservar a memória da quantidade e simplificar a tarefa no momento da preparação.

Assegurar-se de que todas as crianças colocaram realmente a sua etiqueta ou a sua ficha indicadora da opção, a fim de evitar erros no momento da distribuição do lanche.

A etiqueta permite controle a posteriori (certas crianças mudam de opinião entre o momento da escolha e o do lanche). A ficha, ao contrário, não permite saber quem pediu o quê.

Dentro da mesma ordem de ideias, no Jardim A e no Jardim B, preparar atividades em grupo para as quais as crianças sejam obrigadas a contar para realizar uma tarefa: por exemplo, ir buscar no "mercado" algo para o lanche, ou uma roupa para cada uma das bonecas. Variar o número de bonecas e permitir que sejam realizadas diversas idas ao "mercado", porém limitando seu número, a fim de que as crianças consigam cumprir a tarefa. Fazer com que seja explicado pelas crianças, que fazem somente uma viagem, o método por elas utilizado.

Um lembrete aos pais: quando fizerem compras com as crianças, ou quando retornarem das compras, mostrar-lhes nas embalagens os algarismos e contar com elas o número de produtos dentro da embalagem.

- **Jogo de dados: 4 jogadores ou mais** *(Maternal, Jardim A e Jardim B)*
  Contagem e recontagem.

Material

Um dado (constelações 1, 2, 3 para os pequenos, dado comum de 6 faces para as outras), fichas coloridas.

Cada jogador lança o dado e tira um número de fichas equivalente ao número de pontos no dado. Com as crianças pequenas, lançar somente duas vezes. O vencedor é aquele que tiver mais fichas.

Deslocamento sobre uma pista: jogo de cavalos, jogo do ganso ou qualquer outro jogo que tenha uma pista dividida em casas (Jardim A e Jardim B).

Trata-se também aqui da contagem de um número de casas equivalente à quantidade ou ao número escrito em um dado.

- **Etapa 1:** *jogo dos caramujos*
  "Ver o capítulo do jogo".

- **Etapa 2:** *jogo do Pequeno Polegar*
  "Ver o capítulo do jogo".

Um erro de um a menos na contagem, frequentemente é devido ao fato de que as crianças não sabem se deslocar sobre uma pista. Notar que elas contam "um" no momento de se deslocar de uma casa para outra, e não na casa de partida.

Aproveitar todas as situações de sala de aula e de todas as experiências exteriores à escola para utilizar o vocabulário relativo à quantidade: um pouco, muito, nada, suficiente, insuficiente, demasiado.

ATIVIDADE 95

Comparando coleções

Jardim A – Jardim B

Intenção pedagógica
– aplicar um procedimento numérico que permita comparar coleções utilizando técnicas variadas;
– utilizar os termos *tanto quanto, mais que, menos que*.

Aplicação
Variar o máximo possível a natureza dos objetos das coleções a comparar, de maneira a diversificar as estratégias de comparação (por contagem, por correspondência termo a termo, ou grupos por grupos).
Colocar uma bola junto de cada boneca, um cubo sobre cada ficha, pôr a mesa, distribuir as fatias de um bolo, ou folhas de papel para cada criança, são outras tantas ocasiões para manipular estas noções.

ATIVIDADE 96

Montando coleções

Jardim A – Jardim B

Intenção pedagógica
Fazer montar coleções de *n* elementos.
A título de indicação:
– até 5 ou 6 no Jardim A,
– até 10 no Jardim B.

Em grupo
Preparar diferentes materiais tais como pedregulhos, castanhas, legumes secos, etc., e qualquer outro material que não se desmanche. Separar saquinhos plásticos e cordões. Pedir às crianças que montem coleções de objetos idênticos ou não cujos cardinais serão 1, 2, 3, etc. Colocar os conjuntos formados dentro dos saquinhos transparentes e fechá-los. Colar em cada um uma etiqueta com o número representando o respectivo cardinal, escrito em algarismos. Reunir todos os saquinhos que contêm o mesmo número de elementos em uma caixa. Ela constituirá a caixa "número tal", que servirá como referência para a classe. Nesta caixa, se escreverá o número correspondente, escrito com algarismos e com letras. Pode-se ainda acrescentar, se necessário, uma constelação indicando a quantidade. Brincando com a mascote da classe, que teria "misturado tudo", podem-se criar atividades nas quais as crianças deverão reordenar o conteúdo das caixas, verificando os saquinhos, por exemplo.

Para os pais
Por ocasião das festas familiares em que o número de convidados é maior do que o habitual, preparar juntamente com a criança os objetos necessários para pôr a mesa.

ATIVIDADE 97

Escrevendo quantidades

Jardim B

Intenção pedagógica
Escrever números com algarismos, representando as quantidades contidas em coleções.

Aplicação
Pode-se aproveitar um passeio ou uma aula ao ar livre para reunir um grande número (em torno de cinquenta) de elementos (pinhões, cascalho, conchas, castanhas, bolotas de carvalho, etc.). Preparar papel cartaz e canetas hidrográficas grossas.
Pedir às crianças que tentem escrever a quantidade de elementos recolhidos. Se o número de objetos estiver muito próximo do desempenho das crianças na contagem, elas irão provavelmente contar todos os elementos mas não responderão à instrução. Convidá-las a formar pequenos montes, com quantidades de elementos cujo número elas sabem escrever. Fazer anotar sob cada montinho o número correspondente. Este tipo de trabalho pode ser utilizado para comparar duas coleções (número de bolotas de carvalho e de castanhas), ou para participar a correspondentes ou aos pais o tamanho da "colheita" feita pela classe.

Não obrigar as crianças a fazer pilhas iguais, mas fazer com que elas percebam que, em geral, é mais difícil comparar duas coleções se os montes não são iguais. Por outro lado, se pilhas diferentes são formadas em paralelo para as duas coleções, e comportam em cada etapa o mesmo número de elementos de cada uma das coleções, este procedimento se mostrará muito eficaz.

ATIVIDADE 98

Fazendo trocas

Jardim B

Intenção pedagógica
Aprender a fazer trocas de "dois por um", por exemplo.

Aplicação
Preparar jogos de compra e venda nos quais as crianças precisem fazer trocas. As crianças devem confeccionar colares. Elas têm a princípio uma quantidade determinada de contas de cor comum. Se desejarem contas douradas, prateadas ou fluorescentes, etc., devem trocar duas de uma determinada cor por uma destas contas especiais.

As crianças pequenas muitas vezes têm dificuldade em aceitar a troca de dois objetos por um. É preciso fazer-lhes notar que as contas especiais custam "mais caro" que as outras e que, portanto, é necessário este tipo de troca.
Não fazer trocas muito complicadas e sucessivas. Esperar o CP para prosseguir estas atividades. Trata-se aqui de uma simples iniciação ao princípio da troca.

Atividade 99

Decomposição

Jardim B

Intenção pedagógica
Iniciar a noção de dezena e começar a manipular a decomposição, em relação a 5, dos números inferiores a 10, com outro material que não os dedos das mãos.

Material
Colar de contas confeccionado da seguinte forma: pode-se usar o número de contas que se desejar (igual ao número de crianças da classe ou igual a 31, por exemplo). As contas são enfiadas de maneira a poderem correr facilmente em uma haste semirrígida, como, por exemplo, um fio de telefone. Preparar um colar para o professor e diversos para as crianças.

Cada dezena é constituída de 10 contas de uma mesma cor (5 claras e 5 escuras ou 5 de uma forma e 5 de uma outra forma). Duas dezenas consecutivas devem ter cores bem diferenciadas.

Mostrar o material para as crianças e pedir-lhes que digam o que estão observando. Propor-lhes, então, afixar um número menor do que 10 no princípio.

Colocar para o grande grupo os métodos utilizados pelas crianças para realizar o objetivo. (Contagem de todas as contas, contagem a partir de 5, ou contagem ao inverso a partir de 10, para escrever 9, por exemplo).

Utilizar este colar de contas quando for o caso de contar as crianças pela manhã ou o número de dias que faltam para um determinado evento. Isto permitirá às crianças conscientizarem-se pouco a pouco das vantagens do agrupamento por dez elementos.

Atividade 100

Resolução de situações aditivas

Jardim A – Jardim B

Intenção pedagógica
Aprender a resolver situações aditivas *(Jardim B)*.

Aplicação
No momento da reunião em grande grupo, propor o seguinte jogo: dar a todas as crianças o mesmo número de pedregulhos em uma mão, e depois mandá-las fechar a mão. Fazer o mesmo com a outra mão. A soma não deve ultrapassar 6 ou 8, no princípio. Fazer com que reúnam todos os pedregulhos nas duas mãos fechadas, cantando "Panco, panco, panco, quantas moedas eu tenho no meu tamanco?". Pedir às crianças que digam então quantos pedregulhos elas têm no total, sem abrir as mãos. A cada vez, perguntar-lhes o que fizeram para encontrar a resposta. Ir pouco a pouco favorecendo o procedimento de subcontagem (utilizar o cardinal conhecido de um subconjunto para determinar o cardinal do conjunto), em vez da recontagem de todos os elementos. Verifica-se imediatamente se o que se disse é exato, abrindo as mãos.

- **Jogo simplificado do Strike 9** *(Jardim A e Jardim B)*

Material

Uma faixa numerada até 9, cartões do tamanho de uma das casas e igualmente numerados até 9 (um por jogador), dois dados de 6 faces.

Exemplo:

1	2	3	4	5	6	7	8	9
1	2	3	4	5	6	7	8	9

Cada jogador lança os dois dados e cobre os números da sua faixa correspondentes ao valor de cada face obtida ou à soma. Lança então os dados até que não possa mais recobrir as casas da faixa numerada. O jogador seguinte faz o mesmo com sua faixa. Cada jogador totaliza os pontos das casas não cobertas (pode socorrer-se da faixa numerada da classe para isto). O vencedor é aquele que somou menos pontos. Sugerir às crianças do Jardim B que encontrem uma outra regra que permita evitar um bloqueio tão rápido. Por exemplo, se as casas 2, 4 e 6 estão cobertas e se tira novamente 2 e 4, podem-se recobrir duas outras casas cuja soma total seja 6, por exemplo 5 e 1.

No Jardim B, é útil preparar um "dicionário de números" para cada criança. Ele serve como referência e permite fazer a ligação entre o Jardim B e o CP, pois é pessoal e indica somente as quantidades que a criança domina. Este dicionário pode ser feito, por exemplo, com um meio caderno. Compreende uma página dupla para cada número, até 10 (mesma orientação que acima, referente à decomposição dos números). Em cada página dupla desenha-se a constelação habitual representando o número e os dedos da mão. Ao lado, o número é escrito em algarismos e abaixo dele anota-se o nome do número, por exemplo, em letras cursivas e em *script*. Na capa coloca-se o nome da criança. Pode-se igualmente colar um envelope que permita guardar a faixa numerada pessoal da criança.

> *Como o dicionário de números serve como referência, não permitir que as crianças escrevam nele elas próprias os números. Colar neste caderno os trabalhos distribuídos pelo professor.*

ATIVIDADE 101

Divisões

Jardim A – Jardim B

Intenção pedagógica

Realizar divisões ou distribuições equitativas, maximais ou não.

Material

Qualquer coleção de objetos passível de ser dividida: cartas, dominós, biscoitos...

Aplicação

Variar o número de elementos a dividir e o número de pessoas a recebê-los, segundo o nível da turma. A distribuição de cartas de jogar é uma oportunidade para realizar divisões equitativas mas não maximais. De fato, nem todas as cartas são distribuídas, se vai haver um "morto" no jogo, isto é, seria possível continuar a distribuí-las. O mesmo ocorre na distribuição de dois biscoitos por criança, se se dispõe de uma grande lata de biscoitos. Trabalhar os métodos de distribuição partindo de uma atividade de divisão equitativa e maximal de objetos (grãos de feijão, ou algo assim). As crianças têm uma certa quantidade de grãos a dividir entre quatro ou cinco pessoas, conforme o grupo. Elas devem distribuir o máximo possível para cada um e colocar o restante dentro de uma caixa, se for o caso. Dando continuidade a esta atividade, o professor, ajudado pela classe, verifica se a instrução dada foi respeitada, e pede às crianças que expliquem como trabalharam. Geralmente se destacam os seguintes métodos: distribuição um a um, distribuição dois a dois, distribuição de uma quantidade qualquer a algumas pessoas e reajuste, se necessário. Estes diferentes métodos são levantados pelo professor e anotados em um cartaz. As crianças são então convidadas a dar a sua opinião acerca dos diversos métodos e sua eficácia. Após inúmeras divisões, no decorrer de outras sequências, propor às crianças fazer uma divisão "equitativa maximal" aplicando em uma folha etiquetas autocolantes (todas de mesma forma e mesma cor). Preparar quantidades maiores do que no caso dos grãos. Passar pelos diversos grupos a fim de anotar as estratégias utilizadas, e constatar se ocorrem reinvestimentos de conhecimentos, antecipação de situações e generalização do método. Fazer uma nova síntese dos procedimentos utilizados. Refazer exercícios análogos.

As etiquetas autocolantes são muito apreciadas pelas crianças, mas, se elas não manipularam suficientemente por si mesmas este gênero de material, corre-se o risco de que esqueçam a instrução dada e passem a realizar colagens somente por diversão;
– as etiquetas devem ter a mesma forma e a mesma cor, pois, caso contrário, estará se acrescentando uma dificuldade a mais, com as crianças levando as diferenças em consideração na hora de realizar a partilha.

Atividade realizada na classe de René Claire, Le Mée-sur-Seine, 77.

QUADRO-RESUMO

Quantidade e números

- Memorização progressiva da contagem.
- Enumeração: noção de cardinal, utilização da contagem, subcontagem.
- Familiarização com os números: denominação, diversos tipos de representação, escrita.
- Abordagem de diversas propriedades dos números: ordem, paridade, adição, divisão.

Maternal	Jardim A	Jardim B
• **Saber dizer** – saber recitar a contagem (até 6 - 8 aproximadamente); – utilizar números/palavras para designar quantidades. • **Saber enumerar** – até 4 aproximadamente (isto é, responder à pergunta "quanto?") – utilizar corretamente a contagem (*cf.* M.S.) – utilizar criteriosamente as palavras um pouco, muito, nada, suficiente, insuficiente, demasiado.	• **Saber dizer** – saber recitar a contagem (até 9 - 12 aproximadamente) a partir de 1 e a partir de outro número, – saber reconhecer diversas representações de números (dados, dedos...). • **Saber ler e escrever** (mostrar) os números até 5 aproximadamente; – saber tomar referências na sequência dos números. • **Saber enumerar** até 10 aproximadamente; – utilizar corretamente a contagem (adequação única, ordem estável, princípio cardinal, princípio de abstração, independência da ordem); – utilizar criteriosamente as palavras um pouco, muito, nada, suficiente, insuficiente, demasiado, tanto quanto, mais do que, ... • **Saber que o cardinal** permite registrar a memória da quantidade. • **Saber fazer referências** ou antecipar através de contagem uma posição sobre uma pista graduada.	• **Saber dizer** – saber recitar a contagem (até 30 aproximadamente) a partir de 1, a partir de número e de dois em dois; – saber contar até a um número dado; – saber dizer a contagem ao inverso (de trás para a frente). • **Saber ler e escrever** os números até no mínimo 9; – saber tomar referências na sequência dos números. • **Saber enumerar** até 15 aproximadamente; – utilizar corretamente a contagem (adequação única, ordem estável, princípio cardinal, princípio de abstração, independência da ordem); – utilizar criteriosamente as palavras um pouco, muito, nada, suficiente, insuficiente, demasiado, tanto quanto, mais do que,... • **Saber que o cardinal** permite registrar a memória da quantidade. • **Saber fazer referências** ou antecipar através de contagem uma posição sobre uma pista graduada.

	• **Saber reconhecer** situações aditivas, e, para resolvê-las, substituir progressivamente a enumeração pela subcontagem.	• **Saber reconhecer** situações aditivas e, para resolvê-las, recorrer à subcontagem preferencialmente à enumeração.
	• **Saber resolver problemas** ligados ao aumento e redução de quantidades.	• **Saber resolver problemas** ligados ao aumento e à redução de quantidades.
• **Saber aplicar** um procedimento (numérico ou não) para:	• **Saber aplicar** um procedimento (numérico ou não) para:	• **Saber aplicar** um procedimento (numérico ou não) para:
– comparar coleções que tenham ou não o mesmo número de objetos, utilizando técnicas variadas (estimativa visual, empilhamento, agrupamentos)	– comparar coleções que tenham ou não o mesmo número de objetos (acima de dez) utilizando técnicas variadas;	– comparar coleções que tenham ou não o mesmo número de objetos (acima de dez) utilizando técnicas variadas, em uma situação vivida ou representada;
– construir (ou modificar) uma coleção para que tenha o mesmo número (mais, menos) de elementos que uma coleção dada; – dividir coleções.	– construir coleções de n elementos; – construir (ou modificar) uma coleção para que tenham o mesmo número (mais, menos) de elementos – dividir coleções; – realizar uma distribuição.	– construir coleções de *n* elementos; – construir (ou modificar) uma coleção para que tenham o mesmo número (mais, menos) de elementos – dividir coleções; – realizar uma distribuição.
• **Saber verificar** uma comparação, uma construção ou uma modificação, empregando procedimentos diferentes.	• **Saber verificar** uma comparação, uma construção ou uma modificação, empregando procedimentos diferentes.	• **Saber verificar** uma comparação, uma construção ou uma modificação empregando procedimentos diferentes.
	• **Saber reproduzir** um procedimento proposto pelo professor ou por um colega.	• **Saber reproduzir** um procedimento proposto pelo professor ou por um colega.
		• **Saber explicar** o procedimento adotado.

Observação: no Maternal, as atividades devem ser conduzidas principalmente com objetos manipuláveis; no Jardim A, com objetos manipuláveis e depois com objetos fixos; no Jardim B, com objetos manipuláveis, depois com objetos fixos e, por fim, eventualmente, com objetos representados.

Nota histórica

Desde a Pré-História, o homem sentiu necessidade de anotar quantidades para conservar a memória do volume de uma caça, e depois para contar o seu gado. Ele gravava em um osso, ou em um pedaço de madeira, o mesmo número de entalhes das cabeças de gado que havia em seu rebanho: fazia uma correspondência termo a termo para verificar se não lhe faltava um animal. Tratava-se de uma numeração aditiva rudimentar.

Aproximadamente 3500 anos antes de nossa era, perto do Golfo Pérsico, os contadores sumerianos se serviam de diferentes bolinhas de argila para registrar entregas de mercadorias e trocas. Estas bolinhas tinham formas diversas e representavam, conforme o caso, 1, 10, 100, 300 ou 3.000. Ficavam guardadas dentro de saquinhos de argila fechados e selados. Os latinos chamaram a este tipo de bolinhas "calculi" (cascalho). Esta é a origem de nossa palavra cálculo. Mais adiante, o número de bolinhas foi escrito no saquinho, e depois o conjunto todo substituído por tabuinhas de argila nas quais eram anotadas as quantidades.

Pouco tempo após o nascimento da escrita sumeriana, surgiu a notação hieroglífica egípcia. Os egípcios inventaram uma numeração de tipo aditivo com base dez. Ela lhes permitia representar números inteiros que ultrapassavam o milhão, utilizando símbolos diferentes para 1, 10, 100, 1.000, 10.000, 100.000, 1.000.000. Estes signos muitas vezes eram figurativos. Por exemplo, 1.000 era representado por uma flor de lótus, 10.000 por um dedo, 100.000 por um girino, e um milhão por um gênio ajoelhado.

Já no princípio do segundo milênio antes de nossa era, os matemáticos e os astrônomos babilônios criaram uma numeração baseada na posição, de base sessenta. Ela tinha a grande vantagem de utilizar somente três algarismos: um, dez e zero. Até 59, se justapunham os símbolos para obter o número; tratava-se, portanto, de uma numeração aditiva. Mas a partir de 60, passava a ser a posição dos algarismos o indicador do valor do número. A primeira coluna representava as unidades até 59, a segunda, os grupos de 60, a terceira, os grupos de 60 X 60, etc. Por esta razão, eles sentiram a necessidade de criar (por volta do século VI antes de nossa era) um signo que indicasse que uma coluna não estava ocupada. Foi o primeiro zero da humanidade. Anteriormente, era deixado um lugar vazio na escrita, o que acarretava muita ambiguidade. Mais tarde, os gregos, os romanos e os hebreus se serviram das letras do seu alfabeto como algarismos, em sistemas aditivos e subtrativos. Utilizavam ábacos com contas, as primeiras máquinas de calcular, para efetuar operações.

No século III de nossa era, os maias, grandes astrólogos e astrônomos, conceberam um sistema baseado na posição de base vinte, contendo uma irregularidade na 2ª ordem. Utilizavam igualmente três algarismos: um, cinco e zero. Procediam por adição até 19, depois o seu sistema se tornava dependente da posição relativa dos algarismos. Foi concebido essencialmente para anotar as datas de seu calendário. Suas observações e anotações permitiram-lhes prever eclipses solares com grande precisão. A primeira ordem de seu sistema servia para anotar os dias, a segunda ordem, os meses, a terceira, os anos, a quarta, os ciclos de vinte anos, etc. Seu calendário comportava 18 meses de 20 dias, e os anos eram agrupados de 20 em 20, estes conjuntos também reunidos de 20 em 20, e assim por diante.

Por fim, no século V de nossa era, na Índia, foi concebido um sistema baseado na posição decimal, com dez algarismos diferentes, entre os quais o zero. Este procedimento inspirou-se no antigo sistema de numeração oral sânscrito, no qual se lia 1.234 como "quatro, três, dois, um". Este modo de numerar permitia aos calculadores realizar operações bem sofisticadas. O sistema chegou até nós graças aos árabes, que fizeram a síntese dos tratados científicos gregos, hindus e babilônios.

A grafia atual dos algarismos somente veio a ser fixada definitivamente em 1440, com a invenção da imprensa. Gerbert d'Aurillac, que se tornou papa em 999 sob o nome de Silvestre II, havia estudado na Espanha e se iniciara nas ciências árabes. Foi ele quem introduziu a numeração baseada na posição dos algarismos no Ocidente. Mas o clero recusou a simplicidade de um sistema oriundo de outra cultura, e absorveu somente a utilização dos algarismos, mas não os métodos revolucionários de cálculo. Simplesmente substituíram-se as contas do ábaco romano por fichas nas quais estavam escritos algarismos. Desta forma, não se sentia a necessidade do zero, pois era deixada uma coluna vazia, se necessário. Em árabe, a palavra zero se pronuncia "sifr", que resultou na palavra francesa "chiffre" (algarismo) e na nossa "cifra".

Por ocasião das Cruzadas, no século XIII, alguns clérigos aprenderam as técnicas que haviam sido aperfeiçoadas pelos árabes, especialmente por Al Kwarizmi (origem da palavra algoritmo e de algarismo).

Mas, mais uma vez, os eclesiásticos não puderam suportar o fato de não mais conseguir controlar os conhecimentos e fizeram correr o boato de que estes métodos de cálculo haviam sido inventados por Satã. A Igreja logo proibiu o emprego dos algarismos arábicos. Contudo, pouco a pouco estes métodos penetraram nos diferentes ambientes socioculturais, e o cálculo com a pena se generalizou. No entanto, muitas vezes, se preferia verificar com o ábaco a correção dos cálculos escritos.

Foi preciso esperar a Revolução Francesa para que a utilização do ábaco fosse proibida nas escolas, em proveito do ensino do cálculo escrito.

A numeração baseada na posição é muito prática para as operações, e permite comparar os números unicamente observando o seu comprimento.

Atualmente, existe ainda em uso um sistema de numeração escrita de tipo aditivo e multiplicativo. É a numeração sino-japonesa. Os chineses e os japoneses escrevem, por exemplo, 5.234 da seguinte forma 5 1000 2 100 3 10 4, utilizando símbolos diferentes dos nossos. Possuem nove signos para os números de um a nove, um signo para dez, um para cem, um para mil, um para dez mil. Para os cálculos, servem-se de uma espécie de ábaco, pois sua numeração escrita não permite realizar facilmente as operações.

Hoje em dia, a utilização de ábacos em nossas salas de aula muitas vezes ajuda as crianças a aprenderem, de maneira eficaz, as técnicas escritas de cálculo!

5

Abordagem às Medidas

*E*sta parte é dedicada às medidas de tempo, de comprimento, de superfície, de capacidade e de massa.

Para os períodos de tempo, será feito um trabalho específico com calendários, apoiado em exemplos bem variados.

Numerosas atividades que permitem explorar a medição das diferentes grandezas mensuráveis e voltadas para a comparação entre elas, até o problema da unidade como referência, serão aqui encontradas. Para cada nova noção, é detalhado o que pode ser feito em cada um dos níveis da Escola Infantil. Numerosos exemplos da vida prática são explorados para abordar estas diferentes noções.

SUMÁRIO

Grandezas e medidas..	206
Situando-se no tempo	219

Grandezas e medidas

> Grandezas mensuráveis 206
> Grandezas não mensuráveis 210

Na Escola Infantil, é importante conscientizar as crianças de que as noções de pequeno, grande, médio são relativas. Por outro lado, o trabalho com as grandezas e a abordagem da medição devem ser conduzidos juntamente com a aquisição da noção de conservação. Por fim, também devemos situar a comparação direta por suposição em relação às medidas com a ajuda de um instrumento, ainda que rudimentar. No Ciclo I, trata-se mais de comparação do que de mensuração (ação de medir).

Classificam-se os objetos de mesmo comprimento, mesma massa, mesma capacidade, e se organizam do mais curto ao mais longo (ou o inverso), do mais pesado ao mais leve, etc. (ver atividades de seriação, fichas 25 a 45). Comparam-se por estimativa direta ou indireta quantidades contínuas, sólidos em pó ou líquidos.

Grandezas mensuráveis

A medição exige que se saiba definir a soma de duas grandezas de mesma espécie ou de dois valores de uma mesma grandeza. Este tipo de grandeza é dita "mensurável".

Para fazer medições, é preciso contar com um modelo para servir de referência, isto é, de um instrumento de medida fixa, que se utiliza como unidade de comparação.

A escolha dos modelos fundamentais é arbitrária, assim como as relações que ligam as diferentes unidades entre si. É somente uma convenção entre nações que as torna universais.

As unidades definidas a partir dos modelos fundamentais devem ser precisas, isto é, invariáveis em função de tempo e de lugar. O modelo ou padrão deve ser invariável e reproduzível. Ele pode ser um objeto material único (como, por exemplo, o quilograma), ou um objeto universal (como o átomo de carbono). Pode até mesmo ser imaterial (como o meridiano terrestre).

Na vida cotidiana, nos valemos de modelos intermediários, que são réplicas dos padrões fundamentais. A sua precisão varia segundo o tipo de medida que se deseja efetuar.

O comprimento

O conceito de comprimento é construído por abstração a partir da comparação de objetos materiais que constituem representações de segmentos de reta, como, por exemplo, bastões ou varetas.

Bastões

Podemos superpor dois bastões procurando coincidir uma de suas extremidades, conservando ambos os objetos do mesmo lado desta extremidade comum. Constata-se então sensorialmente (com a visão ou eventualmente com o tato) que a outra extremidade dos bastões pode coincidir (as duas sendo do mesmo comprimento), ou que, ao contrário, que a segunda extremidade de um dos bastões ultrapasse a outra (neste caso, o primeiro bastão será mais longo do que o segundo).

A aditividade das medidas de comprimento resulta de uma formalização a partir da justaposição de objetos materiais que representam segmentos de reta. Consideremos dois bastões, cujas extremidades de um lado fazemos coincidir, um dando continuidade ao outro, de tal forma que temos a impressão de que formamos um terceiro bastão, mais longo do que os precedentes. O comprimento deste conjunto é a soma dos comprimentos dos dois bastões. Se chamarmos de S_1 e de S_2 os dois segmentos representados por estes dois bastões, nosso conjunto representa o segmento $S_1 \cup S_2$. Neste caso, $S_1 \cap S_2$ é vazio (os dois bastões são disjuntos). Mas em lugar de dois bastões distintos, podemos ter simplesmente a transcrição para um bastão comum: neste caso, $S_1 \cup S_2$ se reduz ao ponto comum aos dois segmentos, que tem comprimento nulo (pois um ponto geométrico não tem dimensão nem espessura). Em ambos os casos, coloca-se $\ell(S_1 \cup S_2) = \ell(S_1) + \ell(S2)$.

Esta longa descrição, que pode parecer um palavreado inútil acerca de um fato evidente, tenta demonstrar a que ponto a formalização – axiomatização – do comprimento não é um procedimento tão simples quanto parece. Consideremos que nos limitamos aqui tão somente ao caso dos comprimentos de segmentos de reta. O comprimento de porções curvas apresenta problemas nitidamente mais complexos, que não iremos abordar.

Comprimento e vida prática

Na vida prática, frequentemente podemos proceder, como fizemos acima, a uma comparação direta por justaposição dos objetos e tomada de informações por via sensorial. Mas isso não acontece se você deseja trocar um móvel de lugar, por exemplo, um armário, dentro de uma mesma peça. Para evitar um esforço eventualmente inútil, procede-se a uma comparação indireta.

Para tanto, toma-se a largura do armário, com a ajuda de um instrumento, que pode ser bastante rudimentar, como, por exemplo, um barbante. Primeiramente se compara este barbante à largura do armário, e depois se faz outra comparação direta entre o comprimento marcado no barbante e a largura de que se dispõe no local onde se pretende colocar o móvel. Utiliza-se neste caso a transitividade da igualdade: a largura do armário é igual ao comprimento do barbante, o comprimento do barbante é igual (respectivamente inferior) ao comprimento do espaço, logo, a largura do armário é igual (respectivamente inferior) ao comprimento do local desejado.

Este conceito de comprimento se traduz na língua corrente em uma variedade de termos: comprimento, largura, altura, espessura (estes dois últimos em geral se referem a comprimentos verticais), profundidade (cujo sentido varia conforme se trate da profundidade de um poço — vertical —, da de um móvel — horizontal — ou da toca de um animal, por exemplo — oblíqua e não necessariamente retilínea).

As comparações e medidas de comprimento em geral são de fácil verificação: basta recomeçar a medição, pois a situação em geral não se alterou entre as duas experiências.

A superfície

Considere duas superfícies (planas, para simplificar o problema) a serem comparadas. Nos casos mais favoráveis, a superposição dos dois elementos materiais que servem de representação põe em evidência que uma das duas pode ser inteiramente recoberta pela outra e inversamente (observação sensorial, visual ou táctil). Elas podem ser superpostas, e têm a mesma área; ou uma das duas pode ser inteiramente recoberta pela outra, sem que o inverso seja verdadeiro: a área de uma é então inferior à de outra.

Mas, na maior parte dos casos, não é isso que acontece: uma parte de uma das superfícies não é recoberta pela outra, e vice-versa. É preciso então substituir uma das superfícies por outra considerada de mesma área (o que absolutamente não é "evidente"), obtida por recorte sem perdas e por colagem sem interstícios, de maneira a reportar-se a um dos casos precedentes para poder concluir. A justaposição de superfícies leva à aditividade de áreas. Recordemos que um segmento tem área nula.

Assim como para os comprimentos, as comparações e medidas de áreas são fáceis de verificar, refazendo a medição.

O volume

Com os sólidos, surge uma dificuldade que não se havia apresentado nos segmentos, nem nas superfícies. Desta vez, é impossível fazer coincidir os dois objetos materiais que os representam. Realmente, salvo alguns casos muito particulares (um dos dois está cheio e o outro pode ser contido no oco do primeiro, ou ambos estão cheios e seu conteúdo é perceptivelmente — de forma visual ou táctil — muito diferente), nenhuma comparação direta é possível. O único procedimento sistematicamente eficaz — ao menos em teoria — consiste numa comparação indireta, por imersão sucessiva de cada um destes dois objetos em um mesmo recipiente, nitidamente maior, parcialmente preenchido por um líquido, e na anotação de qual deles provoca maior deslocamento para cima do nível do líquido. Em um certo número de casos (em particular o volume dos cones e dos cilindros), o cálculo do volume utilizando uma fórmula permite chegar à conclusão desejada.

Assim como no caso dos comprimentos e das áreas, pode-se proceder a verificações acerca da medida de um volume refazendo a medição. Distinguimos "volume", que designa a ocupação do espaço por um sólido cheio, e "capacidade", que se refere à quantidade que um sólido oco pode conter.

A massa

Sendo os objetos geométricos em essência abstratos e, portanto, imateriais, o matemático não é levado a interrogar-se acerca de sua massa, conceito que se refere muito mais à Física. Contudo, como resíduo da época em que era conferida uma grande importância ao aprendizado do sistema métrico na escola obrigatória, é uma tradição que o programa de Matemática do Ensino Fundamental contenha uma parte dedicada ao tema.

Esta é a razão pela qual fazemos alusão à massa nesta obra, com atividades que se podem conduzir na Escola Infantil encontrando perfeitamente seu espaço junto a outras atividades matemáticas.

Sentidos e massas

A avaliação sensorial das massas graças ao sentido bárico é muito imprecisa. Nossa civilização ocidental tampouco contribui para o seu desenvolvimento e, atualmente, apenas alguns profissionais recorrem a ele: por exemplo, não é raro constatar-se que um funcionário do correio, simplesmente sopesando uma carta na mão, sabe dizer se ela ultrapassa 20 gramas; da mesma forma, muitos comerciantes de gêneros alimentícios são capazes de dizer com bastante exatidão a massa dos víveres que irão pesar.

Tudo isso leva à conclusão de que não há comparação direta de massas possível, salvo em casos particulares em que a diferença é flagrante, sem o recurso a um instrumento específico chamado balança. A balança de dois pratos permite, ao menos aproximadamente, uma comparação direta de duas massas; uma balança de um único prato estará sempre lidando com uma medida indireta.

Com exceção de circunstâncias particulares, sempre se pode fazer nova pesagem, se se considerar necessária uma verificação do resultado.

Grandezas não mensuráveis

Algumas grandezas não são mensuráveis, mas somente "marcáveis". É o caso da temperatura e do tempo. Podem-se marcar e ordenar estas grandezas segundo uma escala numérica, tomando por base um valor estável que é visto como ponto de referência. É o caso da temperatura, que toma por referência a temperatura do gelo derretendo. Para a passagem do tempo, adotou-se a rotação aparente do sol em torno da Terra até 1968; hoje, a referência utilizada é o átomo do Césio 133.

A temperatura

Contrariamente às grandezas que evocamos antes, a temperatura não é mensurável, mas podemos "marcá-la". De fato, se misturarmos água a 100°C com água a 20°C, não se obtém água a 120°C. Não existe aditividade com as temperaturas.

Recorremos a um instrumento de marcação (e não de medição) chamado termômetro. A comparação sensorial das temperaturas (sentido térmico) é sempre indireta. Além disso, é limitada (não é razoável testá-la para saber se está próxima do ponto de ebulição!) e pouco precisa. Esta é a razão pela qual consultamos o termômetro tão frequentemente: porque nosso sentido térmico não é suficiente para nos dizer se o banho está agradável para o bebê ou no limite do suportável, por exemplo. Tudo isso sem esquecer que fatores variados concorrem para perturbar a nossa avaliação sensorial: a umidade torna o calor — assim como o frio, aliás — menos suportável, por exemplo. O mesmo acontece com o vento.

O tempo

Assim como a temperatura, o tempo não é uma grandeza mensurável (contrariamente a um determinado período), e pode somente ser marcado. Considerando-se a importância deste conceito no desenvolvimento da criança, um capítulo inteiro lhe foi dedicado neste livro.

ATIVIDADE 102
Comparação de comprimentos

Maternal – Jardim A – Jardim B

Intenção pedagógica
Trabalhar a estimativa de quantidades contínuas, pela comparação direta de comprimentos.

Material
Preparar para a classe diversos conjuntos de blocos de cores diferentes, a fim de facilitar a organização (*cf.* atividade 44).

Aplicação
Aproveitar todas as situações em sala de aula para empregar o vocabulário relativo às medidas (longo, curto, grande, pequeno, espesso, fino, alto, baixo, há mais, há menos, há a mesma quantidade, etc.).

Em grupo dirigido, para todos os níveis: pedir que se encontre em meio a uma outra coleção idêntica, um bloco de mesmo comprimento, ou mais longo ou mais curto do que o que está sendo mostrado. A criança pode, se o desejar, carregar consigo o bloco de referência. No Jardim B, pode-se pedir a mesma coisa, porém sem levar o bloco de referência.

ATIVIDADE 103
Comprimentos e vida prática

Jardim A – Jardim B

Intenção pedagógica
Trabalhar a estimativa de quantidades contínuas, por comparação direta ou indireta de comprimentos.

- **Etapa 1**

Material
Vasos cheios de terra, estacas de madeira enfiadas na terra, plantas de crescimento rápido (feijões, lentilhas, etc.).

Aplicação
Fazer germinar os grãos e anotar a cada 3 ou 4 dias, na estaca de madeira, a altura atingida pelas plantas. As crianças se conscientizarão do crescimento dos vegetais observando os traços marcados na placa de madeira, o que representa uma constatação objetiva.

- **Etapa 2**

Material
Uma escala em papelão suficientemente larga, afixada em um canto da sala.

Aplicação
No princípio do ano, anotar na escala a altura de cada criança. Fazer o mesmo levantamento dois meses depois, por exemplo, ou na volta das férias de inverno. Também aí as crianças pode-

rão constatar o aumento de sua altura de maneira objetiva, graças à observação das diferentes marcações.

- Etapa 3

Material
Fitas de diferentes tamanhos, pedaços de papelão e cola.

Aplicação
Aproveitar ocasiões como o Natal ou o carnaval para levar as crianças a medir a circunferência de suas cabeças, para a confecção de coroas ou de turbantes hindus, por exemplo. Sugerir a colagem de uma fita na coroa de papelão. Ela deve ter o mesmo tamanho que a coroa. Pedir às crianças que escolham entre as várias fitas a mais adequada, isto é, aquela que não é muito pequena, nem muito grande, a fim de evitar desperdícios. Esta primeira abordagem permite às crianças aprender um método de medição para um comprimento de curva. Pode-se igualmente realizar atividades semelhantes colando fitas sobre potes de diferentes formas, etc.

ATIVIDADE 104

Comparação de superfícies

Maternal – Jardim A – Jardim B

Intenção pedagógica
Trabalhar a estimativa de quantidades contínuas por comparação direta de superfícies.

Material
Recortar em um material não muito espesso, como papelão, madeira ou espuma (distribuído entre outros pela OPITEC-Paris) e de uma mesma cor (que, no entanto, pode variar de uma série de figuras para outra) uma série de quadrados, retângulos, circunferências ou triângulos sem qualquer particularidade, de mesma forma, porém de tamanhos diferentes. Preparar diversos jogos idênticos para trabalhar as classificações em elementos de mesma dimensão.

Exemplos:
– lado dos quadrados ou diâmetro das circunferências com 4 cm, 6 cm, 8 cm, etc.
– lados dos triângulos (2, 3, 4 cm), (4, 6, 8 cm), (6, 9,12 cm), (8, 12, 16 cm), (10, 15, 20 cm), (12, 18, 24 cm), etc.
No Maternal: séries de três objetos cujos tamanhos (comprimentos) variem do simples ao duplo e ao triplo.
No Jardim A: retirar 5 elementos da série (um de cada dois).
No Jardim B: utilizar as séries completas dos dez objetos.

- **Etapa 1** (em grupo dirigido)
Trabalhando com uma das séries, pedir às crianças que mostrem a forma menor e a maior, apanhadas a princípio dentre dois elementos bem distintos.

- **Etapa 2**
Pedir às crianças que organizem os elementos de uma mesma série do menor ao maior. Fazer uma síntese, como anteriormente. As crianças poderão superpor as peças ou alinhá-las por cima ou por baixo (seriação "achatada"; empilhamento sem maiores cuidados; empilhamento piramidal; empilhamento com coincidência dos vértices).

- **Etapa 3**
Idêntica à primeira atividade de comparação de comprimentos (atividade 102, p. 211).

ATIVIDADE 105

Quebra-cabeças e comparação de superfícies

Jardim A – Jardim B

Intenção pedagógica
Trabalhar a estimativa de quantidades contínuas, procedendo a uma comparação indireta de superfícies.

Material
Podem-se utilizar todos os quebra-cabeças e decomposições de figuras clássicas já propostas na parte dedicada à Geometria.

Aplicação
Propor às crianças formar figuras diferentes com um ou diversos exemplares de um destes materiais e perguntar-lhes se elas podem comparar as superfícies das figuras montadas daquela forma, utilizando as peças dos diferentes quebra-cabeças. Para as crianças do Jardim A, trabalhar com figuras feitas de duas ou três peças; utilizar mais peças para as maiores. Propor também figuras deste gênero, sobretudo se as crianças não as produziram por si próprias. As crianças são levadas a tomar consciência de que figuras constituídas pelas mesmas peças têm a mesma área, mesmo que não tenham o mesmo aspecto. É o princípio da conservação que está aqui em questão.

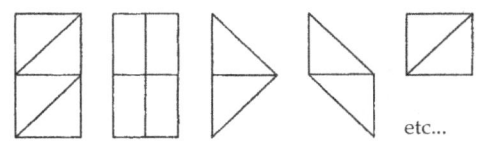

ATIVIDADE 106

Superfícies e vida prática

Jardim B

Intenção pedagógica
Trabalhar a estimativa de uma quantidade contínua procedendo a uma comparação direta.

Material
Grandes folhas de papel kraft ou outro deste gênero e canetas hidrográficas grossas.

Aplicação
No princípio do ano, deitar cada criança sobre uma grande folha de papel e marcar o seu contorno. Refazer o trabalho mais duas ou três vezes no decorrer do ano letivo, pedindo às crianças que se deitem sempre sobre o primeiro contorno desenhado. Também aí as crianças se conscientizarão de seu crescimento por avaliação direta do aumento de sua "marca". Já não é apenas a altura que está em questão, mas também a medida de todos os membros. Esta atividade tem a dupla vantagem de fazer trabalhar com as dimensões corporais e também sobre a representação do corpo em si. É igualmente possível fazer a mesma atividade tomando somente a impressão do pé ou da mão. É bastante difícil encontrar atividades apropriadas para a Escola Infantil no que concerne à estimativa direta de volumes e de massas. Por outro lado, é possível abordar estas noções por meio das atividades de seriação e de classificação (ver a parte "Formando o Espírito Lógico").

ATIVIDADE 107

Transferindo conteúdos e comparando capacidades

Jardim A – Jardim B

Intenção pedagógica
Trabalhar a estimativa de quantidades contínuas de sólidos em pó, em grãos ou líquidos (diferença sensível).
Lembrete: um sólido *granulado* é constituído de elementos muito pequenos, independentes uns dos outros (cereais, sal grosso ou fino, açúcar cristal ou refinado, areião, etc.); um sólido *em pó* é constituído de elementos não passíveis de serem isolados (açúcar de confeiteiro, farinha, talco).

Aplicação
No *Maternal*, faremos simplesmente um trabalho de sensibilização. No pátio, por exemplo, ou dentro da sala de aula, se for possível, preparar uma bacia com diferentes vasilhas, de maneira que as crianças possam passar diferentes sólidos e líquidos tais como areia, grãos, água, de uma para outra.

Material
Todo tipo de recipiente. No *Jardim A* e no *Jardim B,* propor às crianças a comparação entre os conteúdos de dois ou três recipientes diferentes. É necessário perguntar-lhes como eles fizeram esta comparação. Na verdade, elas podem passar o conteúdo de um recipiente para outro, ou utilizar um terceiro como referência. O primeiro método somente permite comparar dois vasilhames. Se houver mais, será necessário utilizar um recipiente como modelo padrão. Também aí se está lidando com o princípio da conservação.

Quando se segue uma receita de cozinha utilizando um copo dosador ou *qualquer outro recipiente, tal como um potinho de iogurte, por exemplo, é preciso saber que se estão medindo capacidades, e não massas. De fato, a massa de um pote de iogurte cheio de farinha ou de açúcar não é constante e depende da maneira pela qual se coloca o conteúdo em seu interior. A única medida válida de massa é a dos líquidos. É possível transformar um instrumento de medida de capacidade em um modelo padrão, conhecendo, por exemplo, a massa de um litro deste líquido, massa esta que será constante a uma dada temperatura.*

ATIVIDADE 108

Transformando um recipiente em um padrão

Maternal – Jardim A – Jardim B

Intenções pedagógicas
– aprender a utilizar uma medida padrão para colocar por ordem de grandeza diversos objetos, reportando-se a este padrão *(Jardim A e Jardim B);*
– aprender a comunicar o resultado de uma medida por um ou mais números *(Jardim B).*

Material
O mesmo da ficha anterior.

O Ensino da Matemática na Educação Infantil 215

Aplicação
Retomar as atividades de transferência de conteúdos de um recipiente para outro, oferecendo a cada criança diversas vasilhas. No Jardim B, pedir às crianças que anotem (por meio de desenhos, números ou qualquer outra coisa), em etiquetas coladas aos recipientes, a quantidade contida em cada um deles, utilizando um ou vários recipientes anexos. A partir destas indicações, pedir que elas os coloquem em ordem crescente de capacidade. Se as crianças tiverem à sua disposição recipientes auxiliares variados, não encontrarão todas o mesmo resultado. Irão assim tomar consciência da necessidade de um padrão comum, a fim de poder fazer comparações. Nesta oportunidade, fazer com que as crianças escolham um ou dois referenciais comuns (um grande e um pequeno, por exemplo), para que as medidas tomadas por qualquer uma delas possam servir às outras. De qualquer forma, será necessário que as crianças se ponham de acordo sobre a ordem de utilização dos dois referenciais. Elas serão levadas a fazer aproximações, quando um dos recipientes-padrão não for completamente cheio. Fazer com que realizem a padronização com os instrumentos escolhidos, e depois colocar os recipientes por ordem de capacidade.

Atividade 109
A balança de dois pratos

Jardim A – Jardim B

Intenção pedagógica
Aprender a utilizar uma balança de dois pratos (considerada correta e confiável).
Comparar a massa de dois objetos utilizando a balança.

Material
Preparar dentro da classe um *cantinho* de compras, no qual haverá uma balança de dois pratos relativamente robusta. A utilização da caixa de contrapesos não é indispensável na Escola Infantil.

Aplicação
Permitir que as crianças manipulem sozinhas a balança e depois, reunindo-as, perguntar-lhes como se sabe que um objeto é mais pesado do que outro, ou tem o mesmo peso. No Jardim B, pedir que as crianças representem pelo desenho as comparações feitas com a balança de dois pratos. Estes trabalhos podem se transformar em cartazes, ajudando a fixar a maneira de utilizar uma balança.
Observação: todas as atividades propostas no capítulo sobre triagem, arranjo, classificação e seriação referentes a medidas de quantidades contínuas igualmente permitem trabalhar as diferentes noções apresentadas neste capítulo.

QUADRO-RESUMO

Grandezas e abordagem das medidas

- Noção de comprimento (largura, altura, profundidade, espessura): comparação, unidade e abordagem das medidas.
- Superfícies (planas): comparação, unidade e abordagem das medidas.
- Volume e capacidade.
- Massa.

Todo o trabalho acerca das grandezas e a abordagem das medidas deve ser conduzido juntamente com a aquisição da noção de conservação (*Cf.* as partes "Geometria" e "Trabalhando com Números").

Maternal	Jardim A	Jardim B
• **Saber estimar** quantidades contínuas e dizer onde há mais e onde há menos (diferença sensível, de simples para duplo): comprimento, superfície, volume e capacidade, massa, por comparação direta.	• **Saber estimar** quantidades contínuas, e dizer onde há mais e onde há menos (diferença facilmente perceptível): comprimento, superfície, volume e capacidade, massa, por comparação direta.	• **Saber estimar** quantidades contínuas, e dizer onde há mais e onde há menos (diferença facilmente perceptível): comprimento, superfície, volume e capacidade, massa, por comparação direta.
	• **Saber estimar** quantidades contínuas, e dizer onde há mais e onde há menos (diferença sensível, de simples a duplo), procedendo, se necessário, a uma comparação indireta.	• **Saber estimar** quantidades contínuas, e dizer onde há mais e onde há menos (diferença sensível, de simples a duplo), procedendo, se necessário, a uma comparação indireta.
	• **Saber estimar** quantidades contínuas de sólidos em pó ou granulados, e dizer onde há mais e onde há menos (diferença sensível, do simples ao duplo).	• **Saber estimar** quantidades contínuas de sólidos em pó ou granulados, e dizer onde há mais e onde há menos (diferença facilmente perceptível).
	• **Saber utilizar** uma balança de dois pratos (considerada correta e confiável).	• **Saber utilizar** uma balança de dois pratos (considerada correta e confiável).
	• **Saber utilizar** uma medida padrão para ordenar por grandeza (carregando consigo o objeto padrão).	• **Saber estimar.** • **Saber criar um padrão.** • **Saber enquadrar.** • **Saber comunicar** o resultado de uma medição através de um ou mais números.

Observações:

Quanto aos comprimentos:
– a comparação direta (sensorial) é frequentemente possível e geralmente eficaz;
– instrumentos rudimentares podem ser utilizados no caso particular em que os objetos não podem ser superpostos, nem comparáveis diretamente;
– a medição sempre pode ser refeita. Estas observações seguem sendo verdadeiras para as superfícies, mas nem sempre o são para os volumes.

Quanto às massas:
– a comparação direta (sensorial) é frequentemente possível, mas geralmente pouco eficaz (por falta de um maior treino do sentido bárico);
– em geral, não é possível confeccionar em casa um instrumento de medida rudimentar para as massas; o uso de uma balança é quase sempre necessário;
– a medição sempre pode ser refeita.

Nota histórica

Desde os tempos pré-históricos, os homens sentiram necessidade de medir e de comparar grandezas de mesma natureza, por ocasião de uma troca, por exemplo. Se a contagem de cabeças de gado ou de homens faz com que se conserve a noção de número inteiro, a comparação de grandezas contínuas acarreta, por um lado, a aplicação de uma técnica específica, a metrologia, e por outro, a elaboração da noção de frações e de números irracionais (que não podem ser escritos sob a forma de frações, como em particular o caso do número π e de $\sqrt{2}$).

A comparação de grandezas exige a escolha de um padrão para cada uma delas. Tudo isso surgiu progressivamente no decorrer do tempo.

Os arqueólogos encontraram numerosos padrões de medida que remontam às primeiras civilizações. Os povos primitivos elaboraram sistemas bem diversos entre si, mas que frequentemente tinham como ponto comum o fato de terem relação com o corpo humano (pé, mão, polegar, braça, passo, etc.). Na verdade, como estas medidas variam de um homem para outro, tais padrões não podiam ser fixados de maneira precisa, e o valor adotado muitas vezes era bastante diverso de uma região para outra. Além disso, como a noção de fração apareceu bem tardiamente, unidades disparatadas e sem relação entre si foram utilizadas por muito tempo, de maneira a ter resultados expressos sob a forma de números inteiros. Tudo isso não facilitava as trocas, que se faziam o mais das vezes em espécie.

O sistema sumério-babilônio

O primeiro sistema que verdadeiramente merece este nome é o sumério-babilônio, o mais aperfeiçoado de todos. O sistema de numeração que eles utilizavam era baseado na posição relativa, em base sessenta. Seu sistema de medidas era, pois, totalmente adaptado a esta base sessenta. O número 60 tem muitos divisores (2, 3, 4, 5, 6, 10, 12, 15, 20, 30), o que permite criar sub-unidades que guardam uma relação simples com a unidade principal.

As unidades de medida de volume eram ligadas às de superfície mediante a adição de uma terceira dimensão igual a uma braça. Isto tornava o sistema astucioso e prático. As relações entre as unidades sucessivas são divisores de 60, o que permite relacionar todas as medidas à unidade principal. O resultado é então um número composto de uma parte inteira e de uma fração de denominador 60 ou de uma potência de 60. No sistema babilônio, estas frações desempenham um papel similar ao das frações decimais em nosso sistema de medidas. Algumas unidades auxiliares de volume eram particularmente adaptadas às aplicações práticas. Por exemplo, para o trabalho de aterramento, eles utilizavam uma unidade auxiliar igual ao volume transportado em um dia por um operário. Tudo o que se precisava fazer era dividir o volume total de um aterro por esta unidade para obter o número de jornadas de trabalho necessárias.

Influência do sistema sumério-babilônio

Quase todas as metrologias do Oriente Próximo foram influenciadas pelo sistema sumério, o que se explica facilmente devido à presença dos hebreus, que foram mantidos prisioneiros por muito tempo na Babilônia. A transmissão foi feita para outros países graças às trocas comerciais, no caso especial dos gregos. Foram eles, aliás, que nos transmitiram o sistema babilônio. Conservamos traços deste sistema até hoje na nossa maneira de medir períodos de tempo e os ângulos das figuras geométricas.

O sistema egípcio

Os egípcios utilizavam um sistema menos regular, mas muito original, baseado em um engenhoso procedimento de cálculo de frações que lhes permitia atenuar a grande variedade de relações entre unidades de medida.

Os sistemas grego e romano

Os gregos e os romanos utilizavam também medidas relacionadas com o corpo humano. Devido à sua importância comercial, as medidas atenienses de capacidade eram muito severamente controladas. É por esta razão que o seu emprego estendeu-se a numerosas outras cidades.

Os romanos utilizavam para as medidas de massa um sistema fundamentado na base doze, número que tem mais divisores do que o dez. Sendo o seu sistema de numeração decimal, o sistema de metrologia obrigava à realização de cálculos com frações bastante complicados (os quais, aliás, eram feitos com ábaco). O sistema romano, como era utilizado em vastos territórios, facilitava as trocas comerciais. Com a queda do Império Romano, cada região retomou pouco a pouco as suas próprias unidades. Na França, perdurou a maior confusão até o século XIX. De uma região para outra, utilizavam-se unidades que tinham o mesmo nome, mas não o mesmo valor! Em 650, Childerico III tentou tornar obrigatória em todo o reino a utilização das unidades guardadas em seu palácio, em vão. Depois dele, Carlos Magno, Felipe o Belo, Francisco Primeiro, Luiz XIV e muitos outros fizeram a mesma tentativa, sem sucesso.

No caso das medidas científicas, os estudiosos precisavam fabricar padrões pessoais, o que não facilitava a transmissão dos resultados obtidos.

Foi preciso esperar 1789 para ver a Academia das Ciências ser encarregada por decreto de aperfeiçoar um sistema de medidas coerente. No dia 19 de março de 1791, a Academia adotou definitivamente a unidade de comprimento chamada de metro, igual a um décimo-milionésimo do quarto do meridiano terrestre. Os padrões das unidades de medida foram confeccionados em platina iridiada*, e guardados nos Arquivos. O quilograma é igual ao peso de um centímetro cúbico de água pura à temperatura do seu máximo de densidade. Apesar de sua extrema simplicidade e de sua coerência, este sistema não foi efetivamente utilizado. Foi somente de forma muito lenta que as transações comerciais no nível artesanal passaram a ser efetuadas com estas medidas. A escolaridade obrigatória, pela grande importância que conferiu ao sistema métrico em seus programas, contribuiu para a evolução das mentalidades e das utilizações práticas: por volta da Primeira Guerra Mundial, as crianças repetiam ainda regularmente em coro "é preciso se acostumar a contar em francos e em centavos e não em tostões", enquanto que os valores impressos nas moedas já eram escritos nas unidades do sistema métrico havia várias gerações.

Foi preciso aguardar a chegada do dia 30 de maio de 1875 para que o Bureau Internacional de Pesos e Medidas, situado em Sèvres, fosse encarregado de estabelecer os padrões definitivos e daí deduzir os padrões nacionais para todos os países vinculados ao sistema métrico. Atualmente, a definição do metro foi modificada, e se trata de uma relação com o átomo de krypton 86, o que confere maior precisão ao metro e garante a sua permanência.

---

* N. de R. T.: Originada de irídio – elemento metálico utilizado em ligas especiais.

Situando-se no tempo

"O que é o tempo?" 219
O homem e o tempo 221
Utilização do calendário 222
Cronologia e irreversibilidade 231

No princípio da introdução de *"A hora que é"*, David S. Landes (1) cita Santo Agostinho: *eu sei o que é o tempo, (...) mas se alguém me pergunta o que é, eu não posso dizer...*

Todos temos o mesmo problema: conhecemos o tempo porque nele estamos continuamente mergulhados, e o administramos por meios variados, que nos permitem prever se estaremos adiantados ou atrasados, de anunciar que estamos "bem em tempo", ou, ao contrário, que "não temos tempo" para nos dedicarmos a uma determinada atividade, ou de constatar que "precisamos de mais tempo, ou de menos tempo" para realizar adequadamente uma tarefa.

"O que é o tempo?"

Apesar desta experiência cotidiana, costumamos ficar sem resposta diante de uma criança que nos pergunta: *O que é o tempo?* Uma vez ultrapassada a diferença entre o *tempo que passa* (o *time* dos ingleses) e o *tempo que está fazendo* (o *weather* de sua língua) — relativamente mais fácil de explicar com as referências aos diversos fenômenos metereológicos como a chuva, a neve, ou o *tempo bom,* — constatamos como nos faltam palavras para exprimir a significação deste termo que, no entanto, certamente compreendemos e manejamos sem dificuldade aparente. Não apenas não conseguimos nos expressar por meio de frases, como também não temos a possibilidade de recorrer a gestos ou a manipulações, contrariamente ao que podemos fazer quando tentamos esclarecer um outro conceito que é simples somente em aparência, como o comprimento. Tentamos em geral resolver o problema fazendo referência a instrumentos familiares de medição de períodos de tempo, como relógios, ampulhetas, cronômetros, enquanto o tempo existe, para além de qualquer medida!

Tempo e ciência

O estudo do tempo pode ser reivindicado por diversas disciplinas:
– pela História, que se interessa pelo conhecimento (relato e análise) de acontecimentos passados;

– pela Geologia, que encontra na composição da crosta terrestre os vestígios de longos períodos de tempo;
– pela Biologia, que estuda os fenômenos de crescimento, sem falar na Cronobiologia, cujo nome já evoca explicitamente o tempo;
– pela Física, em particular no estudo do movimento dos corpos, isto é, no relacionamento de sua posição no espaço e de sua posição no tempo (Dinâmica, Astronomia...).

Em todas estas abordagens, o tempo é um dos dados experimentais constitutivos dos fenômenos estudados.

Tempo e Matemática

Do ponto de vista puramente matemático, o tempo não apresenta nenhum interesse particular; a maior parte dos fatos matemáticos, como, por exemplo, as propriedades numéricas ou geométricas, as equações, etc., são independentes do tempo. Alguns domínios da Matemática (como a Cinemática e o estudo das curvas) fazem referência a uma variável tempo, mas este tempo é uma entidade totalmente abstrata, e, assim como na Física teórica, a sua modelização na verdade é oriunda da Geometria: o tempo é representado por uma reta.

O que é preciso saber

A noção de tempo comporta dois aspectos:
– o instante, que o matemático identifica como um ponto sobre uma reta orientada, e
– o período, que é um intervalo desta mesma reta orientada.

O tempo é uma grandeza contínua: não podemos falar de dois instantes "consecutivos", pois entre dois instantes dados têm lugar uma infinidade de outros instantes intermediários. Para o matemático, a reta que representa como modelo o tempo é uma reta real (isto é, que pode ser posta em bijeção com o conjunto R dos números reais), e não uma reta decimal ou uma reta racional.

Para medir um período de tempo, temos necessidade de, salvo casos particulares, recorrer a instrumentos de medição relativamente sofisticados: enquanto uma criança de Escola Infantil pode valer-se de um instrumento rudimentar improvisado para comparar comprimentos de maneira eficaz, como, por exemplo, um barbante, é impensável confeccionar um instrumento de medida de tempo. Além disso, uma vez feita a medida, ela não pode mais ser refeita: se recomeçamos uma medida por verificação, já não é mais o mesmo fenômeno que se está medindo, mas um novo, diferente do primeiro: o tempo se esvai de maneira irreversível.

O homem e o tempo

Para o ser humano, o tempo está ligado a fenômenos cujo domínio ainda lhe escapa: a sua consciência do tempo se apoia, por um lado, em referências naturais externas, principalmente a alternância entre o dia e a noite, e, por outro, no ritmo biológico: despertar, atividade, refeições, sono.

Em geral, o ritmo biológico é regulado por referências externas, mas quando estas desaparecem (como já foi constatado em experiências de vida em meio sem luz natural, como, por exemplo, uma gruta subterrânea), ele se reorganiza, com ciclos mais longos, indo até mesmo até cinquenta horas, em vez de vinte e quatro.

A vida social

A primeira questão relativa ao tempo e que concerne à vida social consiste em estar na hora certa, nem adiantado, nem atrasado. Geralmente, esta simultaneidade não é administrada com uma precisão muito grande, e os instrumentos que nos permitem uma resposta satisfatória na vida corrente marcam a hora aproximada: a maior parte das pessoas, com efeito, acertam seus relógios de pulso pela hora do rádio – e não pelo relógio falante, que detalha este horário de dez em dez segundos. Quando precisam apanhar um trem, por exemplo, estas pessoas dão a si próprias uma margem de vários minutos. É raro que se tenha necessidade de uma maior precisão na vida cotidiana. No entanto, há muito tempo se dispõe de instrumentos muito precisos para medir lapsos de tempo: a necessidade deles se impôs pelos astrônomos, que utilizam o tempo para estabelecer a posição dos astros.

Para além da questão da simultaneidade, a prática da medição do tempo deve permitir fazer face a dois problemas: medir longos intervalos de tempo (o que exprimimos em horas, em dias e mesmo em anos), com precisão aceitável; e medir com grande precisão intervalos curtos, da ordem do minuto, e mesmo de uma fração de minuto (o médico que toma o pulso de um doente, os cálculos de velocidade, a cronometragem dos atletas!).

O tempo e a criança

A criança pequena vive em um ambiente marcado por instrumentos de referência do tempo (relógios visuais ou falantes, rádio), e o tempo é uma variável muito fortemente levada em consideração pelos adultos que a cercam.

No decorrer de seu desenvolvimento, ela vai precisar aprender a estruturar o tempo, o que por um lado a leva a confeccionar uma cronologia (o que significa antes, depois, ao mesmo tempo que) e a aplicar a noção de lapso ou período de tempo (particularmente delicada se levarmos em consideração a importância dos fatores afetivos – que o adulto nunca teve a oportunidade de sentir como intermináveis certos momentos ou, ao contrário, de ver outros passarem aparentemente muito mais rápido?), e, por outro lado, a adquirir noções preponderantemente culturais (marcação de fenômenos cíclicos de regularidade mais refinada ou menos refinada, aprendizagem da leitura de um projeto de tempo para atuar sobre momentos que estão por vir, habilitando-a a prever acontecimentos).

Utilização do calendário

Desde o Maternal, cada sala de aula deve dispor de diversos calendários de tipos diferentes; as fichas que se seguem permitem equilibrar as contribuições das diversas fontes. A atualização do calendário constitui uma atividade ritual, que é desejável realizar durante a manhã, evitando assim que se passe toda uma jornada sem que o calendário marque o dia correto.

Observação quanto à terminologia: a data é composta pelo nome do dia, o seu número dentro do mês, o nome do mês e o número indicativo do ano, termos que devem ser pronunciados para as crianças.

ATIVIDADE 110

Calendários anuais divididos por semestres

Maternal – Jardim A – Jardim B

(exemplo: calendários de parede de bancos).

Intenções pedagógicas
– favorecer a apreensão de um longo período de tempo;
– familiarizar-se com a divisão em meses;
– tornar evidente a passagem do tempo.

Material
Suporte de papelão, de grandes dimensões (e, portanto, facilmente visível por todas as crianças quando reunidas), numa das faces, os seis (ou sete) primeiros meses do ano, e, na outra, os seis últimos meses do ano (e eventualmente janeiro do ano seguinte), dispostos verticalmente. Para cada dia, as informações fornecidas devem ser ao menos a primeira letra do nome do dia e o seu número dentro do mês, mais um espaço em branco reservado às informações pessoais.

Aplicação
No momento da atualização coletiva do calendário, colorir a casa do dia (ou melhor, fazer com que uma criança escalada para esta atividade a pinte).

ATIVIDADE 111

Calendários de folhas mensais móveis

Maternal – Jardim A – Jardim B

(exemplo: calendários comerciais de parede).

Intenções pedagógicas
– familiarizar com a divisão em semanas e em meses;
– tornar evidente a passagem do tempo no decorrer de um dado mês.

Material
Suporte em papelão, em geral de dimensões relativamente restritas (mas comportando um certo número de informações e, por conseguinte, suficientemente visível por todas as crianças reunidas em grande grupo), no qual está fixado um bloco de folhas, cada uma com o calendário de um mês, disposto verticalmente. As informações acerca de cada dia devem ser no mínimo a primeira ou as três primeiras letras do nome do dia e o seu número, assim como um espaço em branco reservado a informações pessoais.

Aplicação
Após a atualização coletiva do calendário, que serve de referência para informar a data, colorir a casa do dia (ou pedir para que uma criança escalada para esta atividade o faça). Aproveitar a disposição deste calendário para fazer com que as crianças estabeleçam relações do dia com o mês e a semana (estamos no início, no meio, no fim...). Este calendário pode ser utilizado como um instrumento de referência para diversas outras atividades relativas ao tempo: ver mais adiante "Exploração geral dos calendários".

ATIVIDADE 112

Efemérides

Maternal – Jardim A – Jardim B

Intenções pedagógicas
– tornar evidente a passagem do tempo, dia após dia, durante todo um ano escolar;
– familiarizar-se com a numeração referente aos dias do mês.

Material
Calendário comercializado, geralmente por ano civil, do qual se destaca uma página por dia. Em geral, ele traz letras e algarismos suficientemente grandes, sendo conveniente para o trabalho em grande grupo, seja qual for o nível da turma em questão. Em cada dia, as informações fornecidas devem ser no mínimo o nome do dia e do mês, o número do dia, o nome do feriado ou dia de festa e, se for o caso, as fases da lua. Certos calendários de efemérides precisam igualmente o número de dias transcorridos desde o princípio do ano, e o número de dias que restam antes do final do ano.

Aplicação
No momento da atualização coletiva do calendário, retirar (ou pedir à criança destacada para esta atividade que retire) a folha referente à véspera (não retirar a folha do dia, senão o calendário estará sempre adiantado!). A folha arrancada não deve ser posta no lixo, mas sim colada em uma faixa de papel, para permitir visualizar o tempo que passa no decorrer de um mês; no mês seguinte, pode-se começar uma nova faixa, que se afixa abaixo da anterior, ou prosseguir na mesma linha de tempo.

ATIVIDADE 113

O calendário anual permanente

Maternal – Jardim A – Jardim B
A confeccionar pessoalmente (ver descrição a seguir).

Intenções pedagógicas
– favorecer a estruturação do tempo em um ano;
– familiarizar-se com a divisão em meses e a irregularidade de sua duração;
– tornar evidente a passagem do tempo, vinculando-o às vivências das crianças;
– fazer com que seja utilizado um quadro de dupla entrada.

Material
Em uma cartolina bem grande (ou folha de papel de desenho), preparar um quadro de dupla entrada comportando 32 colunas e 13 linhas (modelo abaixo). A primeira coluna destina-se aos nomes dos meses, de setembro (mês de início das aulas)* a dezembro (último mês das férias de verão). A primeira linha é o local dos números dos dias, de 1 a 31. O quadro deve ser recortado do lado direito, para que seja fácil perceber a diferença de duração dos meses (28, 30 ou 31 dias, talvez 29). Cada dia estará assim materializado por meio de uma casa retangular, na qual se pode colocar um certo número de informações.

Por exemplo, é interessante que, desde a apresentação deste calendário, no princípio do ano escolar, as casas correspondendo aos dias em que as crianças não vêm à escola (férias, domingos, feriados, sábados, quando for o caso meios turnos) sejam pintados de uma mesma cor; que os aniversários das crianças estejam indicados (por exemplo, pelo desenho de um bolo com o número certo de velinhas e o nome da criança); que as festas habituais da vida escolar estejam representadas por pictogramas apropriados: uma folha vermelha ou amarela para o outono, neve para o inverno, pinheiro de Natal, bolo de Reis para o 6 de janeiro, ovinhos ou coelho para a Páscoa, raminho de miosótis para o 1º de maio*... Não é necessário que estes desenhos sejam visíveis em detalhe quando as crianças estão dispostas em grande grupo: ao contrário, ilustrações suficientemente pequenas aguçam a curiosidade das crianças, que irão olhar mais de perto... e podem assim ser levadas a fazer perguntas que constituem outras tantas oportunidades para as atividades de trabalho acerca da estruturação do tempo.

	1	2	3	4	5	...	27	28	29	30	31
Setembro											
Outubro											
Novembro											
Dezembro											
Janeiro											
Fevereiro											
Março											
Abril											
Maio											
Junho											
Julho											
Agosto											

---

* No ano letivo francês.

O ENSINO DA MATEMÁTICA NA EDUCAÇÃO INFANTIL **225**

À medida que o ano for transcorrendo, vão-se acrescentando ilustrações a fim de conservar registro de outros acontecimentos marcantes da vida da classe: passeio de ônibus (assim que as crianças saibam que ele vai acontecer, pois podemos também trabalhar com antecipações, e não apenas com o passado), piscina, etc.

Aplicação
No momento da atualização coletiva do calendário, visualizar a passagem do tempo por intermédio de uma marca na ou nas casas convenientes: colagem de uma etiqueta adesiva, destaque no número do dia, etc. Para tanto, é desejável que as ilustrações das casas não preencham completamente a sua superfície.

ATIVIDADE 114
O disco marcador universal de datas

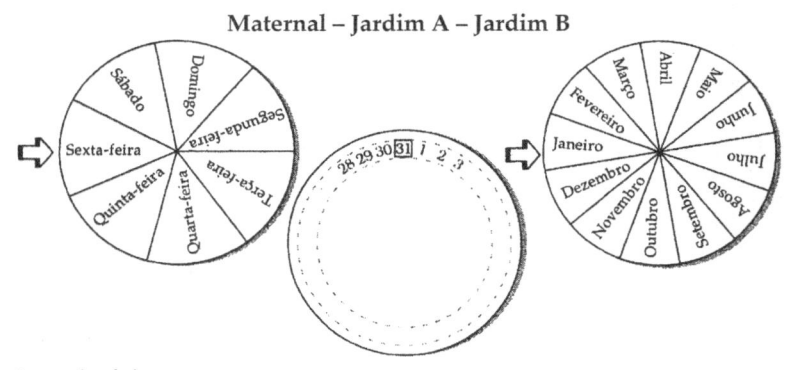

Maternal – Jardim A – Jardim B

Intenções pedagógicas
– favorecer a conscientização do caráter cíclico de certos fenômenos (como os nomes dos dias da semana – atenção: a divisão da circunferência em sete setores iguais necessita um pouco de precisão em sua realização! –, nomes dos meses do ano, nomes das estações);
– favorecer a conscientização das irregularidades de certos fenômenos quase cíclicos, como o número de dias no mês e a data de mudança de estação;
– familiarizar-se com a divisão em semanas, meses, etc.

Material
Suporte rígido (madeira, compensado, metal, plástico) no qual são fixados diversos discos munidos de um cursor (agulha ou fenda) que permite destacar um dos diversos elementos inscritos em cada disco.
Este modelo mínimo pode ser completado por quadros a preencher com observações meteorológicas (aspecto do céu, vento, precipitações, temperatura, eventualmente visibilidade e fase da lua) e alguns acontecimentos da vida da classe.

Aplicação
No momento da atualização coletiva dos discos, deslocar cada cursor ou cada disco (ou melhor, pedir que a criança destacada para esta atividade o faça).

É desejável dispor de quatro coroas recortadas, uma com 28 setores, outras com 29, 30 e 31 setores, em vez de "saltar" alguns dias de certos meses.

ATIVIDADE 115

O marcador universal de datas de tipo misto

Maternal – Jardim A – Jardim B

Intenções pedagógicas
– ensinar a escrever a data, sem depender de a criança estar competente em caligrafia;
– familiarizar-se com a divisão em semanas e meses;
– ensinar a reconhecer, lendo, os nomes dos dias da semana e dos meses, e sua ordem;
– memorizar os nomes dos dias de semana, dos meses e da sua ordem sucessiva.

Material
Suporte rígido (papelão espesso, madeira, compensado, metal, plástico...) no qual são fixados diversos dispositivos (discos com cursores, pinos nos quais se encaixa um anel, faixas com cursor, etc.) que permitem evidenciar um dos elementos marcados em cada um destes dispositivos: um para os nomes dos dias, um para os números referentes aos dias, um para os meses.

Este modelo mínimo pode ser completado com quadros a serem preenchidos com observações meteorológicas (aspecto do céu, vento, precipitações, temperatura, eventualmente visibilidade e fase da lua) e alguns acontecimentos da vida em classe.

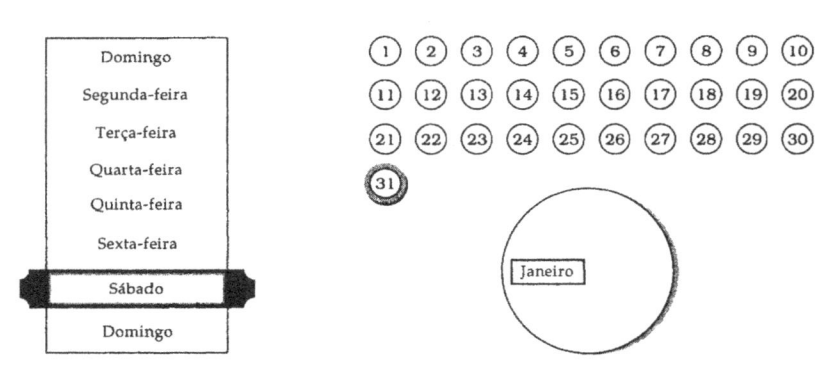

Aplicação
No momento da atualização coletiva dos dispositivos, deslocar cada cursor (ou melhor, convidar a criança destacada para esta função a fazê-lo).

Se o dispositivo para os números dos dias do mês é uma faixa numerada, é preciso realmente evitar que, por ocasião da mudança de mês, se façam manobras que lembrem um movimento de retorno no tempo. Quando o cursor estiver no 31 (ou 28, 29, 30), devemos retirá-lo, fazendo o mesmo deslizamento habitual (aquele que se faz por exemplo para deslocá-lo de 25 para 26), destacando assim que se deixa um mês para dar início a outro, e vamos posicioná-lo novamente sobre o 1. A disposição em faixa vertical é mais "espetacular" do que a horizontal, pois, de fato, no final do mês, o cursor cai!

É aconselhável dispor de suportes específicos adaptados para o comprimento de cada mês (quatro faixas de 28, 29, 30, 31, ou quatro coroas recortadas em 28 e até 31 setores), ao invés de "saltar" alguns números de dias do mês de alguns meses.

ATIVIDADE 116

O marcador universal de datas de placas móveis

Maternal – Jardim A – Jardim B

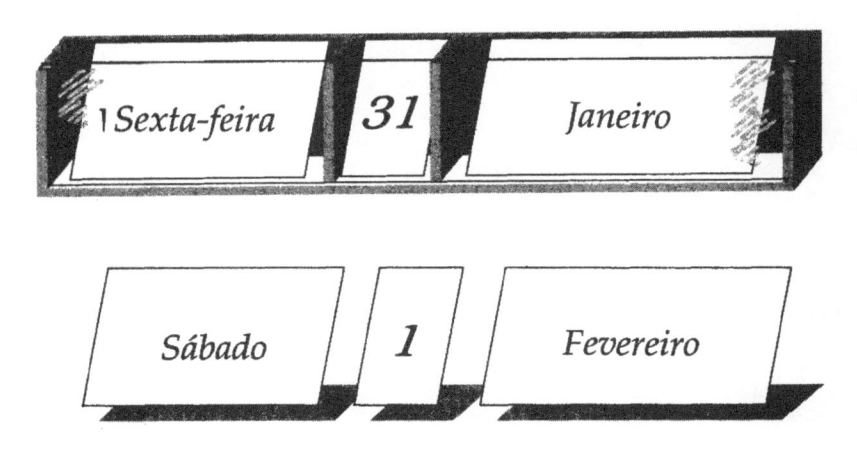

```
| Sexta-feira | 31 | Janeiro |

| Sábado | 1 | Fevereiro |
```

Intenções pedagógicas
– ensinar a escrever a data, sem depender de a criança estar competente em caligrafia;
– familiarizar-se com a divisão em semanas, meses, etc.;
– favorecer a conscientização acerca das durações relativas da semana e do mês;
– ensinar a reconhecer por meio da leitura os nomes dos dias da semana, dos meses e sua ordem de sucessão.

Material
Um suporte (papelão grosso ou compensado leve, bastõezinhos de madeira clara e plástico transparente rígido), constituído de uma placa retangular sobre a qual são montados três compartimentos ou escaninhos (ou mesmo quatro se desejarmos afixar também o número referente ao ano), nos quais colocamos plaquinhas móveis indicando o dia da semana, o número deste dia no mês, o mês; três (ou quatro) séries de plaquetas, de larguras diferentes, nas quais figuram os nomes dos dias da semana, os números, os nomes dos meses do ano (e também o ano em curso e os anos por vir, se o desejar); um arquivo com compartimentos para as placas móveis.
No Maternal, o arquivo é substituído por um painel (suporte no qual locais determinados comportam os mesmos letreiros que as plaquetas).

Aplicação
No momento da atualização coletiva do marcador, retirar as plaquetas móveis da data precedente e colocar as da data do dia, organizando dentro do arquivo as plaquetas retiradas (ou melhor, transferir todo este trabalho para a criança destacada para esta tarefa).
Algumas crianças se divertem reorganizando o arquivo, isto é, recolocando em ordem todas as plaquetas nele contidas.

ATIVIDADE 117

Materiais que ajudam a memorização

Maternal – Jardim A – Jardim B

Intenções pedagógicas
– memorizar os nomes e a ordem de sucessão (dos dias da semana, dos meses, das estações);
– memorizar as palavras que exprimem anterioridade próxima dos dias (ontem / hoje / amanhã) e sua ordem.

Material
A sucessão dos dias da semana: um fichário com compartimentos, confeccionado com papelão grosso ou compensado leve, e sarrafinhos de madeira clara; sete plaquetas móveis, com os nomes dos dias da semana.
Sugestão para tornar o material autocorretivo: preparar uma placa de mesmo formato que o fichário, sobre a qual se vira toda a série depois de a haver ordenado, e colocar no verso das plaquetas móveis um desenho que assegure a correção de erros.
A sucessão dos meses do ano: um fichário de papelão grosso ou compensado leve e sarrafinhos de madeira clara; doze plaquetas móveis, nas quais estão escritos ou pirogravados os nomes dos meses do ano.
Mesma sugestão do item anterior.
A sucessão das estações: um fichário de papelão grosso ou compensado leve e sarrafinhos de madeira clara; quatro plaquetas móveis, nas quais estão pirogravados os nomes das estações.
Mesma sugestão do primeiro item.
"Ontem / hoje / amanhã": um fichário duplo de papelão grosso ou compensado leve e sarrafinhos de madeira clara; sete plaquetas móveis, com os nomes dos dias da semana pirogravados; e cinco plaquetas móveis, tendo pirogravadas as palavras "anteontem", "ontem", "hoje", "amanhã" e "depois de amanhã" (ou no caso do Maternal e do Jardim A, somente ontem, hoje e amanhã).
Mesma sugestão do primeiro item.

Aplicação
Material individual, análogo a um quebra-cabeças, a ser utilizado em trabalho de grupo acerca do calendário.

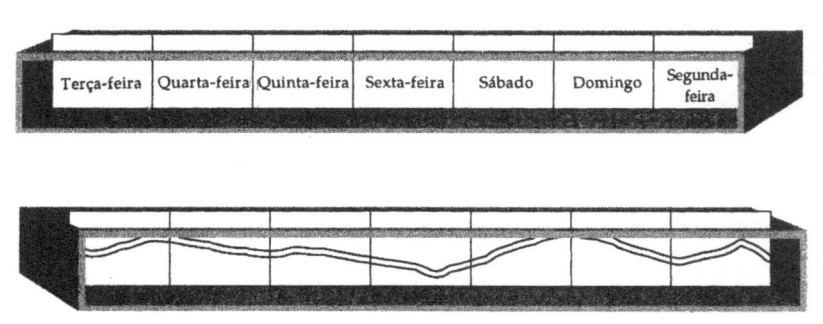

| Terça-feira | Quarta-feira | Quinta-feira | Sexta-feira | Sábado | Domingo | Segunda-feira |

Se os nomes dos dias não estiverem colocados na ordem correta, a "estradinha" resultará quebrada.

ATIVIDADE 118

O meu ano no Jardim B

Jardim B

Intenções pedagógicas
 – saber dizer o nome do dia que precede (ou que se segue) a um dia qualquer da semana;
 – saber dizer que dia foi ontem (anteontem), e que dia será amanhã (depois de amanhã);
 – saber atualizar o calendário, com a ajuda de uma tira numerada, se necessário;
 – saber determinar quantos dias se passaram desde (ou faltam para) um acontecimento marcante;
 – saber dizer o nome do mês que precede (ou que se segue) ao mês em curso;
 – saber localizar o mês que precede (ou que se segue) a um mês qualquer do ano;
 – saber localizar uma determinada data no calendário;
 – saber determinar a data correspondente a um determinado ponto do calendário;
 – saber escolher uma unidade adaptada ao período a ser medido;
 – saber determinar quanto tempo (semanas, meses) se passaram desde (ou faltam para) um evento marcante.

Material
 – calendários habitualmente afixados na sala de aula;
 – calendários manipuláveis;
 – papel cartaz ou folhas A3 (297 x 420 mm), lápis, canetas hidrográficas, réguas, folhas A4 quadriculadas (3 cm por 6) com traços grossos para servirem de guia (etapa 2);
 – uma fotocópia individual do calendário realizado na etapa 2 (para um calendário de páginas mensais, é suficiente uma fotocópia A4 do original A3 em formato cartaz) (etapa 3).

O final do ano escolar no Jardim B pode ser aproveitado para empreender juntamente com as crianças um levantamento temporal dos momentos mais distantes, rememorando o que foi vivenciado no decorrer do ano e antecipando os acontecimentos por vir. Isto permitirá retornar a noções já por diversas vezes trabalhadas no decorrer do ano, situando umas em relação às outras.

No momento de dar início a esta atividade, planejar para o mês seguinte um evento marcante (passeio de ônibus, festa de Dia das Mães, etc.), que servirá como ponto de referência introdutório.

Aplicação

• **Etapa 1**
Por ocasião da atualização dos calendários, anunciar o evento que se realizará. Fazer com que seja encontrada a data indicada (pode-se marcar de maneira especial este dia nos diversos calendários). Pedir às crianças que determinem o número de dias que faltam para o acontecimento, mediante qualquer estratégia que possa ser explicada, tal como contagem no calendário, referência às datas em uma faixa numerada, etc. Esta atividade deve ser retomada diariamente até o dia do evento marcado. Se possível, ensinar que, à medida que nos aproximamos do acontecimento futuro, nos afastamos dos acontecimentos passados.

Observação: As crianças encarregadas da atualização do calendário e da contagem devem ser objeto de avaliação individual; daí o interesse de dispor de diversos calendários diferentes, para poder avaliar simultaneamente diversas crianças, o que permite também observar se algumas crianças se sentem mais à vontade com determinados tipos de calendário.

• **Etapa 2**
Realização coletiva do calendário do ano do Jardim B, para que as crianças possam lembrar-se de seu último ano na Escola Infantil. Deixar claro que se trata de uma realização coletiva,

que será fotocopiada para que todos tenham um exemplar, o qual poderá ser "enfeitado" livremente.

Determinar coletivamente o tipo de calendário a realizar (uma página para todo o ano, ou uma página para cada mês), e as informações que devem nele figurar (no mínimo, os meses e os números dos dias). Repartir então o trabalho por grupos de aproximadamente três crianças: uma faixa (calendário anual) ou uma página (calendário mensal) por grupo. Os dois ou três grupos que terminarem primeiro sua tarefa podem ser encarregados da realização de um segundo mês. Trabalhar somente com lápis, de forma a poder apagar, e fazer com que outro grupo verifique se a representação do mês está correta, antes de passar caneta hidrográfica por cima de tudo.

- Etapa 3
Trabalho individual de "decoração" do calendário do ano do Jardim B.
Trabalho coletivo: as crianças recordam os acontecimentos que mais as marcaram. Anotam-se estes eventos no calendário coletivo. Então, individualmente, ou em pequenos grupos, cada qual coloca em seu próprio calendário os acontecimentos de que deseja se recordar: férias, primeiro dia do outono, passeio de ônibus, piscina... É preciso, portanto, marcar a data, e representar o acontecimento com um desenho (ou por um letreiro de uma ou duas palavras). No decorrer do trabalho, o professor deve fazer cada criança responder a perguntas como: "O que você desenhou aqui?", "Quando é que nós...?", "Quanto tempo passou desde que nós...?", o que já se constitui em uma avaliação individual.
Desdobramentos:
– calendário quebra-cabeça (recortado de acordo com os períodos de aula, ou dos meses);
– preparação do calendário para o ano seguinte, de 1ª série;
– trabalho com uma árvore genealógica;
– "quando nossos pais, ou nossos avós, eram crianças...".

Exploração geral dos calendários

Intenções pedagógicas
– poder encontrar uma mesma informação sob diferentes tipos de representação. Por exemplo, utilizar um calendário comercial para *atualizar ou acertar* os da sala de aula. As crianças de Escola Infantil são pequenas demais para que se espere que elas saibam a data correta quando chegam à escola. No Jardim B, podemos prepará-las para isso, utilizando uma atividade racional, determinando a data em função da data precedente que está afixada (da véspera ou da antevéspera), com exceção do dia de retorno das férias, quando o período de tempo decorrido foi demasiado longo;
– marcar os fenômenos cíclicos;
– memorizar por impregnação os nomes e a ordem de sucessão dos dias da semana;
– memorizar por impregnação os nomes e a ordem de sucessão dos meses do ano;
– memorizar por impregnação os nomes e a ordem de sucessão das estações;
– estabelecer uma correspondência entre os nomes dos dias da semana e termos como *ontem, hoje, amanhã,* e eventualmente *anteontem* e *depois de amanhã;*
– apreender o funcionamento do calendário, e ser capaz de atualizar o calendário mural anual.

Outro exemplo de aplicação: *calendário com observações meteorológicas*
– confecção de uma linha de tempo por colagem em uma grande faixa de folhas com as efemérides;
– em cada dia, anotar como está o clima.
A partir de agosto, retornar a intervalos regulares (por exemplo, uma vez por mês) aos aspectos predominantes de cada um dos meses passados.

Cronologia e irreversibilidade

Em relação a outras grandezas mensuráveis, como os comprimentos e as massas, diversas particularidades do tempo fazem dele um tema difícil de estruturar pelas crianças pequenas, particularmente devido à irreversibilidade da sucessão dos instantes, o que impede qualquer comparação direta entre dois períodos de tempo. Qualquer experimentação é sustada pela impossibilidade de retornar — é o sonho da máquina do tempo —; nunca se pode refazer algo que já ocorreu, pode-se apenas realizar uma nova execução. Contudo, o tempo apresenta um aspecto cíclico: retorno das horas do dia, dos dias da semana, dos meses e das estações no ano e, com algumas irregularidades, o desenrolar dos dias dentro dos meses. Entre dois acontecimentos não simultâneos, os vínculos de anterioridade/posterioridade podem ser de dois tipos:

– anterioridade *não causal:* somente a percepção e a memória permitem dizer qual é anterior a outra; o primeiro acontecimento poderia muito bem ter-se seguido ao segundo (colocar sobre a mesa o prato, depois o copo, depois a faca, depois o garfo; colocar o pulôver/ a calça/ as meias; a torta rolando encontrou primeiro um coelho, depois um lobo, depois um urso).

– anterioridade *causal:* não se pode inverter a ordem dos acontecimentos sem perder a lógica de sua articulação (ele colocou as meias / os sapatos; o príncipe recusou hospitalidade à velha/ foi transformado em fera).

ATIVIDADE 119

A manhã da classe em fotos

Maternal – Jardim A – Jardim B

Intenções pedagógicas
– reconhecer a cronologia de um conjunto de acontecimentos familiares (etapa 1);
– memorizar a ordem do desenrolar das atividades de um lapso determinado de tempo extraído do dia escolar (etapas 1 e 2);
– ordenar imagens levando em conta uma situação no tempo (etapas 3, 4 e 5);
– utilizar convenientemente as palavras *antes, depois* (e eventualmente a locução *ao mesmo tempo que*).

Material
Pedir aos pais autorização (escrita) para fotografar as crianças. As fotos serão tiradas por ocasião da segunda etapa.
Prever orçamento para um filme colorido e duas ampliações de cada negativo (36 poses permitem várias tomadas de uma mesma cena, variando os ângulos). A compra de filme para slides torna as cópias em papel mais caras, porém pode servir para uma pesquisa de toda a classe (linguagem), e até mesmo permitir uma apresentação do trabalho do Maternal por ocasião de uma reunião com os pais. O uso de *flash* é indispensável nas fotos de interior. É aconselhável que a revelação seja feita logo em seguida e de uma única vez (evitar filmes que necessitam ser

revelados em laboratório especial, pedindo prazos de até três semanas!). Assim que receber as fotos, selecionar as que melhor mostram os momentos mais característicos da atividade em sala de aula, mesmo que não sejam as melhores do ponto de vista técnico. Antes de apresentá-las à classe, colá-las em um suporte de papelão e colocá-las em saquinhos plásticos transparentes, para preservá-las melhor do manuseio.

Fixar provisoriamente uma segunda cópia das fotos em folhas A4 e fazer fotocópias (ao menos um exemplar por criança). Recolher então as fotos, identificando-as como sendo da primeira tiragem.

Papel cartaz e fita adesiva ou cola (de preferência material que permita deslocar as fotos no cartaz) para a etapa 3.

Aplicação

* **Etapa 1** (atividade ritual)

Em um momento de reunião do grande grupo, no início da manhã de um dos primeiros dias do ano letivo, fazer com que as crianças verbalizem o que aconteceu desde a sua chegada à escola pela manhã.

À medida que as atividades vão sendo recordadas pelas crianças, fazer com que elas as posicionem cronologicamente duas a duas, insistindo na reciprocidade antes/depois: *depois de arrumar os jogos grandes no lugar, a gente pinta ou vai brincar com os quebra-cabeças/a gente arruma os jogos grandes antes de pintar ou brincar com os quebra-cabeças.*

Quando diversas atividades se desenvolvem paralelamente, pode-se também trabalhar a simultaneidade: *há crianças pintando ao mesmo tempo que outras brincam com os quebra-cabeças.*

Este trabalho deve ser retomado regularmente, até que o grupo seja capaz de responder a perguntas como: "*O que fazemos antes de...?*", "*O que fazemos depois de...?*". Isto constitui a avaliação (global e não individual) desta primeira etapa.

* **Etapa 2**

As atividades de um determinado período de tempo são recapituladas no início deste período, e cada atividade é objeto de uma (ou de várias) fotos. A rememoração das atividades pode ser retomada durante os dias em que se aguardam a chegada das fotos reveladas.

* **Etapa 3**

Em grande grupo, mostrar as fotos e comentá-las. Esta atividade consome mais tempo ou menos tempo conforme a importância dos comentários das crianças; é uma fase de descrição, em geral muito rica no plano afetivo e verbal, e não deve ser resumida. É importante que as crianças possam passar as fotos de mão em mão; daí a necessidade de protegê-las eficientemente.

Quando todas as fotos estão corretamente identificadas, proceder à organização por ordem cronológica. Fazer com que as crianças indiquem a sua ordem de leitura, que nem sempre é a ordem convencional, em um primeiro momento: algumas crianças colocam as fotos aleatoriamente no cartaz, e contudo são capazes de indicar corretamente e em detalhes a ordem de desenvolvimento dos acontecimentos por elas representados. Se necessário, conduzir as crianças por meio de um procedimento confiável (qual foi a primeira foto tirada? qual é a seguinte?).

Uma vez encerrada a ordenação cronológica, colar as fotografias em ordem em uma faixa de papel cartaz, de maneira a montar uma "linha de tempo" do período enfocado: pode-se fazê-lo na horizontal (o que é mais habitual), ou na vertical. Em ambos os casos, é indispensável uma longa tira de papel cartaz para servir como suporte (colagem), de maneira a não acarretar "retornos para a linha de baixo" devido a obstáculos de formato... Quando duas atividades têm lugar simultaneamente, colar as fotografias correspondentes uma acima da outra (no caso da faixa horizontal) ou uma ao lado da outra (faixa vertical).

• **Etapa 4**
Cada fase é destinada a permitir a avaliação individual das aquisições. Agora vamos utilizar a segunda cópia das fotos selecionadas para a fase anterior. Constituir a partir deste conjunto diversos jogos de imagens sequenciais, cada um com 3 a 5 fotos.

Cada criança recebe uma destas séries, e deve ordenar cronologicamente as fotos. Ela pode confirmar a sua resposta comparando-a com a linha de tempo realizada anteriormente (e que está afixada na sala de aula, fora da vista das crianças no momento em que elas trabalham com o jogo de imagens sequenciais). No caso de um arranjo aparentemente desordenado, perguntar à criança em que sentido ela ordenou as fotos.

• **Etapa 5**
Utilizar as fotocópias para jogos de imagens sequenciais que as crianças poderão colar e levar para casa.

Realizar uma tira de quadrinhos (desenhada, e não mais uma "fotonovela") da manhã da classe.

Desdobramentos
– relembrar a cronologia de um conto ou de uma história com a ajuda dos laços de anterioridade causal ou não causal;
– relembrar a cronologia de uma sequência de fotografias tiradas no decorrer de uma excursão (ou de uma atividade não ritual, como, por exemplo, a confecção de um bolo): procurar os seus laços de anterioridade causal ou não causal.

Trabalhar com um lapso de tempo no qual o desenrolar do trabalho é rigorosamente o mesmo todos os dias.

No Maternal, começar com a metade de um dos turnos ou mesmo um período mais curto, de maneira a ter somente dois acontecimentos a levar em consideração, um vindo em primeiro lugar e o outro logo em seguida; depois, estender progressivamente o trabalho para três e depois quatro atividades sucessivas; no terceiro trimestre, pode-se tentar trabalhar a manhã inteira.

No Jardim A e no Jardim B, um turno de aula pode ser atingido mais rapidamente, e pode-se igualmente trabalhar, saltando a primeira etapa, com meios-turnos excepcionais, tais como uma excursão de ônibus ou a confecção de um bolo (nas quais foram tiradas fotos); neste caso, para a etapa 2, a recapitulação do desenvolvimento do turno tem lugar no final da atividade, por exemplo durante o retorno do ônibus para a escola, ou enquanto se espera que o bolo asse.

Trabalho realizado no Maternal da senhora Bernabeu, I.M.F. da Escola Anexa de Rouen.

ATIVIDADE 120

Empilhando

Maternal – Jardim A – Jardim B

Intenção pedagógica
Memorizar a cronologia de um conjunto de acontecimentos familiares.

Material
Cubos de cores (e eventualmente de tamanhos) diversos, de preferência encaixáveis (por um sistema do tipo macho/fêmea por exemplo), para garantir a solidez das montagens realizadas.

Etiquetas adesivas análogas aos cubos utilizados anteriormente (etapa 2).

Faixas com casas numeradas para colar estas etiquetas.

Aplicação

* **Etapa 1** *(Maternal e Jardim A)*: *brincadeiras livres com os cubos, visando levar à realização de pilhas ou torres*
    Realização de cartazes mediante a colagem de etiquetas (ou de formas maiores) para mostrar o empilhamento realizado. Por ocasião dos relatórios orais ao grande grupo, ler os cartazes e realizar coletivamente as torres correspondentes.

* **Etapa 2** *(jogo de comunicação, Jardim B)*: ***a atividade se decompõe em dois trabalhos de meio--grupo***
    O primeiro meio-grupo prepara uma torre de cubos. Ao terminar, apanha uma faixa com casas numeradas e etiquetas, e deve então indicar como construir um empilhamento idêntico ao que acaba de realizar, colando etiquetas nas casas da tira. Terminado isto, esconde a montagem feita com os cubos (por exemplo, cobrindo-a com um pano opaco), e transmite a sua mensagem à outra metade do grupo, que deve então empilhar cubos de acordo com as diretrizes constantes na faixa de casas numeradas. A comparação entre ambas as montagens é a correção.

ATIVIDADE 121

Vestindo uma boneca

Maternal – Jardim A – Jardim B

Intenções pedagógicas
– reconhecer a cronologia de um conjunto de acontecimentos familiares;
– antecipar um acontecimento dentro de uma sequência conhecida de acontecimentos familiares;
– distinguir os encadeamentos cronológicos imutáveis daqueles para os quais se dispõe de liberdade de escolha.

Material
Uma boneca (ou um bichinho de pelúcia) vestido com roupa de dormir (camisola, macacãozinho ou pijama), uma caixa de papelão (maleta ou movelzinho) contendo um enxoval completo de vestimentas, inclusive roupas interiores, para a boneca ou o bichinho.

Aplicação

* **Etapa 1** *(Maternal)*
    Apresentar a boneca (ou o bichinho) ao grande grupo, assim como seu enxoval. Assegurar-se de que as crianças identificam corretamente cada peça do vestuário, e proceder ao ato de vesti-la de acordo com as orientações dadas pelas crianças. Boneca e roupas são então deixadas à disposição no local adequado.
    Utilizar o momento do despertar depois da sesta para explorar em pequenos grupos a situação natural do vestir-se. Insistir na verbalização de antes/depois: "Coloco a meia antes do sapato/ponho o sapato depois da meia". Fazer com que as crianças procurem as ligações de anterioridade que podem ser invertidas e as sequências de acontecimentos para as quais a ordem é imutável, no momento de vestir-se ou por ocasião de outras atividades.
    No Jardim A e no Jardim B, esta etapa é geralmente desnecessária, sendo suficiente assegurar-se de que as crianças têm um bom conhecimento das diferentes vestimentas, por exemplo, explorando o momento em que normalmente elas se despem e se vestem (na piscina, por exemplo). Na medida do possível, estimular as crianças a fazerem observações no decorrer da ativi-

dade propriamente dita: "Pierre começou por calçar as meias, enquanto que Mehdi começou pela cueca e Karine pela camiseta". Algumas fotos (assegurar-se da autorização dos pais antes de fotografar as crianças) podem ser úteis para retomar as diferentes etapas. Trabalhar com as evocações, e depois com suportes visuais, desenhos ou fotografias.

Etapa 2
Em grande grupo, a boneca vai ser vestida por uma das crianças, com as roupas alcançadas por quatro colegas encarregados de apanhar no guarda-roupa as peças que vão sendo indicadas pelas outras crianças. (*Instrução para o grupo:* "Peça para os quatro colegas que se encontram em torno da caixa de roupas o que é necessário para vestir a nossa boneca. Mas só se pode pedir uma peça de roupa por vez".)

Podem se apresentar diversos casos:
– uma única peça é pedida. As crianças encarregadas da caixa de roupas a entregam e ela é colocada na boneca;
– diversas proposições são formuladas simultaneamente. Fazer com que as crianças discutam para estabelecer a pertinência das diversas sugestões. Em caso de desacordo, propor que efetuem as tentativas não pertinentes (como calçar os sapatos antes das meias...), até conseguir tornar evidentes as ligações lógicas.

A possibilidade de prosseguir na tarefa de vestir a boneca constitui em si a validação das ações precedentes.

ATIVIDADE 122

"Eu me visto assim..."

Intenções pedagógicas
– compreender a cronologia de um conjunto de acontecimentos (trabalho sobre representações fotográficas) para uma relação de anterioridade causal ou não causal;
– codificar uma sucessão deste tipo;
– utilizar a reciprocidade das relações de anterioridade e de posteridade;
– antecipar-se na cronologia de um conjunto de acontecimentos familiares para uma relação de anterioridade causal ou não causal (etapa 2);
– codificar e decodificar uma sucessão deste tipo (etapa 2).

Material
Páginas de catálogos de vestimentas e de roupas interiores; tesoura e cola; folha mimeografada (13,5 x 21 cm) com uma silhueta de criança (procurar adaptar, tanto quanto possível, as dimensões desta silhueta às dimensões das roupas dos catálogos de que se dispõe); faixa (com aproximadamente 10,5 x 58 cm) constituída de 6 a 8 casas numeradas (etapa 1) e de 8 a 10 casas numeradas (etapa 2).

Aplicação
• **Etapa 1** (trabalho em grupo)
Cada aluno recebe uma folha mimeografada com uma silhueta de criança que ele deve vestir, recortando das páginas de catálogo os elementos de que necessita. À medida que sua busca prossegue, ou no final da atividade de recorte, ele coloca cada elemento sobre o manequim, sobrepondo-os quando for o caso (cueca, depois calça; meia, depois calçado...). Se for necessário, explicar que o tamanho das roupas pode não estar perfeitamente adaptado ao manequim.

Quando a criança terminar de vestir o seu bonequinho, apanha uma faixa de casas numeradas. Deve então despir a silhueta, colando as roupas nas casas da tira à medida em que as vai retirando do bonequinho.

Esta atividade fornece uma avaliação individual. Sua confiabilidade depende essencialmente do domínio metodológico da colagem por cada criança e de sua capacidade em manter-se concentrada em uma tarefa.

* **Etapa 2** (jogo de comunicação)

Trabalho em grupos. Se desejarmos que todos os grupos trabalhem ao mesmo tempo, cada um deles pode ser emissor em uma primeira parte da atividade, sendo todos depois receptores de uma mensagem de um outro grupo. Fase de emissão da mensagem: os grupos estão munidos de uma silhueta sem roupas, ou de outra vestida (com colagens realizadas anteriormente ou desenhos) com um estoque de vestimentas recortadas de catálogos ou de revistas, e dotadas de material adesivo que permita a colagem e recolagem de cada uma delas – pode-se igualmente trabalhar com fita crepe –, e de uma faixa com casas numeradas. Eles devem colar as roupas nas casas, na ordem, permitindo vestir ou despir a silhueta.

Fase de recepção da mensagem: os grupos recebem uma mensagem (isto é, uma faixa com casas nas quais estão coladas as roupas) e uma silhueta, e devem executar as instruções constantes na mensagem. Se isto não for possível, eles devem assinalar as impossibilidades por meio de uma cruz vermelha. A correção é confirmada pela própria possibilidade de executar as instruções transmitidas pela faixa, ou emerge da discussão entre grupo emissor e grupo receptor. Confrontá-los se houver impossibilidade (real ou não) de executar a mensagem, insistindo na verbalização de antes/depois.

Desdobramentos
– relatar as etapas de vestir e de despir por meio de uma tira desenhada (história em quadrinhos);
– procurar outras situações da vida cotidiana constituídas por uma sequência de acontecimentos ordenados (refeições, por exemplo).

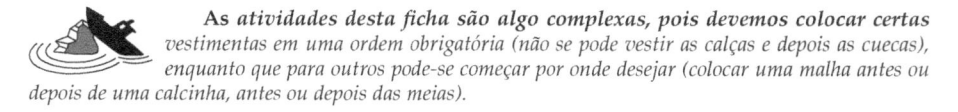

> As *atividades desta ficha são algo complexas, pois devemos colocar certas vestimentas em uma ordem obrigatória (não se pode vestir as calças e depois as cuecas), enquanto que para outros pode-se começar por onde desejar (colocar uma malha antes ou depois de uma calcinha, antes ou depois das meias).*

ATIVIDADE 123

"O tempo nos jornais"

Maternal

Intenções pedagógicas
– favorecer a apreensão da passagem do tempo (semana, mês, ano) pela visualização de uma determinada altura;
– tornar evidentes as diferenças entre períodos de tempo como uma semana e um mês.

Material
Pedir às famílias das crianças que têm o hábito de ler jornais que mandem para a escola, cada uma por sua vez, o jornal da véspera; é preciso contar com um jornal por dia sem falta, inclusive quando não há aula (sábados, domingos e dias feriados, férias).

Não há problema em serem trazidos jornais diferentes; ao contrário, é até desejável, de maneira a ter também um jornal para o domingo. Também não importa se alguns artigos foram recortados dos jornais, principalmente se das páginas internas.

Aplicação
Os jornais são empilhados desde o domingo até ao sábado, para materializar a duração de uma semana. Quando houver passado um mês, amontoar todos os jornais correspondentes. No final do ano, teremos pois dez pilhas de um mês.

As pilhas podem ser formadas em uma área comunitária da escola.

É evidente que este "instrumento" está longe de fornecer uma medida precisa, mas este não é o objetivo buscado.

Segundo uma ideia de Guillaume e Le Tirilly (*Ajudando meu Filho com a Matemática*, Retz).

ATIVIDADE 124
O metrônomo

Jardim B

Intenções pedagógicas
– ensinar o sentido dos termos "lento" e "rápido";
– simplificar o funcionamento de um relógio.

Material
Um metrônomo de pêndulo e funcionamento mediante engrenagem de rodas denteadas.

Aplicação
Livre acesso ao aparelho no cantinho dedicado ao "tempo". Reunião em grande grupo para troca de observações. As crianças mais observadoras e as mais curiosas perguntam a que correspondem os números que figuram no mostrador do instrumento, em relação às graduações da haste móvel pela qual se desloca o contrapeso: trata-se do número de oscilações por minuto.

Reservar ao adulto a tarefa de colocar novamente para funcionar o metrônomo. De fato, as crianças costumam ter a tendência a fazê-lo com demasiada energia, podendo partir uma mola.

ATIVIDADE 125

A ampulheta

Jardim B

Intenções pedagógicas
– tornar evidente a passagem do tempo (período curto);
– fornecer um instrumento de medida de períodos de tempo, cujo funcionamento seja compreensível para a criança.

Material
Ampulheta encontrada no comércio.
Observação: admite-se que o escoamento da areia seja regular; alunos mais velhos e adultos podem questionar este princípio (imaginando que, quando o reservatório está bem cheio, a areia pesa mais sobre o funil, e, portanto, passa mais rápido, ou, ao contrário, passa mais lentamente), baseando-se na impressão visual correta de que, no final, o nível da areia desce mais rapidamente.

Aplicação
Observação, utilização. Montagem de uma ampulheta ou de uma clepsidra.

ATIVIDADE 126

Ganhando intimidade com os relógios

Jardim B

Intenções pedagógicas
– conseguir obter uma mesma informação sob diferentes formas de representação; por exemplo, utilizar o relógio mural da escola para "acertar" o relógio mecânico de pêndulo da sala de aula; saber dizer se dois relógios de ponteiros – um com algarismos arábicos e outro com romanos, por exemplo – estão indicando a mesma hora;
– identificar os fenômenos cíclicos;
– saber ler algumas horas "cheias" em um mostrador de algarismos arábicos (de ponteiros ou digital);
– memorizar os horários (horas cheias) de alguns acontecimentos usuais;
– saber dizer, em função da hora indicada por um relógio, se um acontecimento tem lugar pela manhã ou à tarde.

Material
Diversos tipos de relógios "comerciais", com diferentes tipos de mostradores (de ponteiros com algarismos arábicos, de ponteiros com algarismos romanos, de ponteiros com divisões periféricas, com mostrador de visualização circular sem ponteiros, mostrador digital e diferentes mecanismos (de pêndulo com corda visível, com corda invisível, pilha invisível); relógio pedagógico (isto é, sem mecanismo que faça os ponteiros se moverem: os mais interessantes são os que contam com um dispositivo para desengrenar o ponteiro dos minutos do das horas).

Aplicação
Observação regular de um relógio (funcionando, naturalmente...).
Acerto de um relógio pedagógico.

QUADRO-RESUMO

O tempo

- Intimidade com o calendário e o relógio.
- Cronologia e imagens sequenciais.
- Instante e período de tempo; comparação de lapsos de tempo.
- Continuidade e irreversibilidade.

Maternal	Jardim A	Jardim B
• **Cronologia** – reconhecer a cronologia de um conjunto de acontecimentos familiares através de uma relação de anterioridade causal; – utilizar convenientemente os termos antes, agora, depois; – ordenar imagens transmitindo uma situação no tempo.	• **Cronologia** – reconhecer a cronologia de um conjunto de acontecimentos familiares por meio de uma relação de anterioridade causal; – utilizar convenientemente os termos antes, agora, depois; – decodificar estas sucessões; – encontrar estas sucessões; – ordenar imagens transmitindo uma situação no tempo; – reconhecer a cronologia de um conjunto de acontecimentos através de uma relação de anterioridade a memorizar; – aplicar o vocabulário adequado: antes/depois, início/fim (aqui compreendidos para acontecimentos representados, e não vivenciados).	• **Cronologia** – reconhecer a cronologia de um conjunto de acontecimentos familiares por meio de uma relação de anterioridade causal; – utilizar convenientemente os termos antes, agora, depois; – decodificar estas sucessões; – codificar estas sucessões; – ordenar imagens transmitindo uma situação no tempo; – reconhecer a cronologia de um conjunto de acontecimentos por meio de uma relação de anterioridade a memorizar; – codificar sucessões assim; – encontrar sucessões assim; – aplicar o vocabulário temporal da cronologia: antes (mais cedo), depois (mais tarde), ao mesmo tempo que.
• **Períodos de tempo** – utilizar convenientemente as palavras ontem, hoje, amanhã.	• **Períodos de tempo** – utilizar convenientemente as palavras: ontem, hoje, amanhã.	• **Períodos de tempo** – utilizar convenientemente as palavras: ontem, hoje, amanhã; – comparar períodos de tempo; – aplicar o vocabulário temporal: há tanto tempo quanto, há menos tempo, há mais tempo; – utilizar instrumentos de medida de lapsos de tempo; – reconhecer, utilizar e comparar as unidades de medida de períodos de tempo – anos, meses, dias – (e relações entre elas).

Destaque
Observações
Para os períodos de tempo:
– a comparação direta (sem instrumento) somente é possível dentro de certas condições: acontecimentos encadeados ou que têm o mesmo princípio ou o mesmo final. Em todos os outros casos, há influência muito marcante da afetividade, em particular;
– a mensuração pode ser efetuada a partir de "cronômetros" variados, comerciais (relógio, cronômetro) ou caseiros (pêndulo, clepsidra, ampulheta);
– é impossível refazer uma medição (irreversibilidade do tempo).

Nota histórica
Evolução dos instrumentos de medida do tempo

A medida dos períodos de tempo e a colocação de marcos no tempo que se esvai e que não é possível medir, problemas mais vinculados à Física e à Tecnologia do que à Matemática, impõem sem dúvida muitas dificuldades. Dois tipos de instrumentos são utilizados: os marcadores de instantes e os marcadores de períodos de tempo; alguns instrumentos cumprem facilmente ambas as funções. Nos dois casos, ele se baseia em fenômenos dos quais se postula a reprodução periódica ou a uniformidade de reprodução, ao ponto de dispor de ferramentas mais confiáveis, que prejudicam o arrazoado da hipótese! ... Está claro que os fenômenos afetivos podem ser facilmente identificados como sendo bastante aleatórios (despertar, necessidade de dormir, sensação de fome, vontade de encontrar os pais, e sabe-se que o tempo "passa mais rápido" quando se está dedicado a uma ocupação interessante); certos fenômenos físicos (nascer e pôr-do-sol) são irregulares – mas isto não é evidente –, outros são mais confiáveis, mas dificilmente podem ser marcados com precisão (passagem do sol pelo zênite); outros, por fim, são regulares, salvo acidente (oscilação de um pêndulo, por exemplo). Além do mais, por desejo de economia, dá-se preferência aos fenômenos facilmente renováveis (daí o funcionamento em circuito fechado das ampulhetas e clepsidras).

Os fenômenos naturais, tais como o dia, a noite, as estações, foram os primeiros utilizados para medir períodos de tempo. Mas sua extensão logo tornou necessária uma unidade mais curta. Era, portanto, preciso encontrar um meio de colocar marcos ao longo do dia. Os gnomons (mostradores solares rudimentares) foram utilizados desde o terceiro milênio antes de nossa era: são constituídos de um fino cone de metal colocado verticalmente no solo. O mostrador solar é provavelmente uma invenção que data de 300 anos A.C.: ele reproduz de maneira estilizada o tronco de uma árvore que projeta a sua sombra, marcando assim o movimento do sol. Na época romana, existiam mostradores solares portáteis, lembrando uma argola larga com um furo. Orientando este furo para o sol, o raio luminoso alcançava a parede interna da argola, que era graduada, indicando a hora. O dia solar era dividido pelos romanos em doze partes para o dia e doze para a noite, fosse qual fosse a estação, o que resultava em "horas" de duração variável. Para saber as horas quando o sol estava invisível havia os relógios hidráulicos (clepsidras), que permitiam leitura direta: funcionavam mediante o escorrer da água e, por vezes, incluíam mecanismos sofisticados, que permitiam diminuir ou aumentar a saída da água, adaptando a duração da "hora" ao período do ano, assim como flutuadores que podiam acionar um ponteiro sobre um mostrador e até mesmo dar a partida a autômatos. Os egípcios utilizaram mecanismos assim desde 1.400 antes de nossa era. Durante toda a Idade Média, este sistema foi ainda utilizado. Ao redor do ano mil, também os chineses dispunham de relógios hidráulicos complexos.

Para saber a hora durante a noite, era preciso dispor de outros instrumentos. Atribui-se ao rei Alfredo o Grande, da Inglaterra (IX D.C.) a invenção de um relógio que funcionava por combustão, sendo constituído de velas de mesmo tamanho, diâmetro e peso, graduadas, que se consumiam durante a noite. Para saber a hora, naturalmente era preciso saber a que horas havia sido ativado o sistema, ao acender a vela. Tais sistemas eram conhecidos havia muito tempo pelos chineses; eles utilizavam em lugar da vela um bastão de incenso, que podia ser equipado com cordõezinhos atados a bolinhas de bronze: quando a chama atingia o fio, as bolinhas caíam, *"batendo as horas"*. Os relógios por combustão necessitavam ser renovados constantemente.

Os relógios de água não devem ser deslocados – o que perturbaria o fluxo –, e são sensíveis ao frio. A grande invenção foi o relógio mecânico, que introduziu a novidade das horas iguais, isto é, de mesma duração, tanto de dia quanto de noite, e a qualquer momento do ano: a princípio eram os monumentais relógios de voltas com mostrador astronômico (século XIV), baseados no uso dos pesos – que frequentemente falhavam, sendo necessário vigiar para mantê-los em funcionamento; daí o surgimento da nova profissão de relojoeiro; os relógios de corda (século XV), muito frágeis, depois os de pêndulo, cujo mecanismo, baseado no movimento oscilante, é atribuído a Christian Huyghens (século XVII). Este podia ser miniaturizado, abrindo a era dos relógios domésticos e depois dos relógios de pulso. Tanto quanto os relógios mecânicos eram pouco confiáveis (*É o relógio do palácio; ele anda como quer*), os de pêndulo mostram-se regulares e precisos.

As evoluções posteriores referem-se principalmente à miniaturização, e depois, em nossos dias, à substituição do movimento de oscilação de uma corda metálica pela vibração de um cristal.

Os calendários

Atualmente coexistem no mundo quatro calendários principais: o israelita, o chinês, o gregoriano e o muçulmano.

O calendário israelita baseia-se no movimento da lua. O ano tem 354 ou 355 dias (doze meses de 29 ou 30 dias). Para coincidir com o ano solar e evitar a defasagem das estações, acrescenta-se um mês suplementar 5 vezes em um período de 19 anos. Trata-se, portanto, de um calendário lunar-solar. A origem deste calendário (seu ano zero) se situa em 3761 antes de nossa era. Segundo a Bíblia, esta data corresponde à criação do mundo. O princípio do ano tem lugar em meados do nosso mês de setembro. A semana começa no domingo; o repouso semanal está fixado na sexta-feira e no sábado (o sabat, sétimo dia da semana, é o dia de orações durante o qual não se deve trabalhar desde o nascer até ao pôr-do-sol, por analogia com a criação do mundo, segundo a Bíblia).

O calendário chinês é também lunar-solar. Cada ano compreende doze meses de 29 ou 30 dias. Um décimo-terceiro mês é intercalado 7 vezes em um período de 19 anos, para compensar a defasagem do ano solar. O ponto de partida deste calendário se situa em 2697 antes de nossa era. O Ano Novo, data móvel em relação ao nosso calendário, é festejado na segunda lua após o solstício de inverno, situando-se pois entre 15 de janeiro e 15 de fevereiro: é a Festa da Primavera.

O calendário gregoriano é solar. O ano conta 365 ou 366 dias (no caso do ano bissexto), repartidos em doze meses de 30 ou 31 dias (28 ou 29 dias no caso do mês de fevereiro). Os anos bissextos têm lugar a cada quatro anos. Contudo, os anos que marcam o final de um século não são bissextos, salvo se o número do ano é divisível por 400: assim, 1800 e 1900 não foram bissextos, mas 2000 o será. Com estas regras, a defasagem em relação ao ano solar real é de apenas um dia em 4000 anos. Este calendário se chama gregoriano porque foi imposto em 1582 a todos os países católicos pelo papa Gregório XIII, em substituição ao calendário juliano, posto em vigor por Júlio César 1627 anos antes. Com efeito, este calendário estava atrasado em relação ao ano solar. O calendário gregoriano é o dos países ocidentais; os russos somente passaram a utilizá-lo em 1918 (o que explica que o aniversário da "Revolução de Outubro" tenha sido celebrado em novembro), e os gregos, em 1923.

Na França, ele foi substituído pelo calendário republicano de 24 de novembro de 1793 a 31 de dezembro de 1805. No calendário gregoriano, as estações chegam sempre na mesma época do ano. A semana começa no domingo e se encerra no sábado: é, portanto, o primeiro dia da semana que é dia de repouso.

O calendário muçulmano é lunar. O ano é formado por 12 meses de 29 ou de 30 dias; os meses são defasados constantemente em relação às estações, voltando ao mesmo lugar ao fim de 33 anos. O ponto de partida do calendário muçulmano está fixado no dia 16 de julho de 622, data da fuga do profeta Maomé de Meca para Medina (a Hégira). A semana começa no domingo, que em árabe se diz *"primeiro dia"*; a segunda-feira é chamada de *"segundo dia"*, e assim até à quinta-feira, o *"quinto dia"*; a sexta-feira é chamada de *"dia das orações"* e o sábado *"sabat"*. O repouso semanal tem lugar na quinta e na sexta-feira, portanto, no meio da semana.

NOTAS

1. David S. Landes, *A Hora Que É: Relógios, Medida do Tempo e Formação do Mundo Moderno*. Gallimard, Biblioteca Ilustrada de Histórias, 1987.

Índice das Atividades

1	As três etapas de uma atividade	5
2	A organização do lanche	8
3	Preenchendo palavras cruzadas	10
4	Exemplos de cartazes transitórios	12
5	O desenvolvimento da atenção ou a formação de um projeto	16
6	O jogo de *Kim* visual	17
7	*Kim* sonoro	19
8	*Kim* vocal	20
9	*Kim* táctil	20
10	De quantas bolas precisamos?	22
11	Fichas e cartas	24
12	Conservando registro escrito de um mosaico	26
	Quadro-resumo: Referências para avaliação	29
13	Avaliando competências numéricas através de jogos de encaixe	32
14	Avaliação formativa: a contagem oral	33
15	Faixas ou grades para a avaliação da enumeração	34
16	Avaliando com cartões numerados	35
17	Grade de avaliação	36
18	O jogo das estradinhas	48
19	O jogo do arco-íris	49
20	O jogo dos pedregulhos ou do Pequeno Polegar	50
21	O jogo da estrela	51
22	O jogo da varinha mágica	51
23	O jogo dos buquês de flores	52
24	O jogo do Papai Noel	53
25	Identificando as propriedades de um objeto	68
26	Formando pares de gestos	69
27	Formando pares tácteis	69
28	Formando pares auditivos	71
29	Formando pares predominantemente visuais	73
30	Formando pares olfativos	75

31	Formando pares gustativos	76
32	Formando pares térmicos.................	77
33	O "baú da tralha".........................	77
34	Utilizando o material da classe	78
35	Classificando massas	79
36	O jogo das macieiras	80
37	Classificando os materiais da sala de aula ...	80
38	O jogo do retrato..........................	81
39	Os cilindros	83
40	Objetos com o mesmo formato............	84
41	Cones e pirâmides de argolas............	85
42	As pirâmides.............................	86
43	As escadas	87
44	As barras	88
45	Seriações sensoriais diversas	89
46	Conservando registro de uma atividade ...	92
47	Reunindo objetos mediante dois critérios ...	92
48	Reunindo objetos mediante duas propriedades ...	95
49	Um instrumento para descobrir uma informação...	96
50	Um gráfico em forma de árvore para mais de dois critérios ...	98
51	Um instrumento para montar uma coleção ...	99
52	Tabela de serviço da classe...............	100
53	Outros quadros de dupla entrada	101
	Quadro-resumo: Designação e codificação...	102
54	Sequências produzidas por um algoritmo não repetitivo...	105
55	Sequências não repetitivas e algoritmos ...	107
56	Sequências repetitivas....................	108
57	Sequências recorrentes	110
	Quadros-resumo: Sequências............	111
	Atividades lógicas	112
58	Topologia	119
59	Aberto, fechado, interior, exterior, limite...	121
60	Interior, exterior, limite..................	122
61	Posições relativas dos objetos	123
62	Labirintos.................................	124
63	Quebra-cabeças figurativo	125
64	Caminhos orientados e deslocamento sobre grades ...	126
	Quadro-resumo: Conhecimento geral do espaço...	127
65	Encaixe de figuras simples planas	145
66	Utilizando encaixes planos como formas para desenhar ...	147
67	Famílias de figuras.......................	148
68	Transformação mantendo constante uma figura ...	149
69	Quebra-cabeças geométricos: o "meli-melô" ...	152
70	Quebra-cabeças geométricos clássicos de peças poligonais ...	154
71	Quebra-cabeças de bordas curvilíneas ...	156
72	Decomposições regulares de figuras clássicas ...	157
73	Os triângulos.............................	159
74	Mosaicos e jogos sobre grades	160
75	Os tabuleiros de pregos	160
76	Encaixes intercambiáveis	161
77	"Tetraminós" e "pentaminós"	162
78	Cubos encaixáveis........................	163

79	Traçado geométrico de retas e polígonos	164
80	Calibre de ângulos	165
81	Círculos e espirais	166
82	Simetria	168
83	Caixas para introdução de figuras geométricas	170
84	O jogo de construção tradicional	171
85	Construção de poliedros utilizando pinos e rótulas	172
86	Construção de poliedros utilizando faces poligonais	172
87	Montagens com Lego	174
	Quadro-resumo: Atividades geométricas	175
88	Contando	186
89	Reconhecendo as representações de um número	187
90	Lendo algarismos	189
91	Escrevendo algarismos	190
92	Comparando números	191
93	O algoritmo numérico escrito	192
94	Enumeração	194
95	Comparando coleções	196
96	Montando coleções	196
97	Escrevendo quantidades	197
98	Fazendo trocas	197
99	Decomposição	198
100	Resolução de situações aditivas	198
101	Divisões	199
	Quadro-resumo: Quantidade e números	201
102	Comparação de comprimentos	211
103	Comprimentos e vida prática	211
104	Comparação de superfícies	212
105	Quebra-cabeças e comparação de superfícies	213
106	Superfícies e vida prática	213
107	Transferindo conteúdos e comparando capacidades	214
108	Transformando um recipiente em um padrão	214
109	A balança de dois pratos	215
	Quadro-resumo: Grandezas e abordagem das medidas	216
110	Calendários anuais divididos por semestres	222
111	Calendários de folhas mensais móveis	223
112	Efemérides	223
113	O calendário anual permanente	224
114	O disco marcador universal de datas	225
115	O marcador universal de datas de tipo misto	226
116	O marcador universal de datas de placas móveis	227
117	Materiais que ajudam a memorização	228
118	O meu ano no Jardim B	229
119	A manhã da classe em fotos	231
120	Empilhando	233
121	Vestindo uma boneca	234
122	"Eu me visto assim..."	235
123	"O tempo nos jornais"	236
124	O metrônomo	237
125	A ampulheta	238
126	Ganhando intimidade com os relógios	238
	Quadro-resumo: O tempo	239